Steffi Machnik

KÖLNPFAD

Der Kölner Rundwanderweg

Mit einem Beitrag von Manuel Andrack

11 Wanderungen zwischen 9 und 22 Kilometern

Gemeinsam wandern mit dem Kölner Eifelverein!

Wandern in Köln und seiner schönen Umgebung – das ist unser Hauptanliegen. Dafür bieten wir

- ein knapp 800 km langes Netz von Wanderwegen – inkl. Kölnpfad –, das wir sorgfältig pflegen.
- ein attraktives Wanderprogramm mit jährlich 600 kurzen, mittleren und ambitionierten Touren. Die Anfahrt erfolgt mit öffentlichen Verkehrsmitteln.
- Wanderferien, Stadtführungen, Busreisen, Besuch kultureller Veranstaltungen,
- monatliche Stammtische, Advents- und Sommerfest,
- vierteljährliches Programm,
- Möglichkeit zu ehrenamtlicher Vereinsarbeit – z. B. als Wanderführer oder Wegezeichner...

Viele Gelegenheiten also, Kontakte zu knüpfen und zu vertiefen.

Einfach mitwandern:
Gäste sind dem KEV zum kostenlosen Probewandern (bis drei mal) herzlich willkommen.
Unter **www.koelner-eifelverein.de** eine Wanderung aussuchen und sich beim Wanderführer anmelden. In fröhlicher Runde geht es raus ins Grüne. Spaß und gute Laune sind garantiert – denn Wandern macht glücklich, hält jung und fit.

Interessiert?
Wir freuen uns über Ihren Anruf oder Ihre E-Mail.

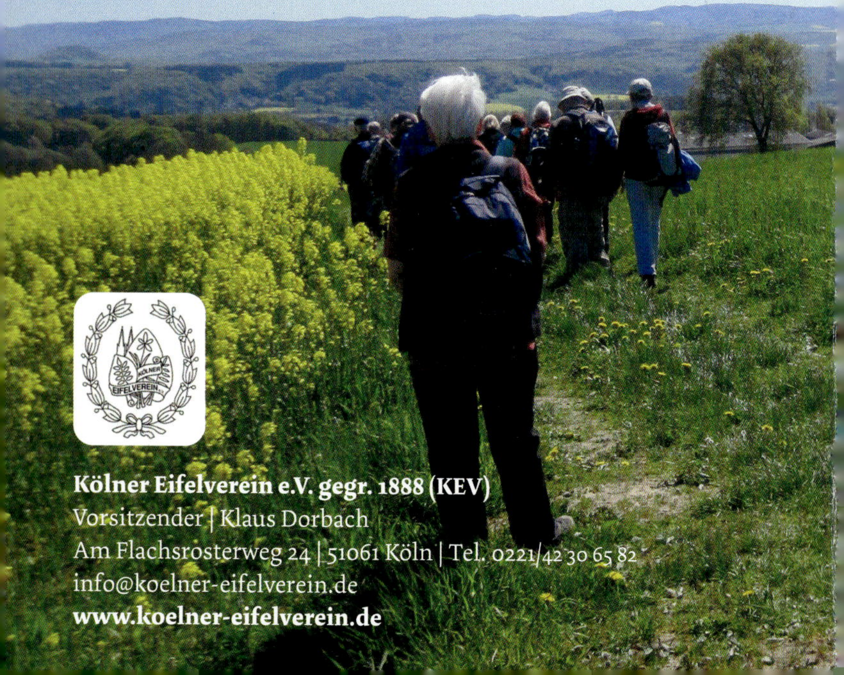

Kölner Eifelverein e.V. gegr. 1888 (KEV)
Vorsitzender | Klaus Dorbach
Am Flachsrosterweg 24 | 51061 Köln | Tel. 0221/42 30 65 82
info@koelner-eifelverein.de
www.koelner-eifelverein.de

Steffi Machnik

KÖLNPFAD

Der Kölner Rundwanderweg

Mit einem Beitrag von Manuel Andrack

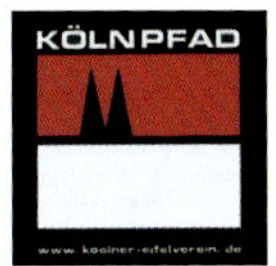

Herausgeber:
Kölner Eifelverein e.V. gegründet 1888

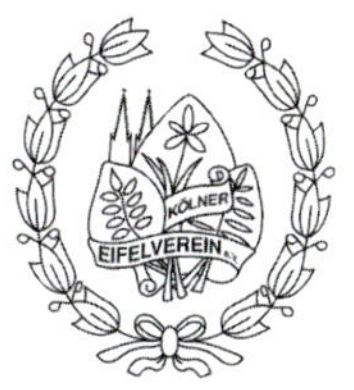

J.P. BACHEM EDITIONEN

Rechts: Baumliebe im Grüngürtel

Bildnachweis:
Manuel Andrack: S. 62 oben, 71–73, 76–79; Blackfoot Beach: S. 102; Fotolia: S. 198; Kerstin Goldbach: S. 43; Leonie Handrick: S. 17; Peter Heidan: S. 11; © Journey234 PD-self (via Wikimedia Commons): S. 212; Köln Bonn Airport: S. 195; Frank Peinemann: S. 9; Shutterstock/Stefan Bernsmann: S. 44; © Superbass / CC BY-SA 4.0 (via Wikimedia Commons): S. 75; Manuela Thomas (Biologische Station Rhein-Berg): S. 168
Titelbild: Istockphoto/horstgerlach
Alle übrigen Abbildungen: Steffi Machnik

Alle Daten und sonstige Informationen im vorliegenden Buch sind mit größter Sorgfalt recherchiert und zusammengestellt worden. Autoren und Verlag können jedoch keine Gewähr oder Haftung für eventuelle Änderungen oder Fehler übernehmen. Sollten sich dennoch falsche Angaben eingeschlichen haben, wären wir für einen Hinweis dankbar.

Gewidmet Theodor Schinscholl †

Bibliografische Information der Deutschen Nationalbibliothek
Die Deutsche Nationalbibliothek verzeichnet diese Publikation in der Deutschen Nationalbibliografie; detaillierte bibliografische Daten sind im Internet über **https://portal.dnb.de** abrufbar.

5., aktualisierte Auflage 2021
Herausgeber: Kölner Eifelverein e. V. gegründet 1888

Layout: Barbara Meisner, Düsseldorf
Lektorat: Frauke Severit, Berlin
Karten: Geoinformationen © Outdooractive
© GeoBasis-DE / BKG 2018
Druck und Bindung: Belvédère Art Books, Niederlande

ISBN 978-3-7510-1284-3 Buchausgabe
ISBN 978-3-7510-1293-5 PDF
ISBN 978-3-7510-1294-2 EPUB
ISBN 978-3-7510-1295-9 MOBI

Aktuelle Programminformationen finden Sie unter
www.bachem.de

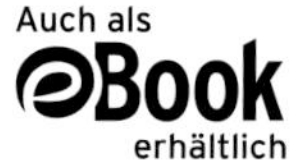

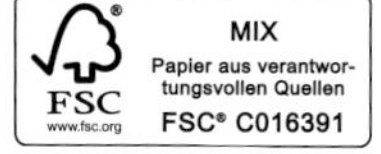

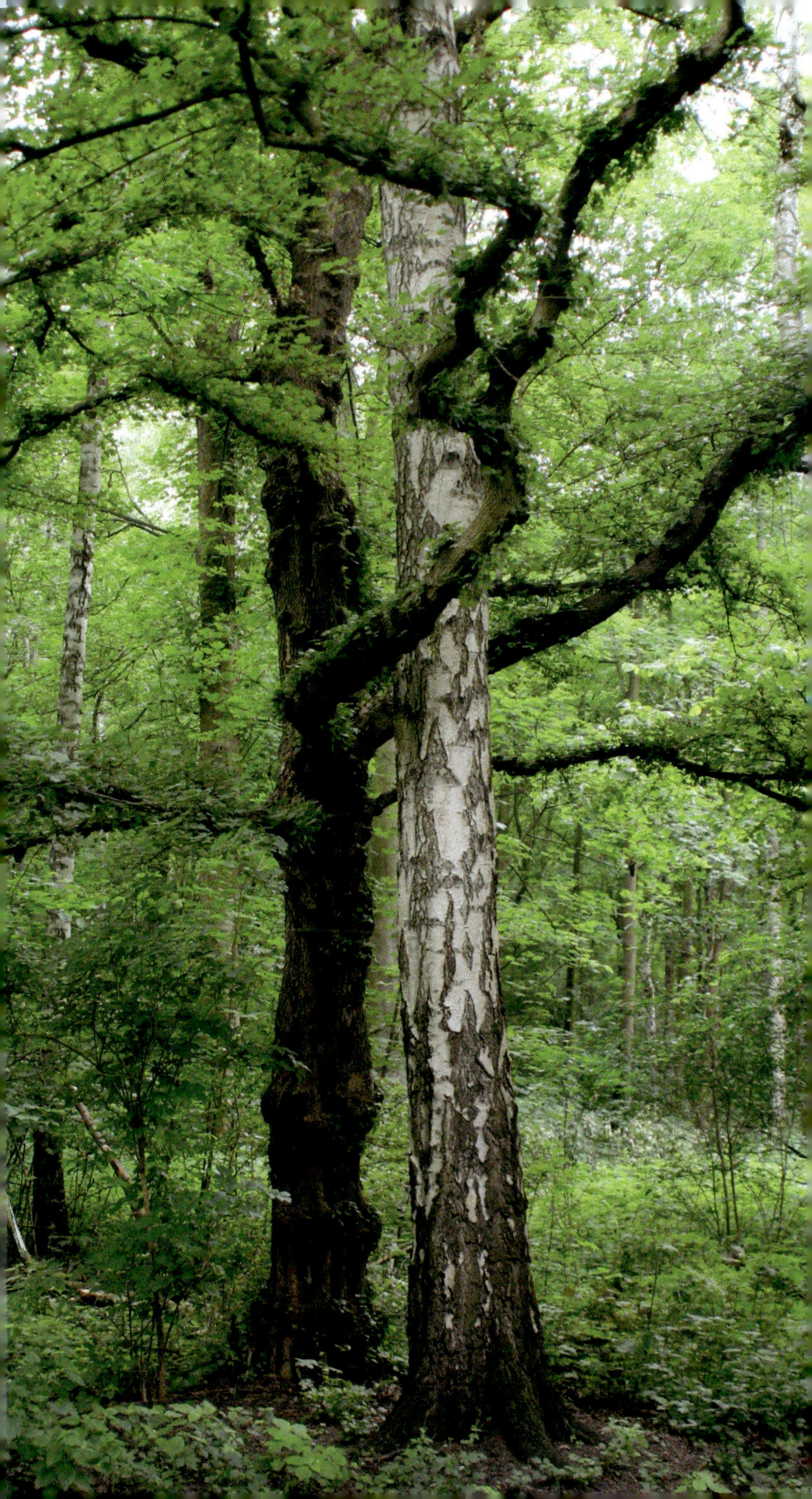

Inhalt

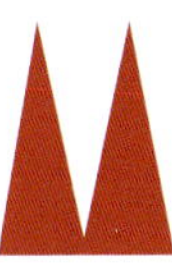

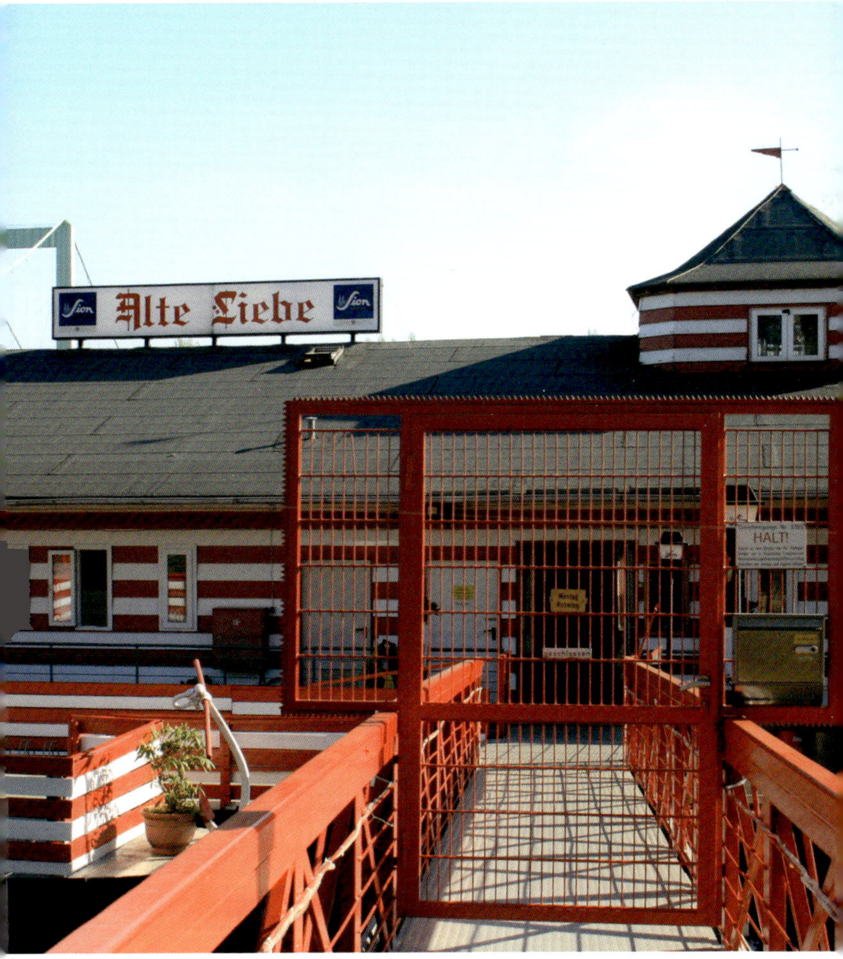

Hausboot „Alte Liebe“ mit Lokal

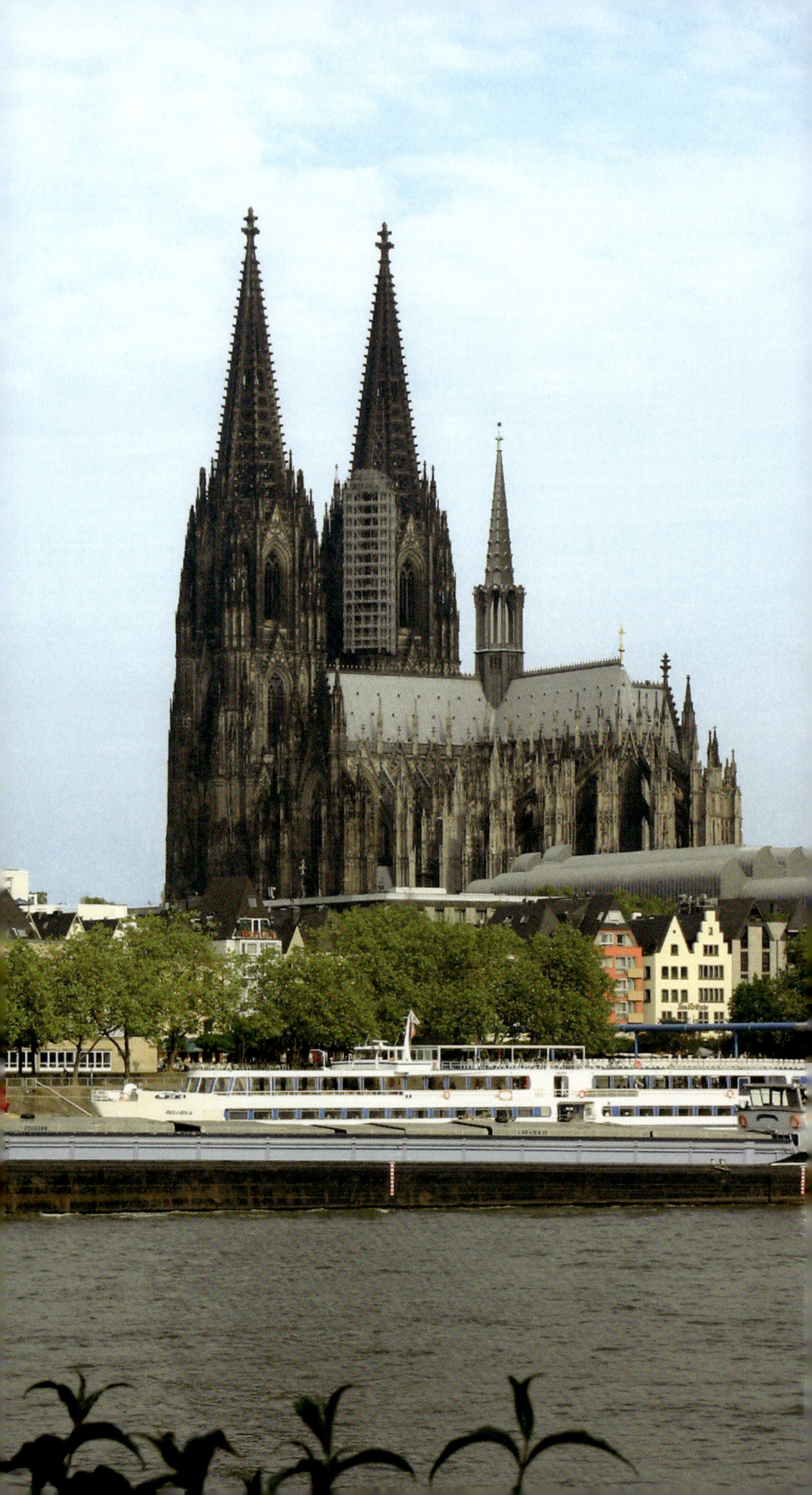

Köln auf dem KÖLNPFAD unterwegs

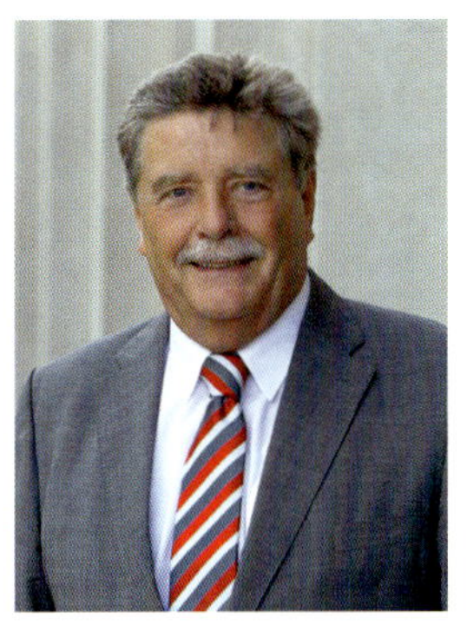

Der KÖLNPFAD ist eine Erfolgsstory, wie sie im Buche steht. Und dieses Buch von Steffi Machnik und dem Kölner Eifelverein von 1888 erfährt – und damit hatte niemand beim Start rechnen können – seine fünfte Auflage. Toll! Dazu kann ich und will ich als Schirmherr meinen aufrichtigen Glückwunsch aussprechen. Und Dank sagen all denjenigen, die durch Publikationen jedweder Art, durch Mundpropaganda, durch Werbung und durchs Selber-Wandern diesen Erfolg möglich gemacht haben. Der KÖLNPFAD ist mittlerweile ein Klassiker, er ist nachhaltig und umweltfreundlich, denn, und das ist sein Riesenvorteil, seine elf Etappen zwischen 9 und 22 Kilometern sind hervorragend an das Netz des öffentlichen Personennahverkehrs angebunden. Die Beschreibungen der einzelnen Etappen sind spannend und lehrreich – und auch beim zweiten oder dritten Wanderspaß erfährt man immer wieder Neues. Zumal sich die Natur ja auch ständig in den Jahreszeiten wandelt.

Die Domstadt kann stolz auf ihren KÖLNPFAD sein: Rund 170 Kilometer Stadt und Landschaft an der frischen Luft zu erleben ist eine Bereicherung für Köln, auch in seinem Freizeit- und Gesundheitsangebot. Also, liebe Kölnerinnen und Kölner, wandern Sie weiter so aktiv auf dem KÖLNPFAD oder beginnen Sie mal mit der einen oder anderen Etappe. Ich garantiere Ihnen: Es macht Spaß und tut gut!

Ihr **Fritz Schramma**
Oberbürgermeister a. D. der Stadt Köln
und Schirmherr des KÖLNPFADs

Links: Der Dom – mal nicht vom KÖLNPFAD fotografiert

Grußwort

Wie groß ist Köln eigentlich? Dieser Frage sind in den letzten Jahren unzählige Kölnerinnen und Kölner nachgegangen: Sie sind auf dem Kölnpfad gewandert. Familien, Kirchengemeinden, Stammtische, Kegelclubs, Veedelsvereine – sie alle wollten ihre Heimatstadt einmal von außen erkunden und von einer neuen Seite kennenlernen. Bei einer Tour auf dem Kölnpfad hat sich auch so manch ein „Einzelwanderer" den Corona-Frust von der Seele gelaufen. Der Kölnpfad bietet inzwischen auch vielen Sportlerinnen und Sportlern ein spannendes Terrain für Ultra-Marathon-Läufe und Ultrawandern. Kurz: Der Kölnpfad wird von den Kölnerinnen und Kölnern begeistert angenommen – er ist zur Institution geworden. Und auch außerhalb Kölns hat er seine Anhänger gefunden. Das ist nicht verwunderlich. Denn der Kölnpfad führt durch unterschiedlichste Gebiete – durch Wald und Feld, Berg und Tal, durch Rheinauen, Grüngürtel, Königsforst und Wahner Heide, durch Siedlungen und Vororte, die ihren dörflichen Charakter noch erhalten haben, aber auch durch Industriegebiete und an Hafenanlagen, Eisenbahnstrecken und Autobahnen entlang. Er quert Bäche und zweimal den Rhein, passiert Schlösser, historische Kirchen und Kapellen, ehemalige preußische Fortanlagen und Ausgrabungen aus der Römerzeit – manchmal auch mit Blick auf den Dom.

Das Interesse ist ungebrochen. Mit dazu beigetragen hat mit Sicherheit das vorliegende Wanderbuch mit seiner ausführlichen Wegbeschreibung und seiner unterhaltsamen Erläuterung der Geschichte und Geschichten am Rande des Weges, das bereits in fünfter Auflage erscheint.

Wir vom Kölner Eifelverein (KEV) freuen uns sehr über diesen Erfolg, schließlich war die Schaffung des 158 km langen Weges – einschließlich Anwanderung von den Haltestellen der öffentlichen Verkehrsmittel ist er sogar 171 km lang – für unsere ehrenamtlich tätigen Vereinsmitglieder und ihre Helferinnen und Helfer eine große Herausforderung. Und wir setzen alles daran, ihn auch künftig in gutem Zustand zu erhalten. Eine Gruppe im KEV kontrolliert regelmäßig die gesamte Strecke und wird umgehend aktiv, wenn es notwendig ist. Sie ist direkt zu erreichen: **kev.wegewartteam@t-online.de**

Wichtig war uns, dass Start- und Zielpunkte der Wanderstrecken immer mit öffentlichen Verkehrsmitteln erreichbar sind. Dies gilt übrigens für unser gesamtes Wanderprogramm – ein Konzept, für das der KEV von der Europäischen Wandervereinigung mit dem Umwelt-Spezialpreis ausgezeichnet wurde.
Wir vom Kölner Eifelverein wandern nicht nur auf dem Kölnpfad. Unsere 600 Wanderungen im Jahr führen ins Kölner Umland, in die Eifel, ins Bergische Land, ins Siebengebirge, in den Westerwald, an Ahr, Mosel und Sieg. Und wir laden Sie herzlich ein, einmal als Gast das Wanderangebot des KEV auszuprobieren.
Wo und wie Sie auch immer wandern, ich wünsche Ihnen viel Freude dabei – nicht nur auf dem Kölnpfad, denn: Wandern hält gesund und fit und es macht glücklich!

Frisch auf!

Klaus Dorbach

Klaus Dorbach
Vorsitzender des Kölner Eifelvereins

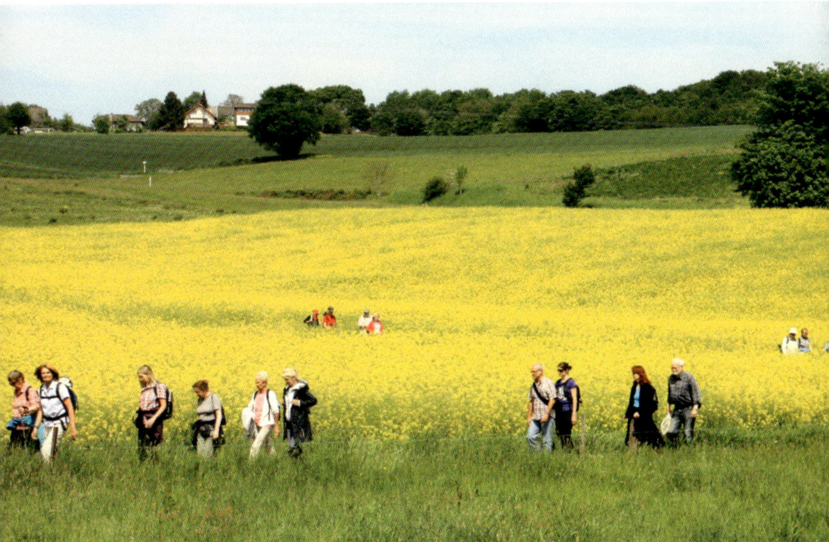

Der KEV wandert nicht nur auf dem KÖLNPFAD.

Der KÖLNPFAD-Wanderpass

Etappe 1, Teil 1, Rodenkirchen – Siegstraße	**> 11 km**
	gewandert am ....
Etappe 1, Teil 2, Siegstraße – Klettenberg	**> 11 km**
	gewandert am ....
Etappe 2, Teil 1, Klettenberg – RheinEnergieStadion	**> 12 km**
	gewandert am ....
Etappe 2, Teil 2, RheinEnergieStadion – Bocklemünd	**> 6 km**
	gewandert am ....
Etappe 3, Teil 1, Bocklemünd – Esch	**> 9 km**
	gewandert am ....
Etappe 3, Teil 2, Esch – Worringen	**> 7 km**
	gewandert am ....
Etappe 4, Worringen – Merkenich	**> 11 km**
	gewandert am ....
Etappe 5, Merkenich – Mülheim	**> 13 km**
	gewandert am ....
Etappe 6, Teil 1, Mülheim – Flittard	**> 8 km**
	gewandert am ....
Etappe 6, Teil 2, Flittard – Schlebusch	**> 6 km**
	gewandert am ....

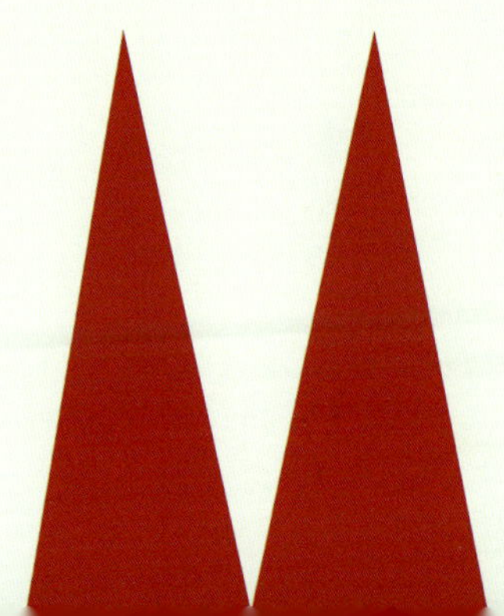

Etappe 7, Schlebusch – Thielenbruch > 12 km
gewandert am ....

Etappe 8, Thielenbruch – Kippekausen > 5 km
gewandert am ....

Etappe 8, Kippekausen – Bensberg > 13 km
gewandert am ....

Etappe 9, Bensberg – Königsforst > 9 km
gewandert am ....

Etappe 9, Königsforst – Wahn > 9 km
gewandert am ....

Etappe 10, Wahn – Langel-Süd > 12 km
gewandert am ....

Etappe 10, Langel-Süd – Zündorf > 8 km
gewandert am ....

Etappe 11, Zündorf – Rodenkirchen > 9 km
gewandert am ....

Am Beginn jeder Etappe steht eine Infotafel zum KÖLNPFAD.

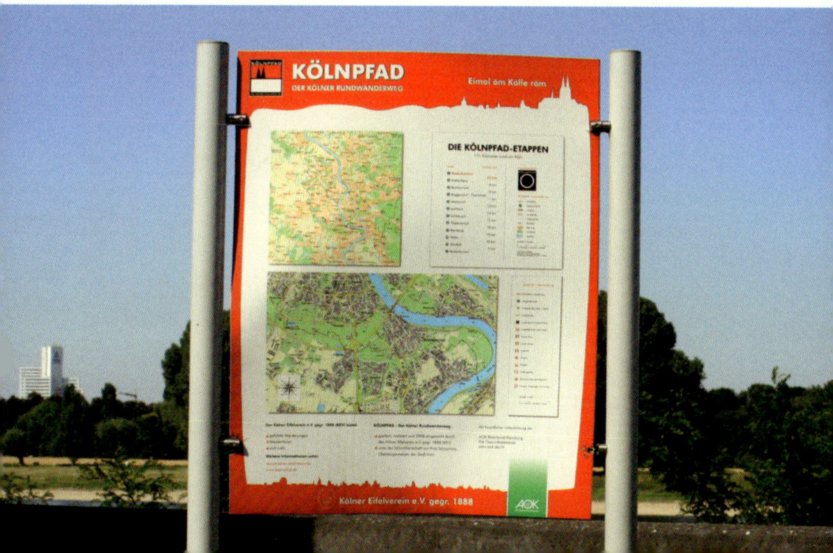

Wanderzeichen

Ein weißer Kreis auf schwarzem Grund – das ist das offizielle Zeichen für „Rundwanderwege um Orte“ in Nordrhein-Westfalen. Dieses Wanderzeichen kennzeichnet auch den KÖLNPFAD. Sie finden diese Markierung vorwiegend an Bäumen, manchmal auch auf Hauswände gemalt und als Aufkleber an Lampenmasten und Verkehrsschildern.

Unterhalb des Kreises befinden sich stets Pfeile, die die Richtung des Wanderwegs anzeigen. Da der Weg im (so ist er im Buch beschrieben) oder gegen den Uhrzeigersinn gelaufen

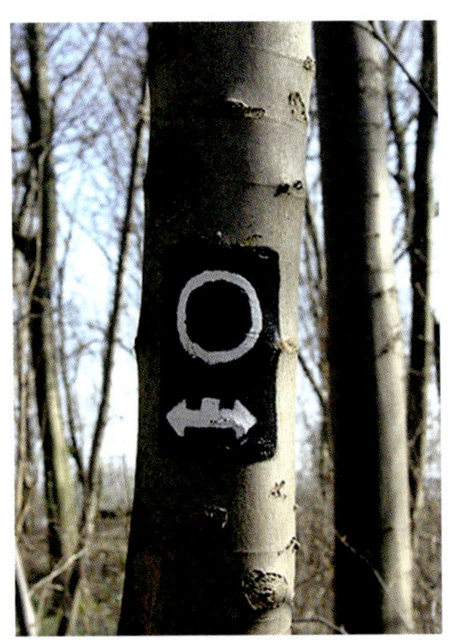

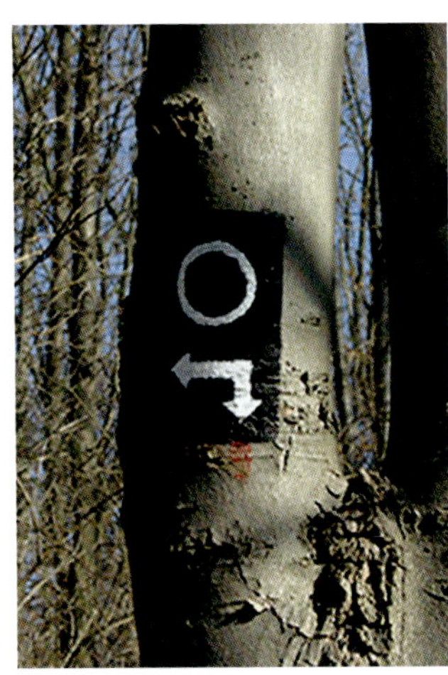

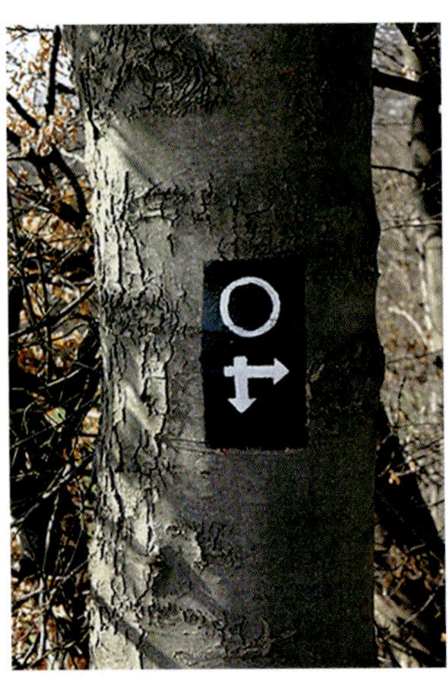

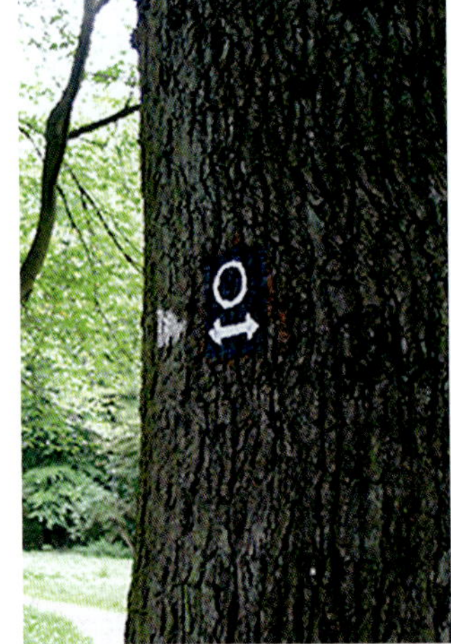

werden kann, sind die Wanderzeichen an Kreuzungen, Weggabelungen oder Wegspinnen überwiegend so angebracht, dass ein Zeichen von beiden Seiten zu sehen ist.
Natürlich brauchen Sie zu Beginn, wenn Sie kein routinierter Wanderer sind, ein wenig Übung, bis Sie die Wanderzeichen erspähen und richtig deuten. Manchmal laufen Sie vielleicht auch in die falsche Richtung, aber die ausführliche Wegbeschreibung, die zu jeder Etappe dazugehört, bringt Sie wieder in die richtige Spur.

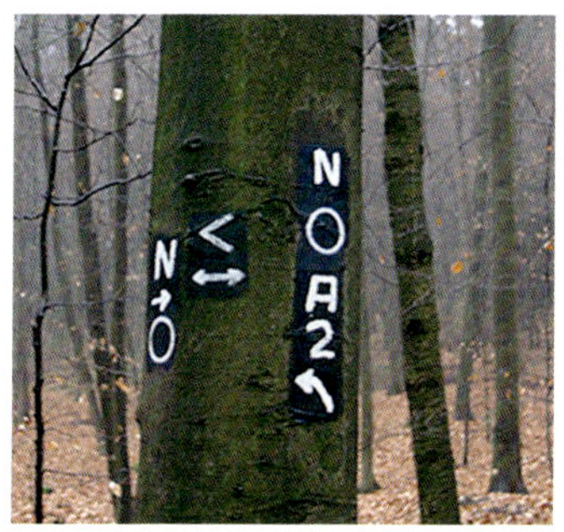

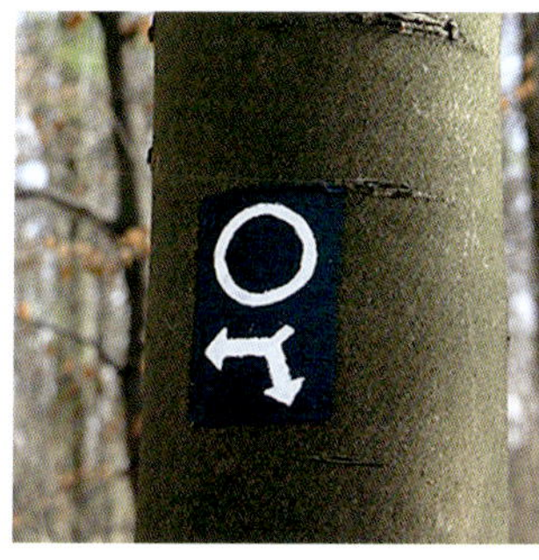

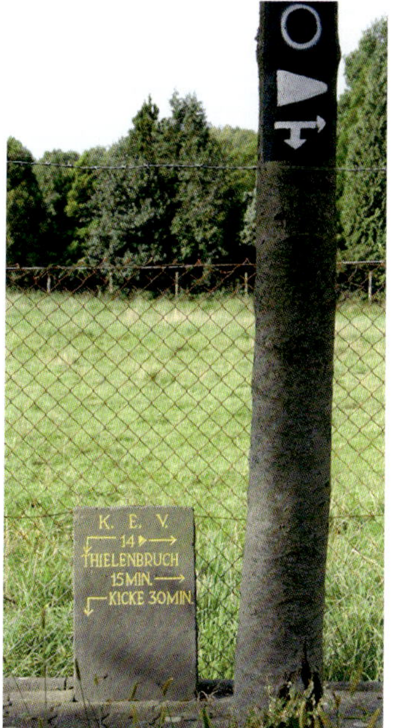

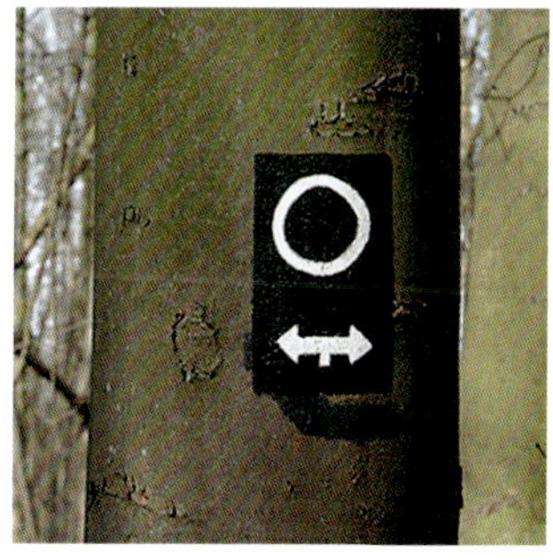

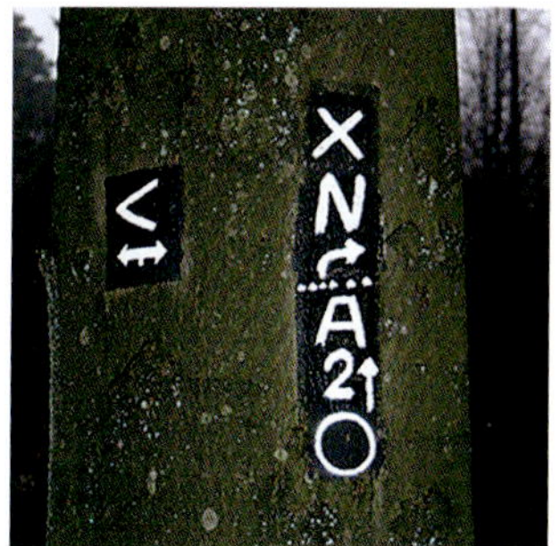

KÖLNPFAD, eimol öm Kölle röm

Text: Hans Knipp † / Musik: Bläck Fööss

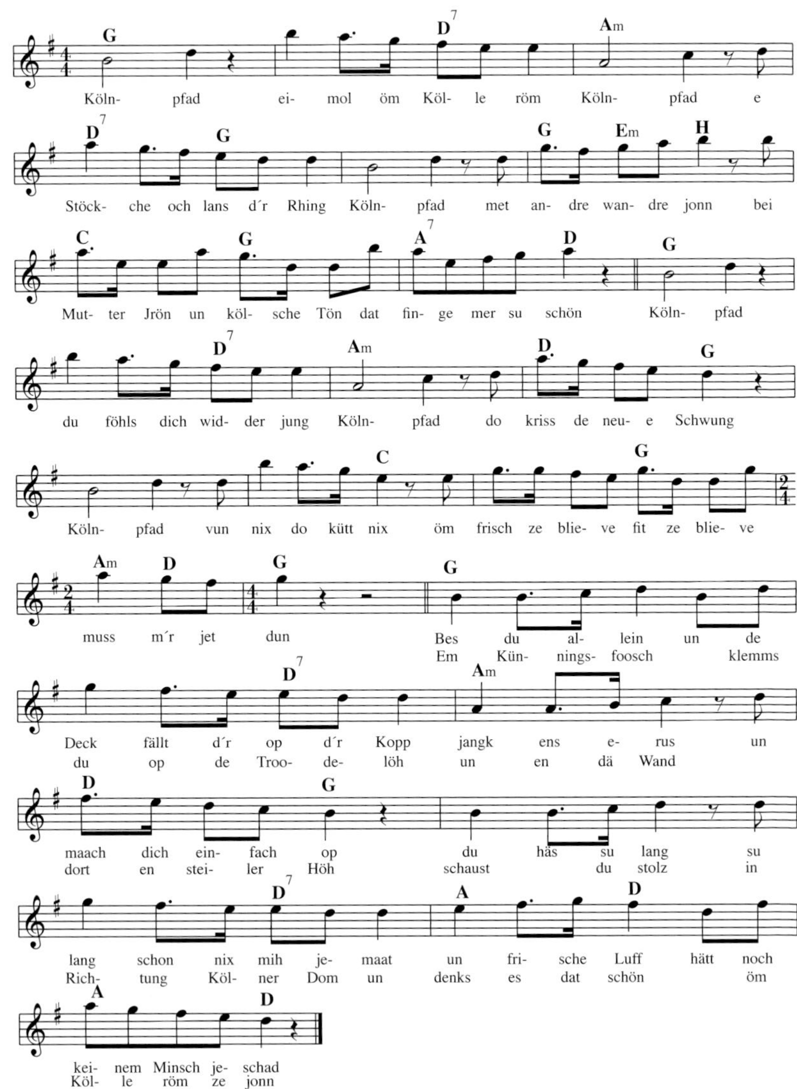

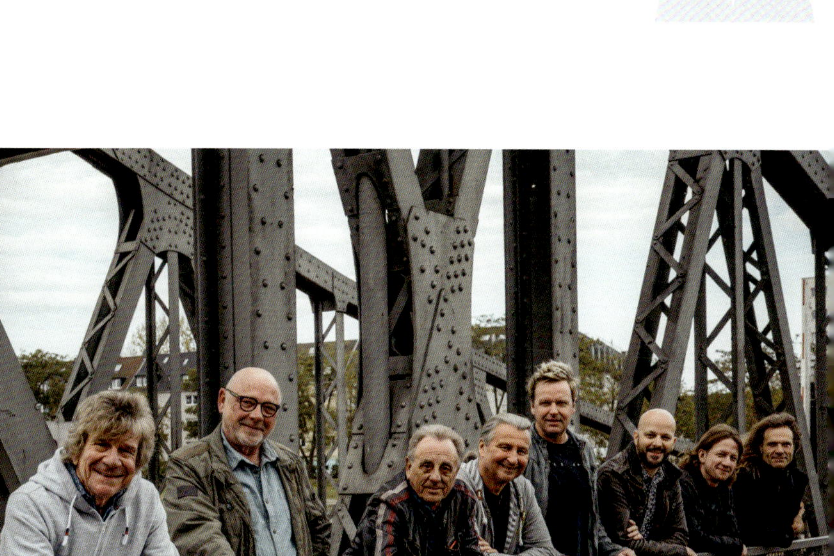

Die Kölner Gruppe Bläck Fööss singt das KÖLNPFAD-Lied.

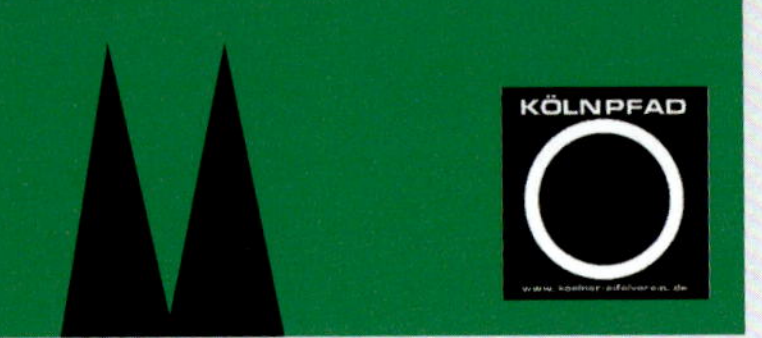

Etappe 1

Am Rhein entlang

durch Kölns jüngste Neuerwerbungen

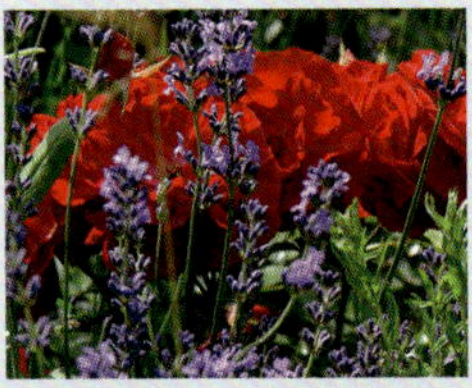

Anleger der Personenfähre Krokodil in Weiß

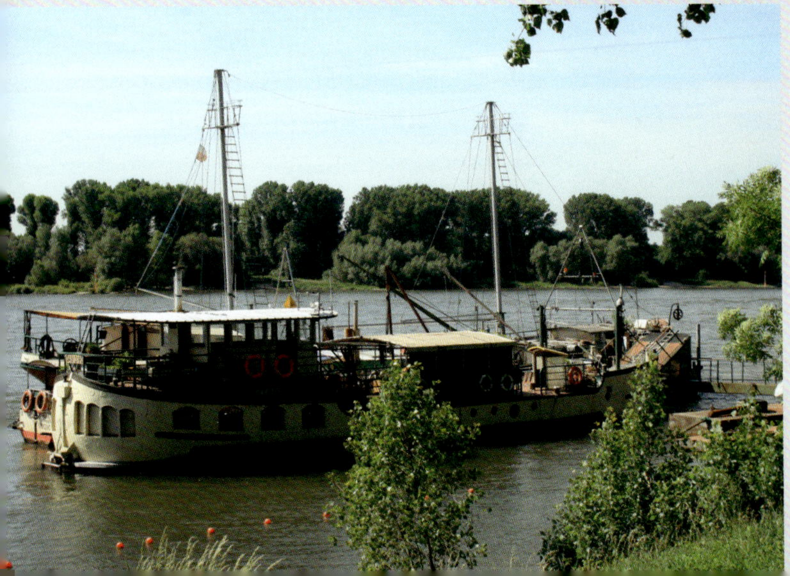

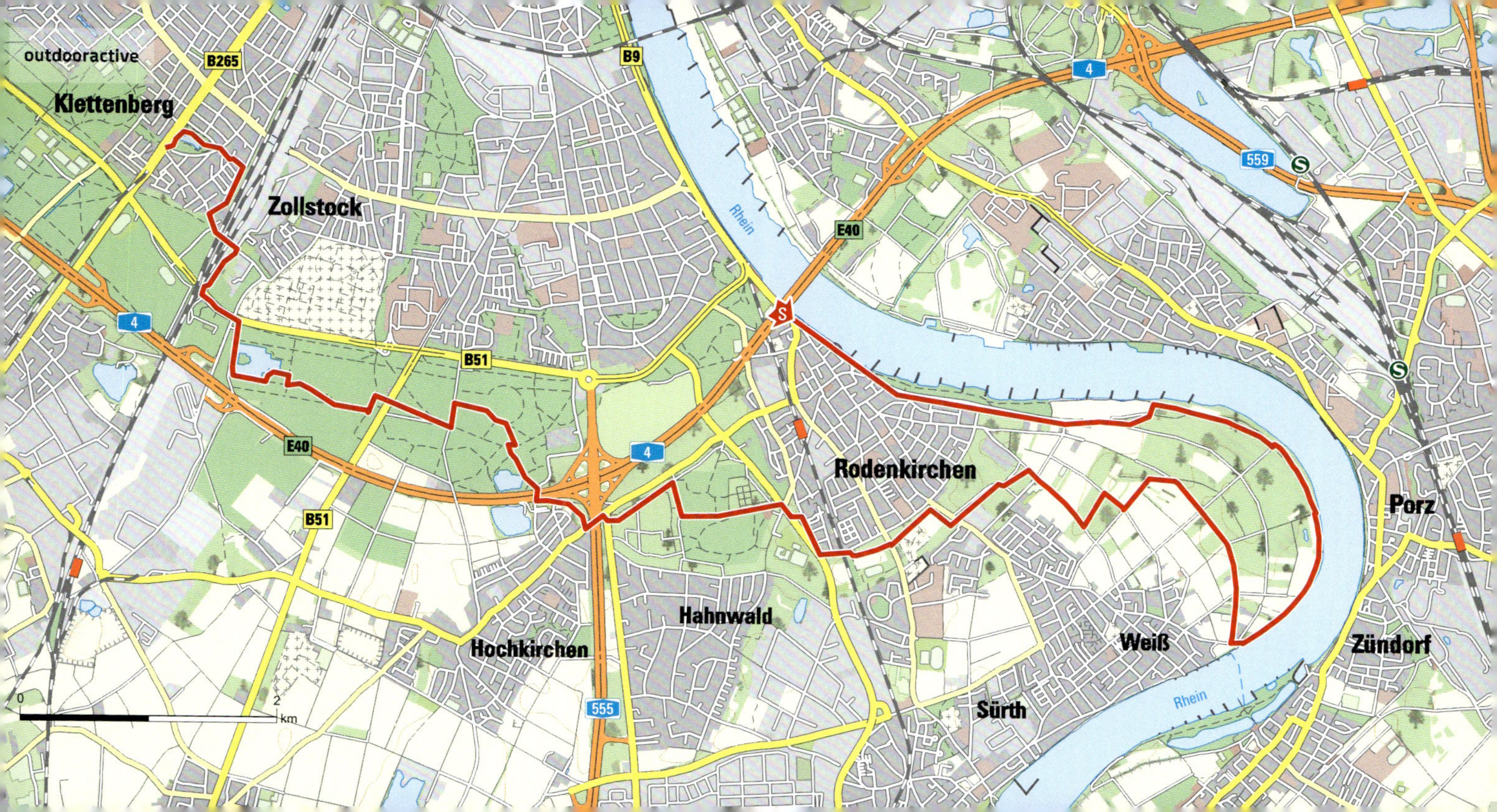

outdooractive
B265
B9
Klettenberg
Zollstock
Rhein
E40
559
4
S
B51
E40
4
B51
Rodenkirchen
Porz
Hahnwald
Hochkirchen
Weiß
Zündorf
Rhein
Sürth
555
0
2
km

WEGBESCHREIBUNG 1

An der KBV-Haltestelle „Heinrich-Lübke-Ufer" gehen Sie Richtung Rodenkirchener Brücke und überqueren unter der Brücke die viel befahrene „Rheinuferstraße" (Aufpflasterung in der Mitte der Fahrbahn). Sie gehen noch 100 Meter weiter Richtung Rodenkirchen und nehmen in Höhe des Hausbootes „Alte Liebe" die Stufen zum Rhein. Jetzt wandern Sie nach rechts Richtung Rodenkirchen, folgen am Rheinufer dem Leinpfad. Vorbei an den Lokalen „Zum Treppchen" und „Fährhaus" und der Maternuskapelle gehen Sie weiter geradeaus auf die „Uferstraße".

Sie folgen der „Uferstraße" circa drei Kilometer bis zum Minigolfplatz hinter dem großen Campingplatz. Am Minigolfplatz gehen Sie vorbei, am Ende des Weges vor der Schranke biegen Sie nach links in den Wald ab, am Ende des kurzen Wegstücks gehen Sie rechts und nutzen nach wenigen Metern links den beschilderten Fußgängerweg. An der nächsten Gabelung gehen Sie wieder rechts und folgen circa vier Kilometer dem Weg bis zur Personenfähre in Weiß.

Von der Anlegestelle der Personenfähre gehen Sie ein wenig bergauf, am Parkplatz vorbei und biegen rechts in den „Triftweg" ein. Dem Weg folgen Sie circa einen Kilometer (Felder wechseln mit kurzen Waldstücken) und biegen erst an der vierten Weggabelung beziehungsweise Kreuzung (an der zweiten Weggabelung wird der Asphaltweg zum Waldweg) links ab (rechts befinden sich eingezäunte Brunnen).

Zum Treppchen – Lokal mit langer Tradition in Rodenkirchen

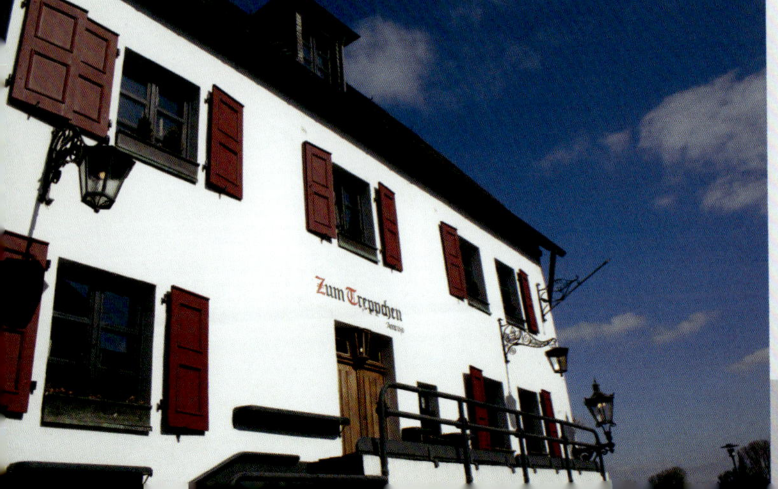

Nach 200 Metern gehen Sie wieder nach links, am Transformatorenhaus der RheinEnergie vorbei. An der nächsten Kreuzung (markante Birke) wandern Sie nach rechts und nach 100 Metern biegen Sie links ein. Am Ende des Wegs durch den Wald gehen Sie rechts auf den Asphaltweg, an kleineren Pferdehöfen und der Anlage des Rodenkirchener Tennisclubs vorbei.

Der asphaltierten Straße („Unterer Weißer Weg") folgen Sie, an der Kreuzung mit dem „Fuchskaulenweg" (direkt hinter dem Tennisplatz) gehen Sie noch geradeaus. Nach 100 Metern biegen Sie links in den Wald ab, wieder nach 100 Metern halten Sie sich an der Weggabelung links, nach 20 Metern gehen Sie rechts, um nach zehn Metern wieder links abzubiegen. Nun folgen Sie weiter dem Weg, der entlang einer Schonung führt.

Am Ende des Wegs (rot-weiße Schranke) überqueren Sie die „Weißer Straße", gehen weiter durch den Wald und biegen nach 50 Metern rechts ab. Der schmale Weg durch den Buchenwald stößt auf einen breiteren Pfad, dem Sie nach links folgen. Am Friedhof Sürther Straße gehen Sie vorbei, überqueren die „Sürther Straße" und wandern weiter geradeaus an der Kleingartenanlage vorüber bis zur „Grüngürtelstraße".

Sie gehen nach links, durch die Unterführung unter den Straßenbahngleisen hindurch und folgen weiter dem Straßenverlauf („An den vier Linden" mit Wegekreuz und „Römerstraße") bis zum Lennartzhof (Römerstraße 83–85). Gegenüber dem Lennartzhof (Hausnummer 83) nehmen Sie den kurzen Weg durchs Gebüsch bis zur „Industriestraße". Hier gehen Sie nach rechts bis zur Kreuzung mit der „Schillingsrotterstraße".

Die Kreuzung überqueren Sie diagonal und nehmen den Weg durch die Bäume zum Parkplatz am Forstbotanischen Garten/Friedenswald. Sie gehen weiter geradeaus (links liegt der Parkplatz) und folgen circa 400 Meter dem Hauptweg, der rechts an der großen Wiesenfläche vorbeiführt. Am Ende des Wegs – vorher kommen Sie noch am Eingang des Forstbotanischen Gartens vorüber – biegen Sie rechts ab und nach 20 Metern gleich wieder links in einen Waldweg. Sie folgen diesem Weg durch den Wald, rechts an einer kleinen Bank vorbei. Am Ende des Wegs biegen Sie an der Abzweigung nach links und wandern parallel zur „Friedrich-Ebert-Straße".

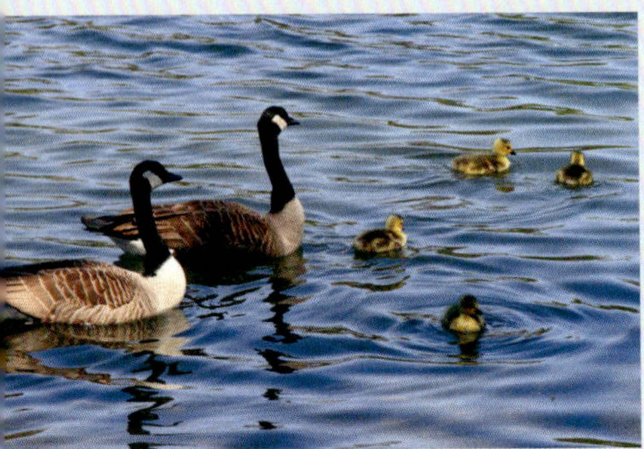

Kanadagänse mit Küken am Kalscheurer Weiher

Der Weg endet an der Kreuzung „Bonner Landstraße"/„Rodenkirchener Straße". Die Kreuzung überqueren Sie und gehen unter der Autobahnbrücke der A 555 hindurch. Am Ende der Unterführung, noch vor dem Ortseingangsschild „Hochkirchen", schwenken Sie nach rechts ein und folgen 300 Meter dem Weg parallel zur Autobahn. Etwa in der Mitte dieser Wegstrecke liegt links das Hotel-Restaurant „Gut Grossrotter Hof". Das Ende des Wegs trifft auf die Autobahnbrücke über die A 4.

Sie überqueren die Brücke, gehen rechts und biegen am Ende der Brücke links ab in den Wald hinunter (ausgeschildert als Radweg nach Raderthal). Dem Weg folgen Sie, an der ersten Gabelung wandern Sie nach links (wer rechts geht, gelangt zum Wasserwerk Hochkirchen), bis der Weg an einen Maschendrahtzaun stößt. Sie gehen nach rechts, am Zaun entlang, bis der Zaun nach links abknickt. Sie gehen an dieser Stelle rechts, nach 20 Metern, an der Gabelung, wieder rechts, wenige Schritte danach biegen Sie direkt nach links vom Hauptweg ab.

Nach 200 Metern, an den beiden Eichen vor der großen Wiesenmulde, wandern Sie nach links und folgen jetzt dem Hauptweg immer am Rand der weitläufigen Senke entlang. Sie treffen auf eine asphaltierte Fahrstraße („Robinienweg"), der Sie nach links folgen. Nach knapp 100 Metern, an der rot-weißen Schranke, gehen Sie rechts und folgen dem kombinierten Rad- und Fußweg. Nach 50 Metern gehen Sie an der Gabelung links, dann geradeaus bis zur „Brühler Landstraße".

Sie überqueren die „Brühler Landstraße" (Achtung: stark befahren!), wandern weiter geradeaus und gehen nach 100 Metern links auf den breiten Weg. An der ersten Kreuzung gehen Sie rechts, an der nächsten Gabelung wieder rechts. Am Ende des Wegs gehen Sie erneut rechts und biegen gleich links ab (rechts steht ein Picknickpilz). Sie erreichen den Kalscheurer Weiher und gehen am linken Ufer des Gewässers entlang, bis Sie am Ende des Weihers an einer Straße ankommen, dem „Zollstocker Weg", der Sie nach rechts bis zum Ende folgen.

Hier gehen Sie zehn Meter nach links und überqueren die Straße „Am Eifeltor". Die gegenüberliegende Straße wandern Sie leicht bergauf bis zum Ende. Sie erreichen die Bahngleise und gehen rechts, auch rechts am großen Stellwerkhaus vorbei. Direkt hinter dem Haus biegen Sie rechts ab und wandern leicht bergab zwischen Schrebergärten und Eisenbahngelände. Am Ende des Wegs stoßen Sie wieder auf eine asphaltierte Straße, der Sie nach links folgen, unter der Eisenbahnbrücke hindurch.

Am Ende der Brücke wenden Sie sich nach rechts (rechts liegt der Komarhof) und nehmen hinter der rot-weißen Straßensperre rechts den kombinierten Rad- und Fußweg. Sie befinden sich zwischen der „Geisbergstraße" und den Schrebergärten. Nach circa 300 Metern biegen Sie links in die „Drachenfelsstraße" ein (Litfaßsäule), gehen am Ende der Straße links und gleich rechts in den „Fritz-Eink-Weg". Am Ende des Fußwegs befindet sich der Eingang zum Klettenbergpark („Nassestraße"). Sie wandern links am Rosengarten vorbei bergab, vor dem Weiher gehen Sie nach rechts, auch rechts am Wasser vorüber, und verlassen den Park am Ende nach links. Sie erreichen den Endpunkt der Etappe, die KVB-Haltestelle „Klettenbergpark".

Kalscheurer Weiher

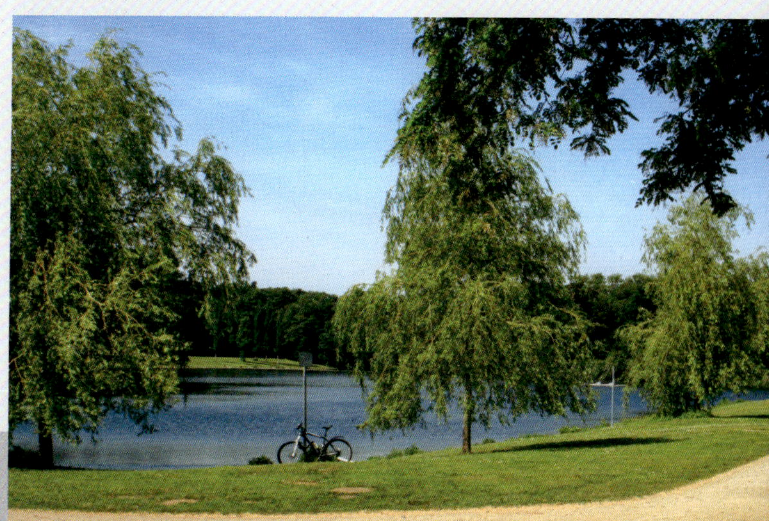

Von Rodenkirchen nach Klettenberg

„Hände in den Taschen und Augen auf, Straßenhändler, Trödler, Märkte, Kirchen, auch Museen […], Huren (an denen in Köln kaum ein Weg vorbeiführte) – Hunde und Katzen, Nonnen und Priester, Mönche – und der Rhein, der Rhein, dieser große und graue Rhein, belebt und lebhaft, an dem ich stundenlang sitzen konnte; […]" Für den Kölner Schriftsteller und Nobelpreisträger Heinrich Böll ist der Fluss die Lebensader der Stadt, ist Quelle für Inspiration und Erkenntnis und sein Fluchtpunkt. Der Rhein ist heutzutage Ruhepunkt im Tempo der Großstadt, immer noch mächtig gefährlich bei Hochwasser, war stets nützlicher Verkehrsweg und fröhliches Ausflugsziel. Er gab Stoff für Mythen, Sagen und Legenden und für zahlreiche, manchmal arg weinselige Lieder: „Ich hab den Vater Rhein in seinem Bett gesehen, ja der hat's wunderschön, der braucht nie aufzustehn […]" Aber nichts kann dem größten deutschen Fluss wirklich schaden, weder überbordende Rheinromantik noch menschengemachte Rheinregulierung – der große graue Fluss fließt und ist doch immer da.

Natürlich darf nur hier der KÖLNPFAD beginnen, am Wasser, bei Vater Rhein. Und der schönste Zugang zum Fluss ist der Weg durch das Tor, das zum Hausboot „Alte Liebe" führt. Hier setzt der Nullpunkt des KÖLNPFADs an. Hier beginnen 171 Kilometer Köln zu Fuß, ein grüner Rundweg mit häufig

Köln am Rhein

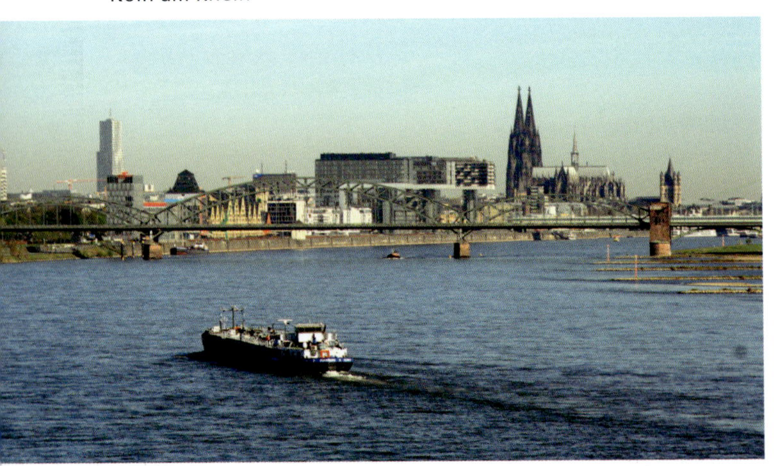

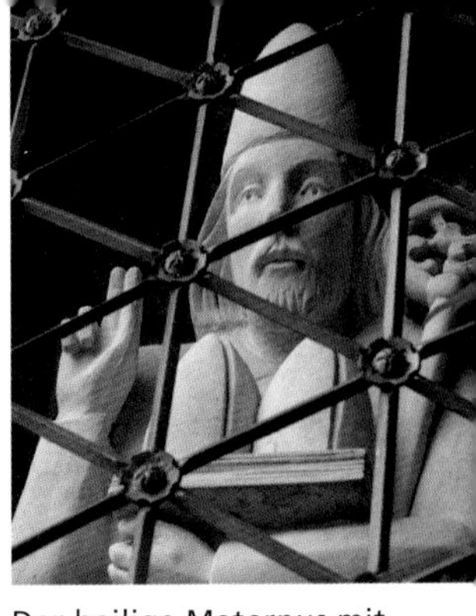
Der heilige Maternus mit drei Bischofshüten

ganz unerwarteten Ausblicken zum Dom, dem Wahrzeichen und Mittelpunkt der 2000-jährigen Stadt.
Beim Abgang zum Rhein hat einer uns schon fest im Blick – es ist der heilige Maternus, Fürsprecher und Helfer in Wassernöten. Zwar gut geschützt gegen Vandalismus und Hochwasser, wirkt die Statue hinter Gittern (1913 neu geschaffen von Nikolaus Steinbach) aber auch ein wenig abweisend. Den ursprünglichen Bildstock stellten 1773 die Kartäusermönche an der Mauer des Hofs auf, der von 1356 bis 1782 in ihrem Besitz war. Maternus am Rhein – mit gleich drei Bischofshüten, denn er betreute die Bistümer Köln, Trier und Tongern (heute Lüttich) – bereitet uns darauf vor, dass sich Rodenkirchen ganz unter den Schutz des ersten bekannten Kölner Bischofs (um 300) gestellt hat. Nur wenige Meter flussaufwärts, am Rodenkirchener Leinpfad, steht die dazugehörige weiße, ein wenig gedrungen wirkende Maternuskapelle, deren Ursprünge bis ins 10. Jahrhundert zurückreichen. In der Folgezeit wurde das Gotteshaus – das nur sonntags geöffnet ist – immer wieder umgebaut, zuletzt 1954 nach den Kriegszerstörungen. Das „Kapellchen", wie die Rodenkirchener ihre ehemalige Pfarrkirche liebevoll nennen, ziert zur Wasserseite hin eine Maternus-Statue des Bildhauers Elmar Hildebrand (1925 bis 2016), der in Köln-Weiß lebte und arbeitete.
Wer mag, kann hier schon die erste Pause einlegen, denn direkt neben dem Kapellchen befinden sich die beiden traditionsreichen Gasthäuser „Zum Treppchen" und „Fährhaus" in Fachwerkhäusern aus dem 17. und 18. Jahrhundert. Sie zeugen vom ehemals wichtigen Erwerbszweig der Rodenkirchener, der Treidelwirtschaft. Bis 1840 zogen Pferde die Schiffe auf dem Leinpfad flussaufwärts. Das war das Treideln. In Rodenkirchen wurden zum ersten Mal hinter Köln die braven Arbeitstiere gewechselt und die „Lingeboor" (die Leinen-Bauer) gönnten sich ebenfalls ein Päuschen. Neben diesen Traditionsgasthäusern laden auf und am Wasser an dieser Stelle von Rodenkirchen noch viel mehr nette Lokale zum Verweilen ein.

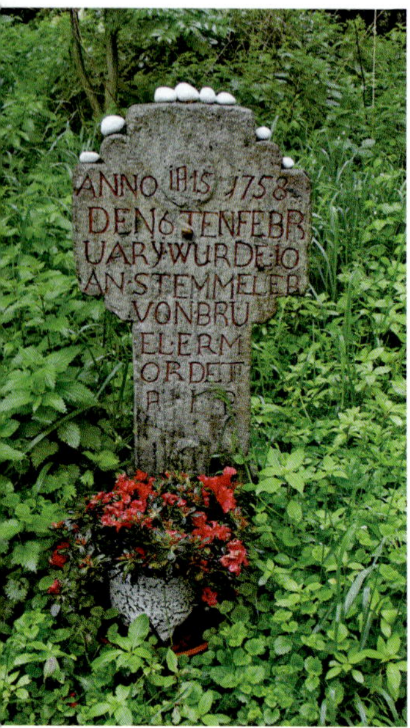

Denkmal für den Brühler Johann Stemmeler

Wir gehen weiter den Rhein flussaufwärts, allerdings befinden sich die Wegweiser des KÖLNPFADs aus Gründen des Landschaftsschutzes nur entlang der „Uferstraße“, direkt neben der 2006 fertiggestellten Hochwasserschutzmauer. Die metallenen Scheiben in der Mauerkrone sind Vorrichtungen, um bei Bedarf zusätzliche Wände aufzusetzen. Die Konstruktion ist Teil des Hochwasserschutzkonzepts der Stadt Köln, das 1996 beschlossen wurde und eine Uferlänge von 65 Kilometern umfasst, von Godorf beziehungsweise Langel im Süden bis Worringen und Flittard im Norden. Bemessungsgrundlage ist dabei der Pegelstand von 11,30 Meter für ein „Jahrhunderthochwasser“; in sensiblen Bereichen gilt der Schutz sogar bis 11,90 Meter. Dafür investierten Stadt und Land bis Ende 2008 rund 430 Millionen Euro. Zur Erinnerung: Die „Jahrhunderthochwasser“ 1993 und 1995 erreichten jeweils Pegelstände von 10,63 Metern beziehungsweise 10,69 Metern. Wäre damals das Rheinwasser über elf Meter geklettert, wären selbst nicht direkt am Rhein gelegene Stadtteile wie Nippes großflächig überflutet worden.

Schöner ist es natürlich, direkt am Wasser entlangzugehen mit Blick auf die Villen an der Uferstraße – modern sachlich oder gründerzeitlich verschnörkelt –, der breiten Wiese dazwischen und dem vorgelagerten Sandstrand. Einzeln stehende Bäume wie Platane, Kastanie und Trauerweide fesseln den Blick und erfreuen den Botaniker, denn auf dem Rasen dürfen sie unbedrängt ihre Pracht entfalten und bieten ihr jeweils typisches Erscheinungsbild. Im Sommer ist in diesem Abschnitt schon die nächste Pause fällig (Badezeug nicht vergessen!), denn vom Leinpfad bis zum Campingplatz mit Minigolfanlage lockt direkt am Rhein der Sandstrand der „kölschen Riviera“.

Kurz nachdem wir am Ende des Campingplatzes in das pralle Grün des Auenwalds eingetaucht sind, steht am Wegesrand – dort, wo Fuß- und Radweg wieder zusammenkommen – ein Gedenkstein, der noch nach 250 Jahren regelmäßig mit Blumen geschmückt wird. Das Mahnmal erinnert an den Brühler Johann Stemmeler, Sohn des Stadtmüllers, der am 6. Februar 1758 im Alter von 21 Jahren ermordet wurde. Seine Leiche wurde gut fünf Wochen später hier am Rheinufer aus dem eiskalten Wasser gezogen. Die Mörder wurden nie gefasst. Wie die Geschichte sich vielleicht zugetragen haben könnte, das beschreibt die Kölner Journalistin Petra Reategui in ihrem Roman „Falkenlust" – interessante Lektüre für stille Stunden am Rheinufer … Wir wandern jedoch weiter, circa vier Kilometer entlang des „Weißer Bogens". Dieser Innenbogen einer sehr ausschweifenden Mäanderschlange des Rheins (den wir in der letzten Etappe rechtsrheinisch in Gegenrichtung erwandern) ist zum Wasser hin mit ausgeprägten Auenwäldern bedeckt, landseitig wechseln Felder mit Laubwäldern ab. Nach dem Ausbau des Rad- und Fußwegs vor ein paar Jahren wird die Strecke mittlerweile weit mehr genutzt und hat ein wenig von ihrer Ursprünglichkeit verloren. Dafür sind die Pfützen nach Regengüssen weniger geworden.

Sandstrand der „kölschen Riviera" in Rodenkirchen

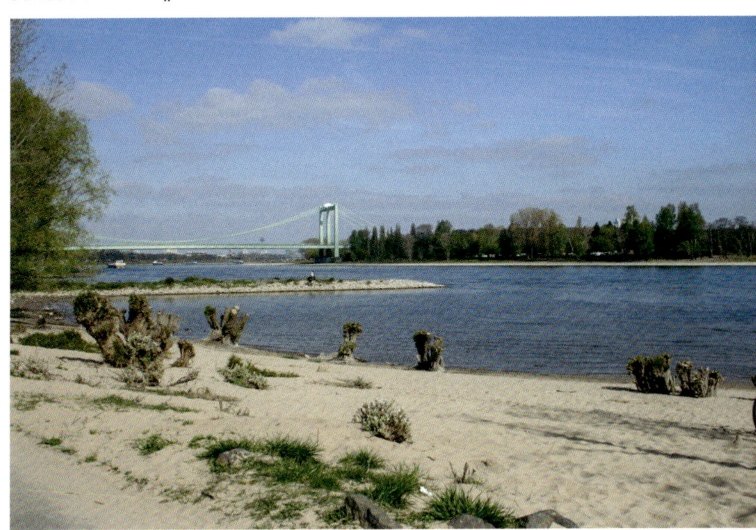

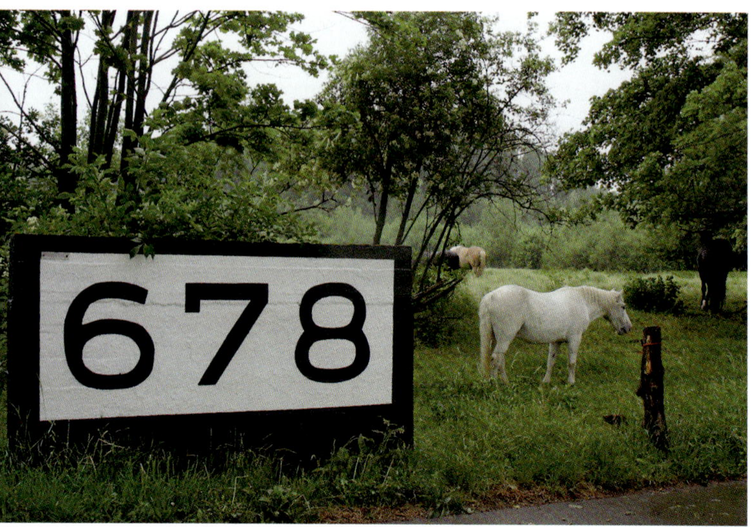

Ländliche Idylle bei Stromkilometer 678

Der „Weißer Leinpfad" ist ein Weg für Augen und Ohren. Denn in das helle Zwitschern, Pfeifen und Tirilieren der Vögel mischt sich ununterbrochen das dumpfe Brummen der Containerschiffe. Wirkliche Größe zeigen hier die Pappeln, während im Unterholz nicht nur Liebhaber feuchter Standorte wie Erle und Esche ums Licht kämpfen, sondern auch Holunder und Eichen anzutreffen sind. Selbst bei Regenwetter erscheint der Auenwald niemals bedrohlich, denn seine Mächtigkeit wirkt stets auch großzügig. Derart dicht und bewachsen müssen die Niederungen des Rheins an vielen Stellen jahrhundertelang ausgesehen haben.

Die üppige Natur im „Weißer Bogen" – die so natürlich an manchen Stellen gar nicht ist, denn während der Aufforstung in den 50er-Jahren des 20. Jahrhunderts wurden auch viele Experimente mit unterschiedlichen Pappelarten gemacht – bildet einen herben Kontrast zum dicht bebauten Ufer auf der anderen Rheinseite in Porz. Wer dahin will, steigt im Ortsteil Weiß am besten ins „Krokodil". Die harmlose Personenfähre schippert in den Sommermonaten gemächlich über den Rhein nach Zündorf, ins beliebte Naherholungsgebiet „Zündorfer Groov", das wir auf der vorletzten Etappe des KÖLNPFADs erreichen. Wir bleiben auf der linken Rheinseite, ma-

chen eine Pause am Fähranleger, strecken die Beine aus und genießen das schattige Plätzchen unter den Kastanien. Der KÖLNPFAD wendet sich vom Rhein ab und folgt dem „Triftweg“, am Heiligenhäuschen aus dem 19. Jahrhundert entlang, und führt wieder Richtung Rodenkirchen – wir kürzen den „Weißer Bogen“ ab. Die idyllische Landschaft lässt uns nicht los: Felder zur Linken, Pferdekoppeln zur Rechten wandern wir schließlich mitten durch den Buchenwald. Diese vom Tempo der Großstadt unberührte Landschaft darf ihren Charme und ihre Eigenart behalten – denn trotz der exklusiven Lage darf der Innenbogen der großen Rheinschleife nicht bebaut werden. Hier befindet sich eines der großen Wassergewinnungsgebiete Kölns. In rund 600 Metern Abstand vom Rheinufer wurde 1965 eine „Brunnengalerie“ mit zwölf Brunnen gebohrt. Hier wird Uferfiltrat gefördert, im Uferbereich versickertes Rheinwasser. Zusammen mit dem Grundwasser, das ins Wasserwerk Hochkirchen (auch da führt unser Weg entlang) gepumpt wird, gelangt dieses Rohwasser ins historische Wasserwerk Severin II in der Südstadt und wird zu Trinkwasser aufbereitet. Das ist für die Haushalte der linksrheinischen Innenstadt bis zur „Aachener Straße“ bestimmt.
Wir erfreuen uns am Weg durch Feld und Flur; in den Sommermonaten bietet sich eine Rast auf der Terrasse des „Landhaus am Tennisplatz“ an, in der Anlage des Rodenkirchener Tennis-

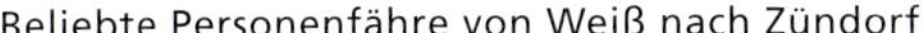
Beliebte Personenfähre von Weiß nach Zündorf

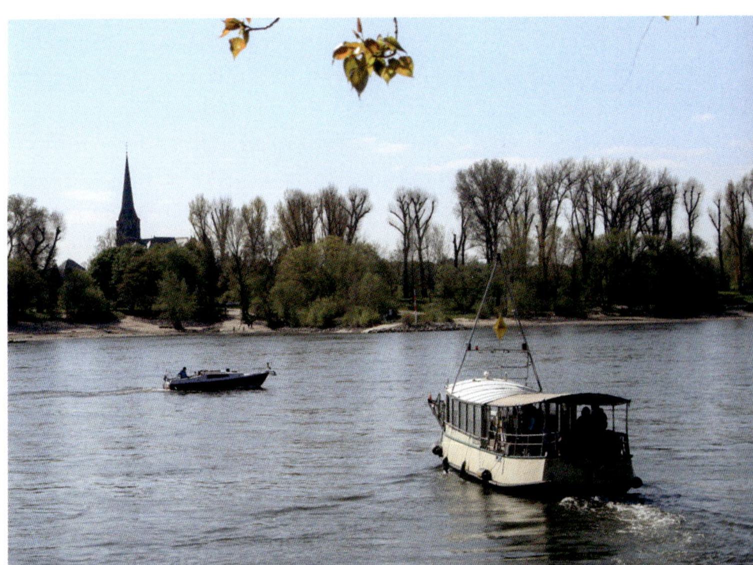

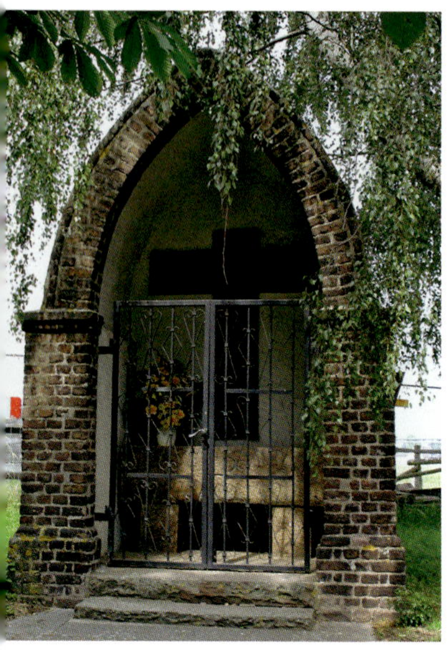

Heiligenhäuschen beim Fähranleger in Weiß

clubs. Die Abgeschiedenheit mitten in der Stadt fühlt sich wie ein Tag Urlaub an. Wir überqueren die „Weißer Straße", und wer mag, kann hier seine „Rhein"-Tour beenden, denn nur 100 Meter entfernt befindet sich eine Bushaltestelle.

Der KÖLNPFAD verläuft jetzt weiter zwischen den Stadtteilen Rodenkirchen und Weiß, durch Kölns jüngste Neuerwerbungen. Zwar gab es im 19. und 20. Jahrhundert insgesamt sechs Wellen der Stadterweiterung, aber stadtgeschichtlich prägend sind insbesondere zwei Daten, nämlich der 1. April 1888 (kein Scherz!) und der 1. Januar 1975. Aufgrund der Industrialisierung und der rasanten wirtschaftlichen Entwicklung im ausgehenden 19. Jahrhundert wurden 1888 gleich 26 Dörfer vor den Toren der Stadt dem Oberzentrum einverleibt. Wegen enger wirtschaftlicher Beziehungen gehörten die ehemaligen Weiler längst zur Großstadt. Eingemeindet wurden unter anderem Longerich, Riehl, Niehl und Nippes im Norden, Ehrenfeld, Müngersdorf, Lindenthal und Klettenberg im Westen, Zollstock, Bayenthal und Marienburg im Süden sowie Poll und Deutz auf der anderen Rheinseite. Köln vergrößerte sich von einem Tag auf den anderen um mehr als 100.000 Neubürger.

Die letzte Stadterweiterung vor mehr als 40 Jahren im Rahmen der kommunalen Gebietsreform mit dem „Köln-Gesetz" brachte unter anderem den Einwohnern von Rondorf, Weiß, Sürth und Rodenkirchen, die bis dahin noch zur selbstständigen Gemeinde Rodenkirchen gehörten, den Status von Großstädtern ein. Die ehemals selbstständige Stadt Porz gehört seitdem – zuerst zähneknirschend – auch zu Köln, nur Wesseling klagte sich erfolgreich ein Jahr später, 1976, wieder aus

der neuen Großgemeinde heraus. Das Landesverfassungsgericht entschied, dass die zwischen Köln und Bonn gelegene selbstständige Stadt – anders als Porz – „siedlungs- und wirtschaftsräumlich keine Einheit mit der Großstadt bilde". Jahrelang schrammte Köln daraufhin am Status einer Millionenstadt vorbei, der erst 2010 wieder erreicht wurde. Aber Porz hat immer noch ein spezielles Verhältnis zur Metropole.
Weiter führt uns der KÖLNPFAD am südlichsten Zipfel von Rodenkirchen entlang. Fast übersehen wir auf dem Weg dorthin das Wegekreuz „An den vier Linden" aus dem Jahr 1840. Vom Verkehr umtost – denn hinter den Leitplanken führt die „Industriestraße" entlang – steht es ein wenig unbeachtet, von vier Linden umgeben. Sie scheinen das Kreuz zu beschützen, das typisch ist für den Kölner Raum. Denn hier wurden Weggabelungen häufig durch Baumgruppen oder Kreuze markiert.
Der moderne, autogerechte Straßenverlauf zwingt den KÖLNPFAD weiter auf asphaltierten Wegen am Gut Schillingsrott vorbei. Die rechteckig geschlossene Hofanlage – die erstmals 1171 urkundlich erwähnt wird – ist der letzte von ehemals zehn Höfen, die das Dorf Rodenkirchen einstmals prägten.
Wie so viele ehemalige Gutshöfe beherbergt auch diese Anlage mittlerweile nur noch Wohnungen. Das spätbarocke Herrenhaus mit den symmetrischen Straßen- und Hoffassaden stammt aus dem 18. Jahrhundert und beherbergt heute die Kanzlei mit dem in Köln wohlklingenden Namen Boisserée.
Wer mag, kann beim Gut Schillingsrott den KÖLNPFAD verlassen und die lange Auftakt-Etappe hier beenden. Die KVB-Haltestelle „Siegstraße" ist nicht weit entfernt.
Wer allerdings weitergeht und die „Industriestraße" hinter sich lässt, kommt in den Genuss eines schönen Parks und einer beeindrucken-

Wappen am Gut Schillingsrott

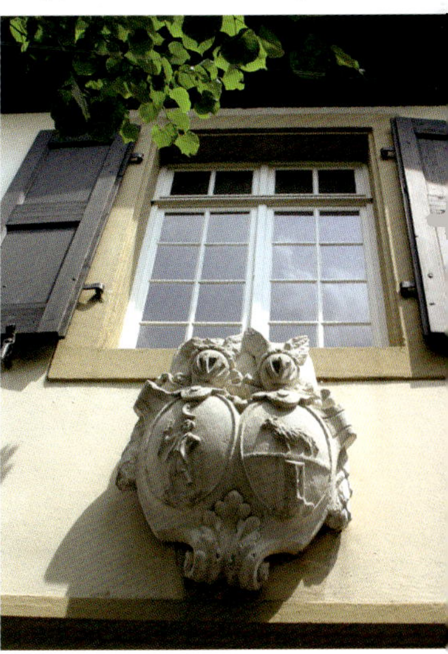

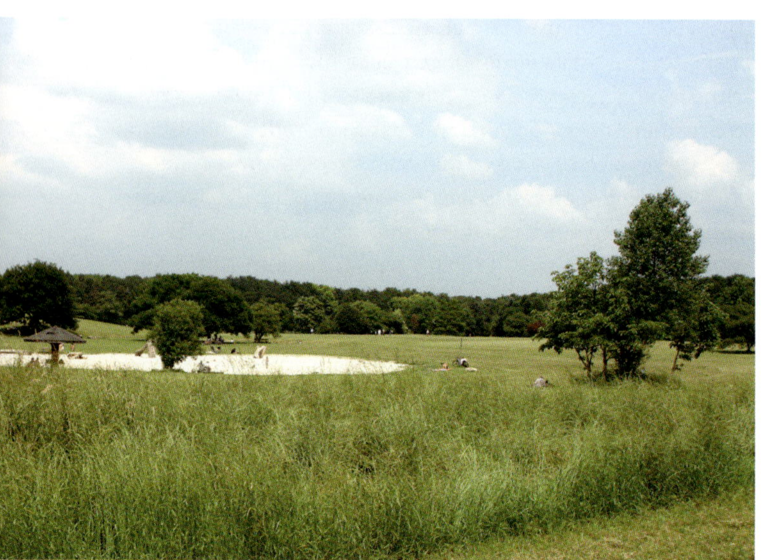

Parklandschaft Friedenswald

den Gartenanlage. Friedenswald und Forstbotanischer Garten bilden das südlich gelegene Pendant zur Flora in der nördlichen Innenstadt von Köln. Den Friedenswald durchqueren wir, den Forstbotanischen Garten streifen wir nur, aber er bietet so viel botanisches Anschauungsmaterial, dass er für einen „Nebenbeibesuch" schon fast zu schade ist.
Friedenswald ist eigentlich eine irreführende Bezeichnung, denn Wald gibt es nur am Rand des 26 Hektar großen Geländes. Es ist eine von Menschenhand geschaffene klassische Parklandschaft mit weiten, offenen Wiesenflächen, sanften Hügeln und einzeln stehenden stattlichen Bäumen. Im Sommer heizt sich der kleine Landschaftskessel richtig auf und beim Anblick der blendend weißen Sandfläche betäubt die Fantasie den Verstand. Plötzlich brechen sich sanfte Wellen am Strand, Kinder bauen ihre Burgen, Sonnenanbeter liegen im Sand – ein Ferienparadies breitet sich vor dem inneren Auge aus.
Die Vorstellung vom Paradies ist gar nicht so abwegig, obwohl der von 1979 bis 1981 angelegte Friedenswald eine etwas andere Art eines Garten Eden darstellt. Denn die 142 Bäume und Sträucher – mit Landesflaggen gekennzeichnet – stehen für

die Staaten, zu denen die Bundesrepublik Anfang der 1980er-Jahre diplomatische Beziehungen unterhielt. Sie sollen Völkerverständigung zeigen und damit ein Stück vom Paradies: Frieden auf Erden. Mittlerweile sind die Schilder mit den Landesflaggen und Namen der Bäume und Sträucher ein wenig verblasst, und aufgrund der politischen Umwälzungen nach dem Fall der Mauer 1989 findet man im Friedenspark noch Staaten, die es heute gar nicht mehr gibt.

Paradiesische Zustände hat der offiziell am 26. April 1964 eröffnete Forstbotanische Garten gleich nebenan ebenfalls zu bieten. Denn auf einer Fläche von 25 Hektar – das entspricht 36 Fußballfeldern – sind Bäume, Sträucher und Pflanzen aus vielen Teilen der Welt zu finden, vom Kaukasus über Japan, China bis nach Nordamerika. Eine Rhododendronschlucht – angelegt auf den Trümmern eines ehemaligen preußischen Forts –, der Heidegarten und eine Pfingstrosenwiese sowie japanische Bäume mit prächtiger Herbstfärbung garantieren Naturerlebnisse zu jeder Jahreszeit. 2001 sind auf Initiative des Vereins „Südkunst" Natur und Kultur eine belebende Verbindung eingegangen. Seitdem bereichern Skulpturen das Gartengrün.

Nach so viel Naherholung – kurz vor der Autobahnbrücke lässt sich die Etappe auch wieder beenden – können wir das bisschen Autobahnlärm gut ertragen, das sich auf dem Weg zum Wasserwerkswäldchen in Hochkirchen über unseren Köpfen

Auch die Heide blüht üppig im Forstbotanischen Garten.

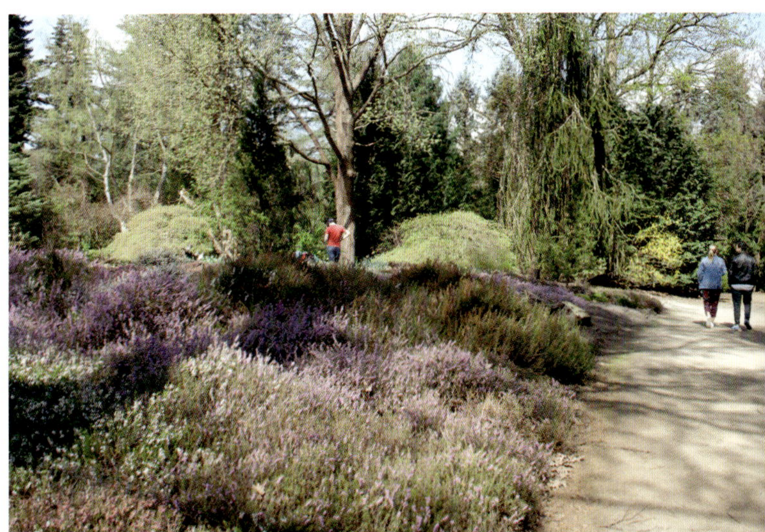

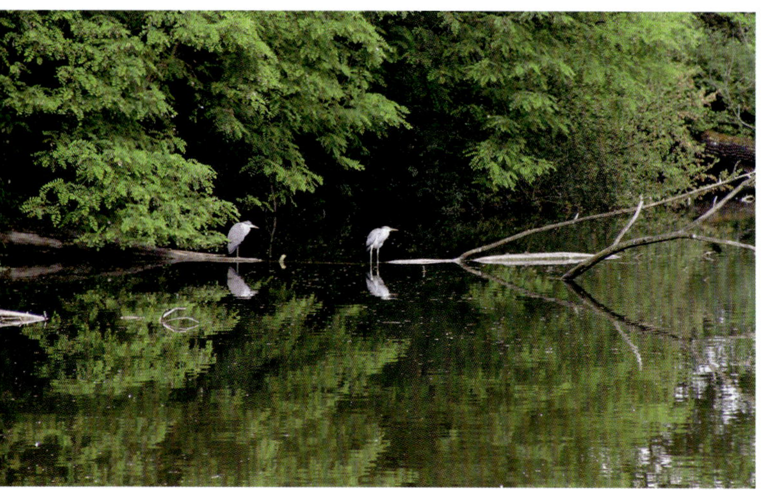

Graureiher zählen zu den Stammgästen am Kalscheurer Weiher.

ausbreitet. Allerdings es ist nicht irgendeine Autobahn, deren mächtige Betonbrücke wir unterqueren, sondern die A 555, Deutschlands erste Autobahn. Beim Bau in den Jahren 1929 bis 1932 gab es den klar definierten Begriff „Autobahn" zwar noch nicht, aber die 20 Kilometer lange „Kraftwagenstraße" von Köln nach Bonn hatte schon alles, was eine Autobahn braucht: vier kreuzungsfreie Spuren, eine Gesamtfahrbahnbreite von zwölf Metern und einen Mittelstrich, der die Richtungsfahrbahnen optisch voneinander trennte. Recht hatte der damalige Kölner Oberbürgermeister Konrad Adenauer, als er bei der Einweihung am 6. August 1932 sagte: „So werden die Straßen der Zukunft aussehen." Was vor 85 Jahren mit 20 Kilometern im Rheinland begann, ist mittlerweile auf bundesweit mehr als 13.000 Kilometer angewachsen, Tendenz steigend. Damit hat Deutschland eines der dichtesten Autobahnnetze weltweit. Die Köln-Bonner Landstraße wurde sogar erst offiziell am 1. April 1958 zur Autobahn ernannt.
Weit genug von der A 555 entfernt, am Rand von Hochkirchen, zwischen Betonbrücke und Wasserwerkswäldchen liegt ein schöner Biergarten, der für eine Rast bestens geeignet ist. Er gehört zum kleinen Hotel „Gut Grossrotter Hof" und liegt direkt neben den Tennisplätzen des Vereins „Grün-Weiss Grossrotter Hof" und der Tennisakademie von Marc-Kevin Goellner.

Der ehemalige Weltklassespieler fördert seit 2004, seit dem Ende seiner internationalen Laufbahn, junge Tennistalente und bereitet sie auf eine Profikarriere vor.
Der weitere Verlauf des KÖLNPFADs führt diesmal über die A 4 mit Blick aufs südliche Kölner Autobahnkreuz und durchs Wasserwerkswäldchen. Das Wäldchen gehört zu einer segensreichen Errungenschaft, von der die Kölner gerne mehr hätten und deren Wert mittlerweile von der Satdtverwaltung erkannt worden ist, die aber dennoch an manchen Stellen bedroht ist: dem Grüngürtel. Die „grüne Lunge" (es passt einfach nichts

Segelboot auf dem Kalscheurer Weiher

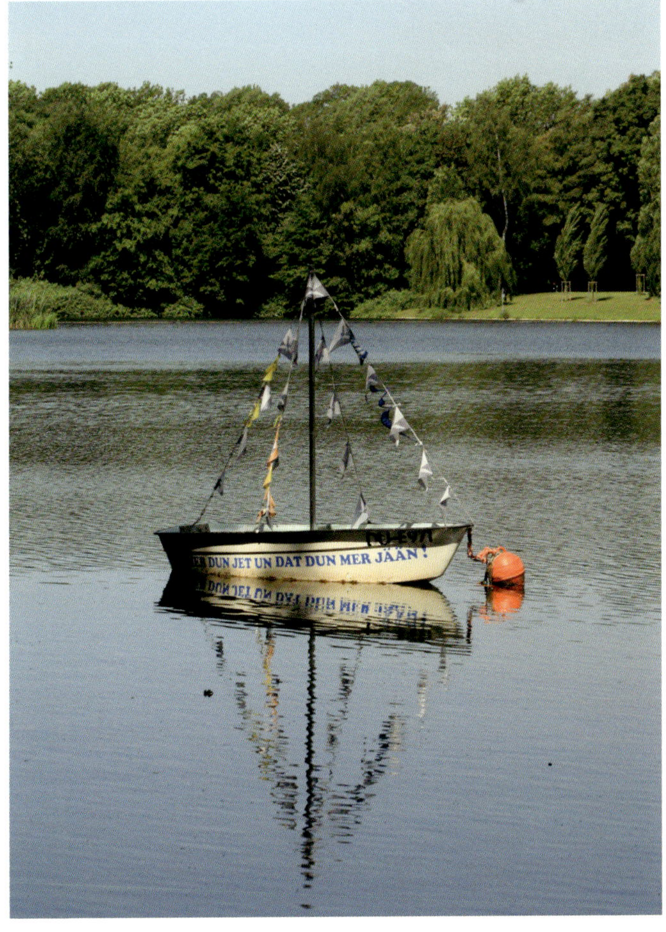

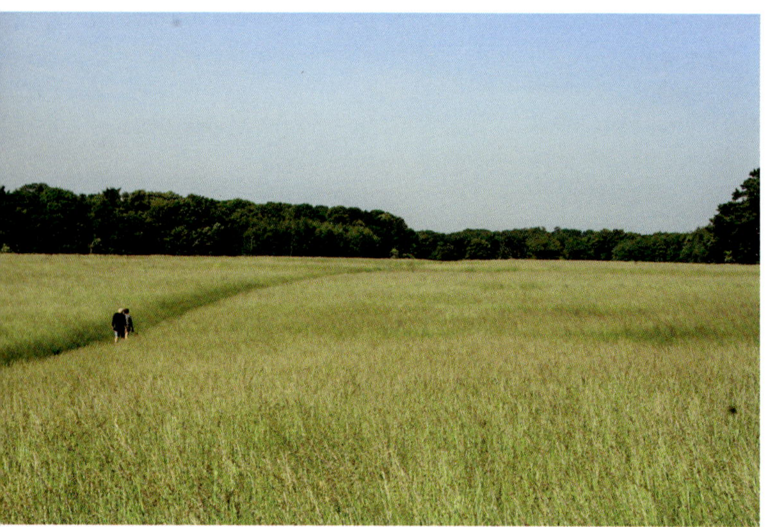

Äußerer Grüngürtel in der Nähe der Brühler Landstraße

besser an dieser Stelle als das arg strapazierte Wort) ist ein Erbe der weitsichtigen Politik Konrad Adenauers, Bürgermeister in Köln von 1917 bis 1933. Zusammen mit dem aus Hamburg stammenden Stadtplaner Fritz Schumacher entwarf Adenauer in den 20er-Jahren des vorigen Jahrhunderts einen äußeren und einen inneren „Grünen Ring" um die schnell wachsende Großstadt. Linksrheinisch war ein 24 Kilometer langer und jeweils ein bis 1,5 Kilometer breiter Bogen geplant, rechtsrheinisch noch einmal zwölf Kilometer. Dieses grüne Band liegt genau dort, wo einstmals die preußischen Befestigungsanlagen standen, die aufgrund des Versailler Vertrags von 1919 geschleift werden mussten. Schließlich war Köln im 19. Jahrhundert die bedeutendste preußische Festungsstadt.

Mit den Worten „Jetzt muss sich entscheiden, ob Köln dereinst eine riesige Steinwüste sein wird oder aber eine Stadt, deren Bewohner ein menschenwürdiges Dasein führen können" setzte sich Adenauer für den großzügigen Landschaftspark in seiner Heimatstadt ein. Auf der linken Rheinseite wurden die Pläne in großen Teilen verwirklicht, rechtsrheinisch sind die verschiedenen Teilflächen deutlich unregelmäßiger und zerstückelter. Heute umfasst der „Äußere Grüngürtel"

eine Fläche von etwa 800 Hektar, ist damit die größte städtische Grünanlage und hat seit 2015 mit dem Grüngürtel-Rundweg einen eigenen Wanderweg.
Im südlichen Teil, auf den ehemaligen Ländereien der Gutshöfe Schiffhof und Essershof, durch die der KÖLNPFAD jetzt führt und die bereits in fränkischer Zeit bewirtschaftet wurden, ist die Großzügigkeit der Parklandschaft besonders gut zu erleben. Wer im Frühsommer durch das hüfthohe Gras schreitet, könnte sich mit viel Fantasie auch in den Weiten der Prärie Nordamerikas wiederfinden. Und der Himmel, der Grüngürtelhimmel, der sich weit über die Landschaft spannt, bietet zu jeder Jahreszeit ein abwechslungsreiches Schauspiel von Wolken, Wind und Sonnenschein, das den Gedanken Flügel verleiht.
Wir gehen am Rand der Senke entlang und an der Geländeformation ist noch gut zu erkennen, dass sich hier einst ein kreisrunder Teich befand, sogar mit einem Inselchen in seiner Mitte. Die Anlage wurde im Zweiten Weltkrieg zerstört und nicht rekonstruiert – im Gegensatz zum Kalscheurer Weiher, der sich knapp zwei Kilometer weiter westlich befindet und den eckigen Gegenpart zum verschwundenen Gewässer bildet. Der Weiher und sein eigenwilliges Büdchen mit der Verleihstation für Ruder- und Tretboote verströmten den spröden Charme hausgemachter, leicht angestaubter Gemütlichkeit

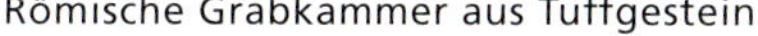
Römische Grabkammer aus Tuffgestein

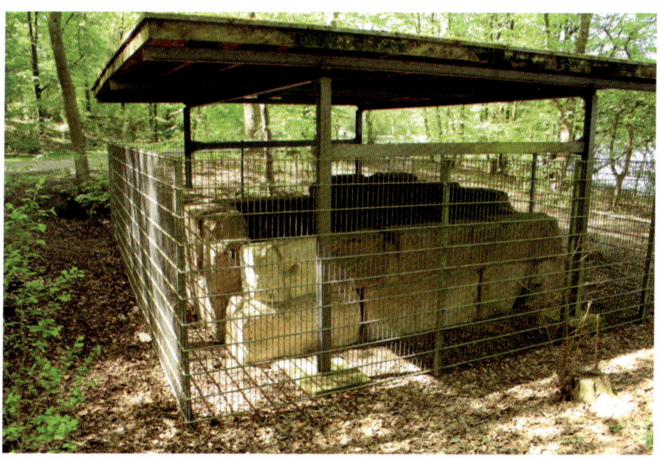

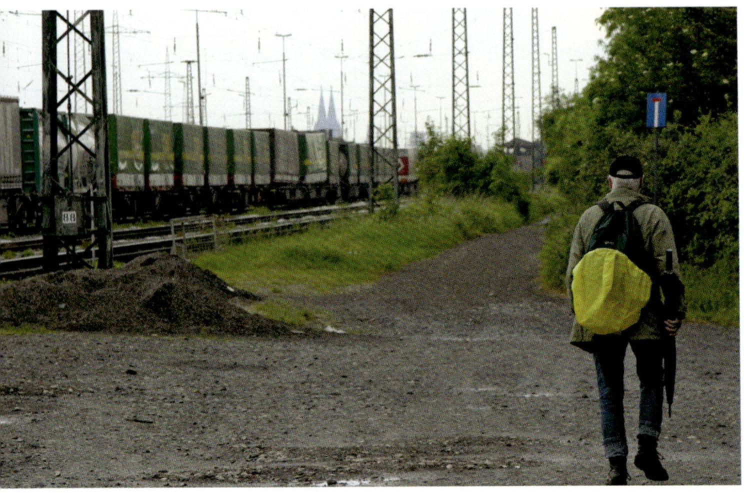

Domblick nicht weit vom Containerbahnhof Eifeltor entfernt

und wirkten längst nicht so herausgeputzt wie im weiteren Verlauf des Grüngürtels die „elegante Dame" Decksteiner Weiher mit ihrem „Haus am See". Manch ein Besucher betrachtete die dringend notwendige Sanierung zum Erhalt des Weihers daher mit Skepsis, doch die neue Uferbefestigung und die Ertüchtigung der Wege – die von der Kölner Grün Stiftung angestoßen und mitfinanziert worden sind – hat der gesamten Anlage gutgetan. Auch einen Kiosk mit Bootsverleih gibt es weiterhin. Dafür haben sich engagierte Bürger aus Zollstock eingesetzt und den Verein „Unser Kalscheurer Weiher" gegründet. Ehrenamtlich öffnen sie am Wochenende die kleine Versorgungsstation. Die versteckte Ecke des Grüngürtels, die abseits der großen Ströme erholungsuchender Großstädter liegt, hat ihr bodenständiges Flair behalten. Fans des Kalscheurer Weihers behaupten sogar, hier gäbe es den besten Sonnenuntergang von Köln zu erleben. Die Abgeschiedenheit hat sich auch bei einer Kolonie Graureiher rumgesprochen, die sich am Rand einer kleinen Insel niedergelassen haben. Im und am Wasser tummeln sich zudem Blesshühner, Schwäne, Nilgänse und eine große Kolonie von Kanadagänsen. Noch etwas liegt ein wenig im Wald verborgen, eine 1928 ausgegrabene römische Grabkammer aus Tuffblöcken, die aus dem 1. bis 3. Jahrhundert n. Chr. stammt. Sie gehörte wohl zu einem in der Nähe gelegenen römischen Gutshof. Schließlich war die nicht weit entfernte Straße nach Brühl für die Römer eine wichtige Heerstraße. Der fruchtbare Boden und das günstige Klima der Kölner Bucht verführten schon unsere Vor-Vorfahren dazu, hier zu ackern und zu ernten. Na ja, geackert wurde hier noch bis vor einigen Jahren in anderer Form. Ein Stückchen weiter an der „Brühler Landstraße" befand sich der Straßenstrich. Heute ist das Gebiet tagsüber Sperrbezirk. Wie sagte Heinrich Böll: „Huren, an denen in Köln kaum ein Weg vorbeiführte [...]"

Das Ende der ersten Etappe des KÖLNPFADs berührt die Rückseite der Stadt, die Bahngleise nicht weit vom Containerbahnhof Eifeltor entfernt. Vorab streifen wir noch die von dichtem Grün überwucherten und dem Zerfall preisgegebenen Reste der preußischen Festung Fort VII und sehen ihn wenig später vor uns: halb verdeckt von abgestellten Kesselwagen, aber dennoch unverkennbar markant mit seinen beiden schlanken Türmen – den Kölner Dom. Luftlinie mehr als fünf Kilometer entfernt, aber uns ganz nah in dieser unwirtlichen Umgebung, in einem Gewirr von Gleisen und abgestellten Güterwaggons. Wir spüren die Ausläufer des nahe gelegenen „Güterverkehrszentrum Köln Eifeltor", dessen Herzstück Europas größter Containerbahnhof mit eigenem Autobahnanschluss ist. Die Zahlen dieser „Großumschlaganlage", die zu den wichtigsten Terminals in Europa zählt, sind beeindruckend: Hier werden pro Tag von acht Portalkränen bis zu 1.400 Container von der Schiene auf 850 Lastwagen verladen – oder umgekehrt. Fast 100 ein- und ausgehende Züge pro Woche transportieren die Güter von und nach Südeuropa und Skandinavien. Der Schienen-

Der Komarhof in Klettenberg

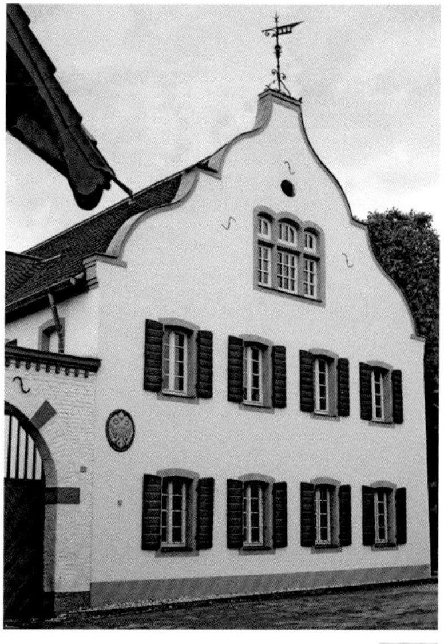

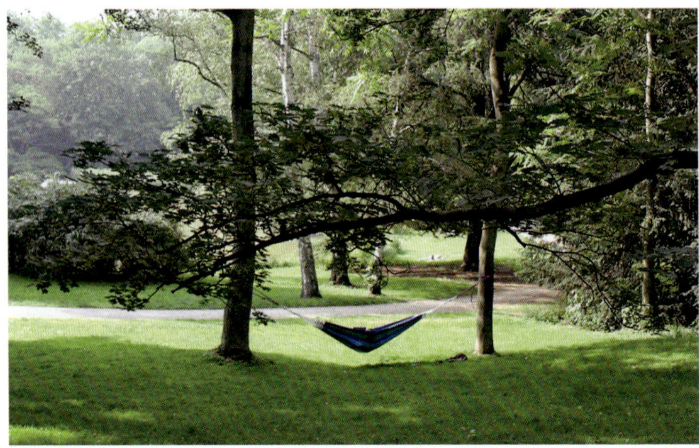

Abhängen im Klettenbergpark

verkehr erspart der Straße damit mehr als 300.000 Schwerlastzüge pro Jahr. Kräne und Schienen gehören der Deutschen Bahn und werden von der „Deutschen Umschlaggesellschaft Schiene-Straße" betrieben (DUSS). Ausläufer dieser logistischen Glanzleistungen ist hier am westlichen Rand des Stadtteils Klettenberg der lange, dunkle Eisenbahntunnel, und wir wundern uns, welche ungewöhnlichen Orte es in Köln doch gibt, die gerne auch als Kulisse für Filmaufnahmen genutzt werden.

Am Ende der Unterführung tauchen wir wieder in die Zivilisation ein und stehen vor dem Komarhof. Die geschlossene Hofanlage ist ein weiteres Beispiel dafür, wie die dichte städtische Bebauung einstmals prächtigen Gutshöfen mit viel Land drum herum immer näher rückte. Erstmalig im Jahr 1348 erwähnt als Lehnsgut des Stifts St. Maria im Kapitol, machte Bürgermeister Arnold von Siegen das Gut 1550 zum „herrlich Rittergut", das über die Jahrhunderte immer wieder umgebaut wurde. Heute befinden sich dort Wohnungen und eine Kindertagesstätte.

Die letzten Schritte über Asphalt führen uns am Ende der Etappe hinunter in den Klettenbergpark, der in einer zehn Meter tiefen ehemaligen Kiesgrube angelegt wurde. Der reizvolle Park ist selbst vielen Kölnern kaum bekannt, weil er sich an seinem eigentlich gut zugänglichen Standort doch versteckt hält. Gartendirektor Fritz Encke entwarf die sechs Hektar große

Grünanlage von 1905 bis 1907 und verband darin die Idee des Naturgartens mit pädagogischem Anspruch. Denn die für das Rheinland typischen Landschaftselemente wie eine Heidelandschaft, ein Gewässer mit Uferpflanzen und Waldpartien sollten der Erholung dienen. Daneben ließ Encke – was mittlerweile kurios anmutet – einen Basaltsteinbruch und einen Schiefersteinbruch nachbauen, die der Belehrung und Bildung der Besucher dienen sollten. Heute hat bürgerschaftliches Engagement in den hübschen Park Einzug gehalten, der sich aufgrund seiner unsymmetrischen Anlage von den gründerzeitlichen Parks mit ihren strengen Ornamentformen wohltuend unterscheidet. Engagierte Paten aus der Nachbarschaft kümmern sich um den Rosengarten, weil die Stadt zwischenzeitlich die Pflege nicht mehr gewährleisten konnte, die für dieses Kleinod nötig ist. Auf der anderen Seite des Klettenbergparks klettern wir wieder ans Licht und erreichen die gleichnamige KVB-Haltestelle, das Ende der Auftakt-Etappe.

Kleine Fontäne im Weiher des Klettenbergparks

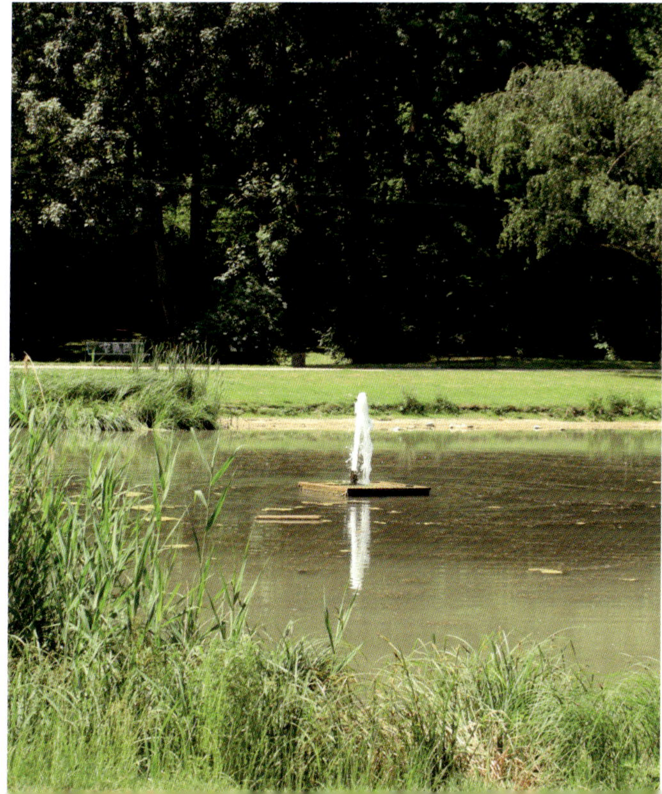

Länge: 22 Kilometer
Dauer: 6 Stunden, 30 Minuten
Profil: Flach, knapp die Hälfte der Strecke führt allerdings über asphaltierte Wege. Geeignet für Kinderwagen.
Anfahrt: mit der KVB-Linie 16 bis Haltestelle „Heinrich-Lübke-Ufer“

Abkürzungen:

Kilometer 10: Auf der „Weißer Straße“ befindet sich rechts 200 Meter entfernt die Bushaltestelle „Grüngürtelstraße“ der Linien 130 und 131, die in sieben Minuten den Bahnhof „Rodenkirchen“ erreichen. Dort fährt die KVB-Linie 16 in 18 Minuten bis in die Innenstadt.
Kilometer 12: Von der „Römerstraße“ in die Querstraße vor dem Lennartzhof („Kirschblütenweg“) einbiegen, dann in die „Birkenstraße“ gehen. Von dort ist die KVB-Haltestelle „Siegstraße“ der Linie 16 ausgeschildert.
Kilometer 14,5: Vor der Autobahnbrücke der A 555 befindet sich die Haltestelle „Bonner Landstraße“ der Buslinie 131, die in fünf Minuten den Bahnhof Rodenkirchen erreicht.

Einkehrmöglichkeiten:

Bootshaus „Alte Liebe“ www.bootshaus-alte-liebe.de
Rodenkirchener Leinpfad, 50996 Köln, Tel. 02 21-39 23 61

„Achterdeck“ im Marienburger Bootshaus www.achterdeck.koeln
Oberländer Ufer, 50968 Köln, Tel. 02 21-37 62 87 97

Brauhaus „Quetsch“ www.brauhaus-quetsch.de
Hauptstraße 7, 50996 Köln, Tel. 02 21-26 03 68 03

Bootshaus „Albatros“ www.bootshaus-albatros.de
Rodenkirchener Leinpfad, 50996 Köln, Tel. 02 21-3 50 85 89

Zum Treppchen www.zum-treppchen-koeln.de
Kirchstraße 15, 50996 Köln, Tel. 02 21-39 21 79

Fährhaus www.faehrhauskoeln.de
Steinstraße 1, 50996 Köln, Tel. 02 21-9 35 99 69

Haus Berger www.haus-berger.koeln
Uferstraße 73, 50996 Köln, Tel. 02 21-3 40 88 82

Landhaus Tennisplatz www.tc-rodenkirchen.de
Unterer Weißer Weg 10, 50999 Köln, Tel. 02 21-39 14 09

Hotel-Restaurant „Grossrotter Hof" www.grossrotterhof.de
Großrotterweg 33, 50997 Köln, Tel. 0 22 33-9 21 00-0

Kalscheurer Weiher Kiosk & Bootsvermietung www.kalscheurer-weiher.de

Allgemeine Informationen:

Campingplatz Berger www.camping-berger-koeln.de
Uferstraße 71, 50996 Köln, Tel. 02 21-9 35 52-40

Personenfähre Krokodil www.faehre-koelnkrokodil.de
Stephan Berressen, Weißer Leinpfad, 50999 Köln, Tel. 0 22 36-6 83 34
Betrieb: April–September Mo–Fr 11–19 Uhr, Sa/So/Feiertage 10–20 Uhr, März/Oktober 10–20 Uhr oder bis Sonnenuntergang
Von der Personenfähre Krokodil in Weiß können Sie noch 400 Meter rheinaufwärts gehen und gelangen (zweiten Aufgang benutzen) in den Ortsteil Weiß zur **St. Georgskapelle**.

Forstbotanischer Garten
Schillingsrotter Straße 100, 50996 Köln, Tel. 02 21-35 43 25
Öffnungszeiten: November–Februar täglich 9–16 Uhr, März täglich 9–18 Uhr, April–August täglich 9–20 Uhr, September/Oktober 9–18 Uhr. Eintritt: frei. Führungen finden jeden ersten Mittwoch im Monat um 14.30 Uhr und jeden dritten Samstag im Monat um 15 Uhr statt. Treffpunkt ist der Unterstellpilz im Zentrum des Gartens.

MKG-Tennis-Akademie www.mkgoellner.de
Marc-Kevin Goellner, Großrotterweg 33, 50997 Köln, Tel. 01 51-23 06 43 08

Blütenpracht im Forstbotanischen Garten

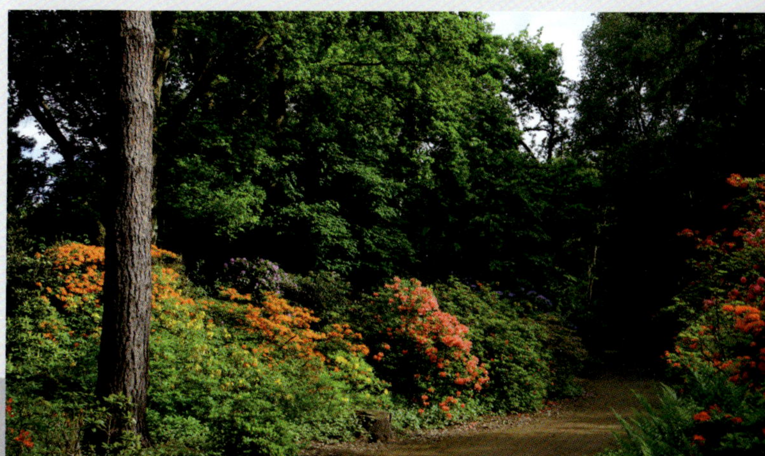

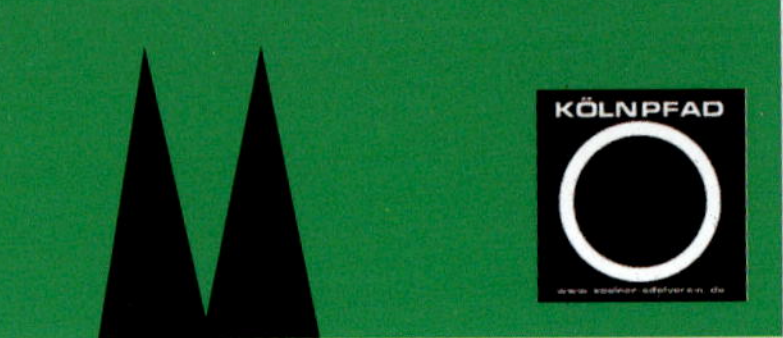

Etappe 2

Von den ersten Siedlern und dem Werk Konrad Adenauers

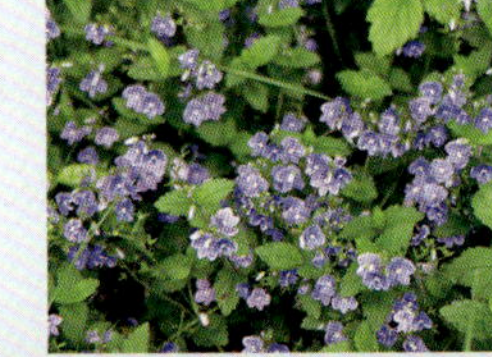

Platanenallee am Decksteiner Weiher

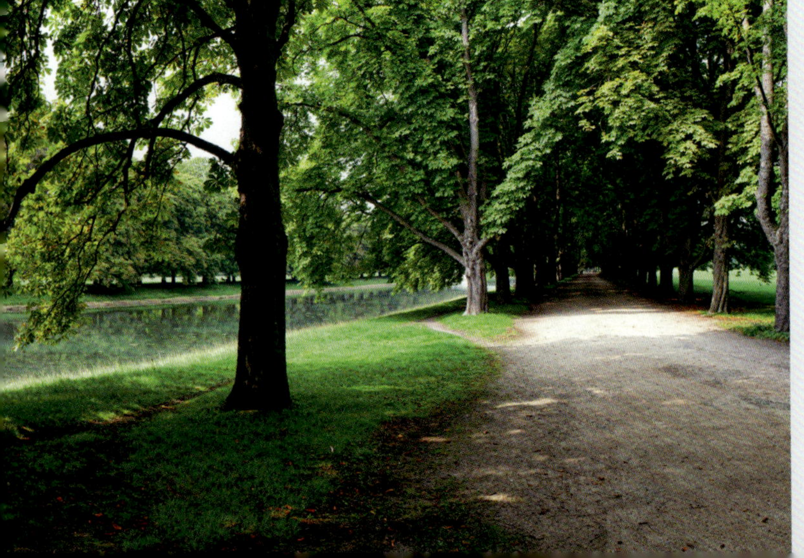

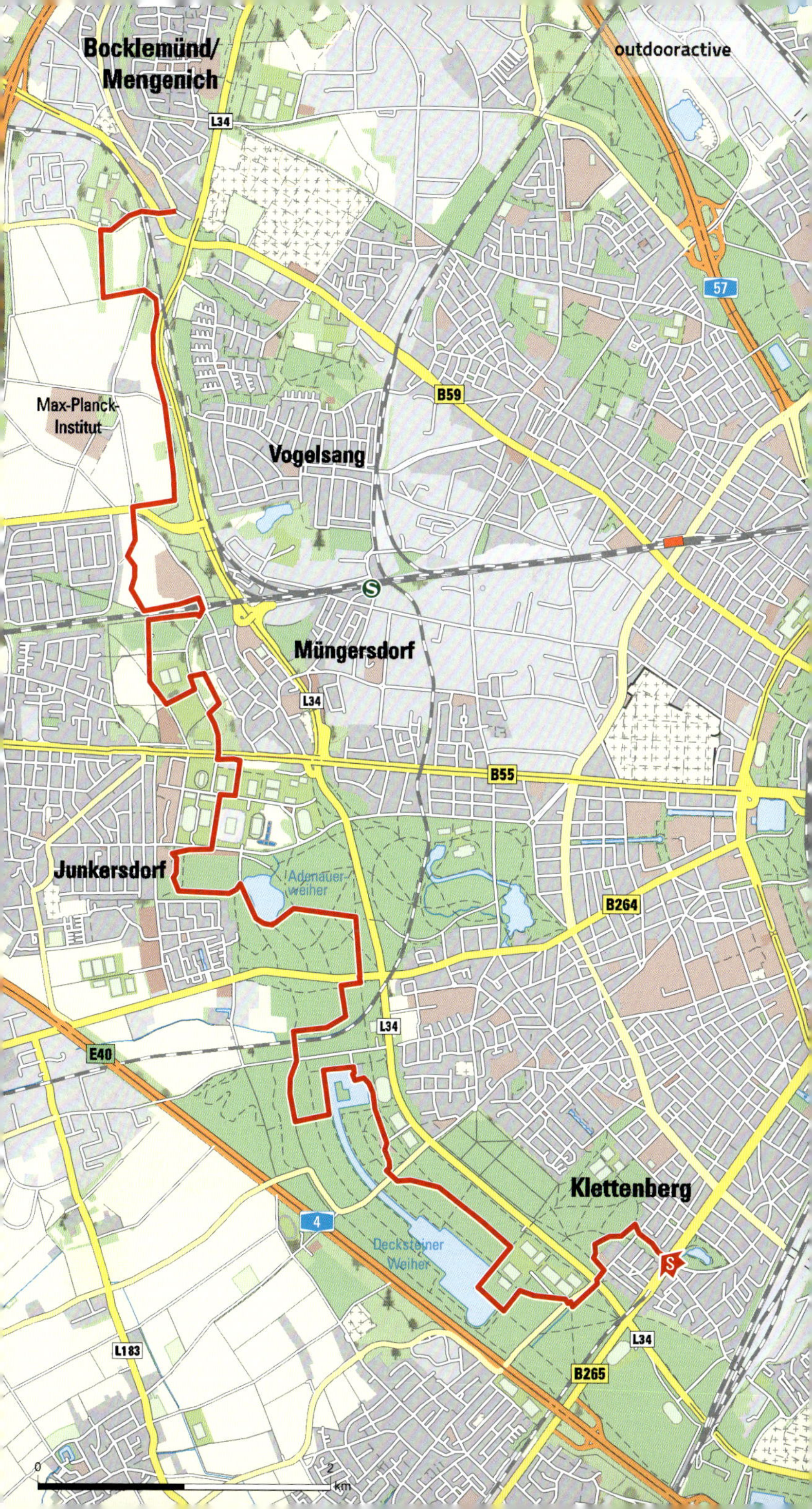
Bocklemünd/
Mengenich
outdooractive
L34
57
B59
Max-Planck-
Institut
Vogelsang
Müngersdorf
L34
B55
Junkersdorf
Adenauer-
weiher
B264
L34
E40
Klettenberg
4
Decksteiner
Weiher
S
L34
L183
B265
0
2
km

WEGBESCHREIBUNG 2

An der KVB-Haltestelle „Klettenbergpark" überqueren Sie die stadtauswärts führende Fahrspur der „Luxemburger Straße" und gehen durch das Absperrgitter in die Grünanlage. In dieser gehen Sie bis zum Ende, überqueren die „Berrenrather Straße", gehen geradeaus und biegen nach wenigen Metern im Grünen nach links ab, nach 200 Metern wieder links in den kleinen Pflasterweg, der leicht bergan führt. Am Ende des Pflasterwegs gehen Sie links, an der Elsa-Brändström-Realschule entlang, bis zur „Berrenrather Straße". Hier gehen Sie rechts Richtung „Militärringstraße", überqueren „Militärringstraße" und „Berrenrather Straße", denn auf der linken Seite befinden sich der Duffesbach und nach gut 100 Metern die Reste des Römerkanals (mit Dach).

Am Römerkanal überqueren Sie erneut die „Berrenrather Straße" und gehen in die „Franz-Kremer-Allee". Nach 50 Metern wandern Sie links in den Waldweg, an der ersten Kreuzung wieder links und biegen am zweiten Weg (große Kreuzung) rechts ein. Durch die Platanenallee wandern Sie bis zum Ufer des Decksteiner Weihers. Hier gehen Sie rechts am Ufer entlang, am Schild „Rhein-EnergieSportpark" geradeaus bis zum Schild „Franz-Kremer-Stadion". Hier biegen Sie links ein und folgen 500 Meter dem Weg. An der ersten Weggabelung wandern Sie links bis zur „Gleueler Straße", überqueren diese, gehen 30 Meter geradeaus, biegen dann rechts ab und gleich wieder links. Nach 100 Metern nehmen Sie den abwärts führenden

Römische Wasserleitung mit Absetzbecken

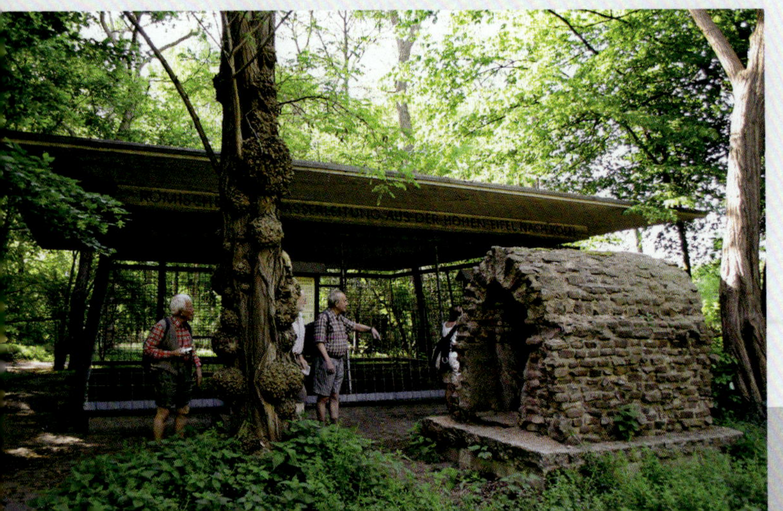

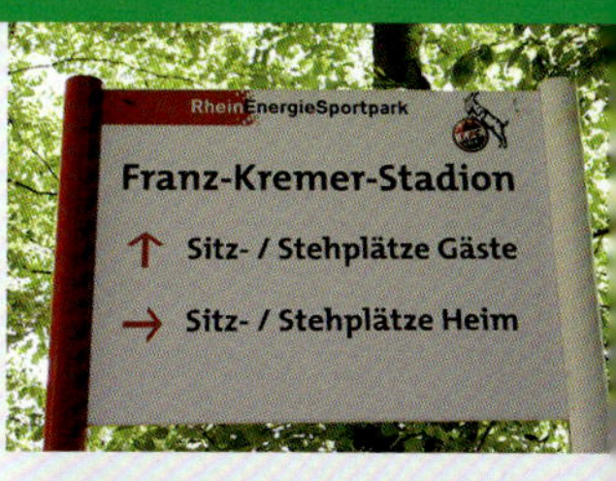

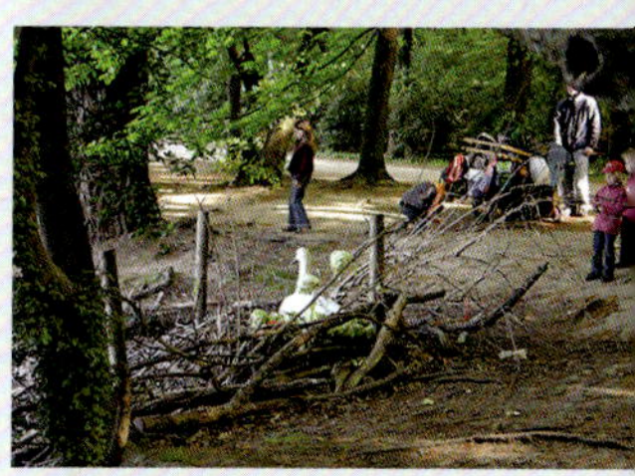

Oben: Wegweiser im Sportpark Müngersdorf

Unten: Brütender Schwan am Decksteiner Weiher

Teerweg halb rechts durch Fort VI hindurch. Auf dem Vorplatz, die Kaserne im Rücken, gehen Sie nach links (am Ende der Kehlkaserne befindet sich der Felsengarten) und folgen weiter dem Weg bis zur Gaststätte „Haus am See“.

Das **„Haus am See“** umrunden Sie, biegen links auf dem Parkplatz in den Uferweg ein und gehen am Decksteiner Weiher entlang. An der nächsten Abzweigung gehen Sie wieder links, weiter am Ufer entlang. An der folgenden Abzweigung, vor der Kastanienallee, biegen Sie rechts ab, wandern vom Ufer weg. Am Ende des Wegs, im Wald, gehen Sie wieder rechts, queren eine schmale Teerstraße und erreichen nach 100 Metern die Eisenbahntrasse, die Sie überqueren. 20 Meter wandern Sie geradeaus, dann gehen Sie vor der Brücke über den Frechener Bach rechts. Der Weg schlängelt sich parallel zum Bachbett bis fast zur „Dürener Straße“. 20 Meter vor der „Dürener Straße“ gehen Sie rechts, nach 100 Metern wieder links und überqueren an der Aufpflasterung die viel befahrene Straße. Den breiten Weg wandern Sie 200 Meter geradeaus, dann biegen Sie an der vierten Kreuzung links ab und gehen in den großen Hauptweg.

Sie erreichen den Platz mit den zehn markanten Ahornbäumen (Pilz zum Picknick in Sichtweite). Hier gehen Sie weiter geradeaus, überqueren eine Teerstraße und erreichen das Ufer des Adenauer Weihers. Jetzt wenden Sie sich nach links und wandern unmittelbar am Ufer entlang, ungefähr um den halben Weiher herum, bis Sie die rot-weißen Wegweiser für Fahrradrouten erreichen. Hier verlassen Sie den Weiher, nehmen den Weg rechts am Wegweiser vorbei und gehen an der Kreuzung rechts die leichte Anhöhe empor. Am Denkmal wandern Sie vorbei (rechts unten liegen die Jahnwiesen und das RheinEnergieStadion) und gehen am Ende des Wegs rechts, den geteerten Weg am Rand der Jahnwiesen entlang. Am Ende des Teerwegs wandern Sie wieder rechts, geradeaus über den Parkplatz und überqueren

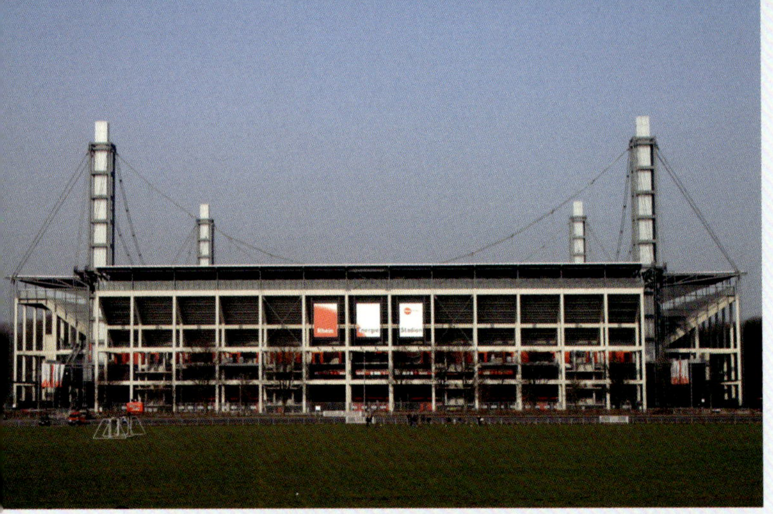

Jahnwiesen und RheinEnergieStadion

die „Junkersdorfer Straße". Sie gehen jetzt am Stadion vorbei (liegt rechter Hand), weiter geradeaus am „Marathontor" vorüber und biegen erst vor der Wiese rechts ab. Nach 50 Metern gehen Sie links den gepflasterten Weg und unter dem Schriftzug „Stadion" hindurch bis zur „Aachener Straße".

Die „Aachener Straße" überqueren Sie, wandern wenige Meter stadtauswärts und biegen dann rechts in den „Walter-Binder-Weg" ein. Nach 100 Metern, vor den rot-weißen Absperrpollern, gehen Sie rechts (gegenüber liegt das Sportgelände der Cologne Cardinals) und nach 80 Metern an der Weggabelung dann links (rechts geht's zum Spielplatz). Am Ende der Pferdekoppel biegen Sie wieder links ab, wandern bis zur Teerstraße, dort biegen Sie erneut nach links ab und wenden sich nach 80 Metern rechts in den „Rudolf-Harbig-Weg" (mit Schranke). An der nächsten Kreuzung biegen Sie rechts ab und nach 100 Metern (links steht ein Picknickpilz, rechts befindet sich der Sportplatz) gehen Sie an der Kreuzung vor der Wiese halb rechts.

Am Lehrgarten des Kleingärtnerverbands führt der Weg vorbei. Kurz danach macht der Splittweg eine Rechtskurve. Sie gehen hier geradeaus, biegen erst nach 20 Metern rechts ab und wandern jetzt parallel zu den Eisenbahnschienen. Am Ende des Wegs treten Sie aus dem Wald heraus, treffen erneut auf den „Walter-Binder-Weg“, gehen links bis zur Brücke über die Eisenbahn und wieder nach links über die Brücke. Am Ende der Brücke biegen Sie erneut nach links ab in den „Gerhard-Marcks-Weg“ und wandern geradeaus; die Straße wird zu einem Schotterweg, der parallel zu den Schienen verläuft. Sie folgen dem Weg, durch rot-weiße Absperrpfähle, bis zum Ende des Zauns auf der rechten Seite. Dann wenden Sie sich nach rechts und folgen dem Weg entlang einer ehemaligen Baumschule (rechts). Am Ende des Wegs gehen Sie nach rechts und, nach 20 Metern, an der Gabelung nach links bis zur Kreuzung von „Belvederestraße“/ „Gregor-Mendel-Ring“.

Sie überqueren die Kreuzung diagonal an der Ampel und wandern weiter geradeaus durch das Wäldchen. Der zweigeteilte Weg – rechts Schotter, links Asphalt – verläuft noch 200 Meter parallel zum „Gregor-Mendel-Ring“ und knickt dann nach links ab. Sie folgen dem Weg zwischen Feld- und Waldrand, überqueren den Zufahrtsweg („Carl-von-Linné-Weg“) zu Gut Vogelsang, die Straße „Vogelsanger Weg“ und biegen erst im kleinen Wäldchen rechts ab. Sie wandern den Waldweg entlang, bis Sie auf die Straße „Freimersdorfer Weg“ stoßen. Sie gehen rechts den „Freimersdorfer Weg“ entlang, überqueren die Bahngleise und wandern weiter bis zur Kreuzung mit der „Venloer Straße“, überqueren die Kreuzung und gehen abwärts durch die „Andreas-Muhr-Straße“ (die alte „Venloer Straße“), bis zur „Militärringstraße“. Hier gehen Sie nach links bis zur KVB-Haltestelle „Schaffrathsgasse“.

Hinweisschilder am Stadion

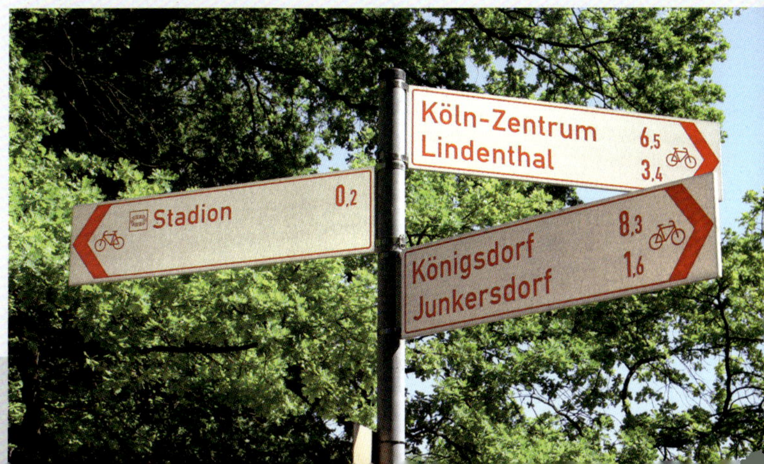

Von Klettenberg nach Bocklemünd

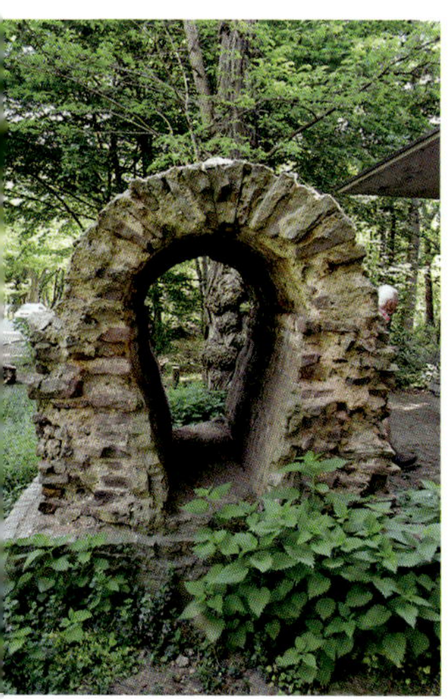

Querschnitt der imposanten römischen Wasserleitung

Die KVB-Haltestelle „Klettenbergpark" ist der ideale Ausgangspunkt für eine abwechslungsreiche Etappe, die größtenteils durch den Äußeren Grüngürtel führt – und von den ersten Siedlern der Jungsteinzeit über die Römer bis zu den Preußen und Konrad Adenauer alle wichtigen Epochen Kölner Stadtgeschichte im Vorbeimarsch berührt. Den lauschigen Klettenbergpark – Endpunkt der ersten Etappe des KÖLN-PFADs – lassen wir diesmal links liegen und gehen durch die gegenüberliegende Grünanlage. Wir streifen den Beethovenpark – ebenso wie der Klettenbergpark von Gartendirektor Fritz Encke Ende der 20er-Jahre des letzten Jahrhunderts geplant – und erreichen an der „Militärringstraße" eine Ausgrabung, die uns noch weiter in die Vergangenheit der Stadtgeschichte katapultiert – knapp 2.000 Jahre zurück in die Römerzeit.

Zu sehen ist ein Stück der römischen Wasserleitung, die von der Eifel nach Köln führte, sowie ein Absetzbecken, in dem sich Schwebstoffe aus dem Wasser ablagern konnten. Das technische Meisterwerk gehörte mit einer Gesamtlänge von 95,4 Kilometern zu den längsten Fernwasserleitungen des römischen Reichs und versorgte vom 1. bis 3. Jahrhundert n. Chr. Köln – damals noch Colonia Claudia Ara Aggrippinensium – mit Trinkwasser aus dem Urfttal bei Nettersheim. Pro Tag gelangten bei einem Gefälle von 370 Metern immerhin 20.000 Kubikmeter frisches Quellwasser in die Provinzhauptstadt Niedergermaniens. In deren Stadtmauern lebten zu Beginn des 2. Jahrhunderts n. Chr. etwa 15.000 Menschen. Noch einmal 5.000 wohnten und arbeiteten vor den Toren. Zwischen Köln und Nettersheim gibt es immer noch zahlreiche Überbleibsel dieses größten antiken Bauwerks nördlich der Alpen. Der Verlauf der Wasserleitung kann heutzutage über den 116 Kilometer langen Römerkanal-Wanderweg erwandert werden.

Ein Gewässer schlängelt sich immer noch, wenn auch sehr versteckt, entlang des KÖLNPFADs und entschwindet just an dieser Stelle in die Kanalisation: Es ist der Duffesbach. Er entspringt in Hürth-Knapsack und mündet auf Höhe der romanischen Kirche St. Maria Lyskirchen in den Rhein. Der Duffesbach wurde jahrhundertelang in Köln nur „de Baach" genannt. Erst Anfang des 19. Jahrhunderts erfolgten die Bezeichnungen Weidenbach, Rothgerberbach, Blaubach und Mühlenbach. Heute erinnern nur noch diese Straßennamen an seinen eigentlichen Verlauf und daran, dass im Mittelalter am Duffesbach die Werkstätten der Färber und Gerber lagen. Immerhin vermitteln die zahlreichen Brückchen über den in sein Bett gezwängten Bach hier im Grüngürtel ein wenig vom Flair niederländischer Wasserwege.
Wir überqueren die viel befahrene Kreuzung „Berrenrather Straße"/„Militärringstraße" und streifen das Vereinsheim mit dem Trainingslände des 1. FC Köln. Durch die Laubbäume schimmert das 1953 erbaute Geißbockheim mit dem saftig grünen Rasenplatz davor. Es wurde nach dem Maskottchen des Kölner Fußballclubs benannt und steht auf den Resten eines ehemaligen preußischen Forts. Der traditionsreiche Fußballclub gehört untrennbar zu Köln und beschert als „Fahrstuhlverein" seiner treuen Fangemeinde regelmäßig ein Wechselbad der Gefühle: Mal schafft es die Mannschaft

Vereinsheim am Trainingsgelände des 1. FC Köln

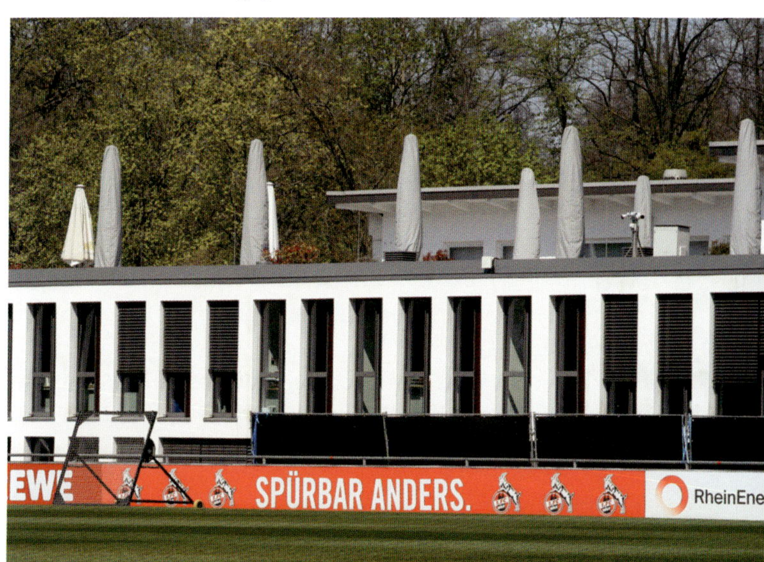

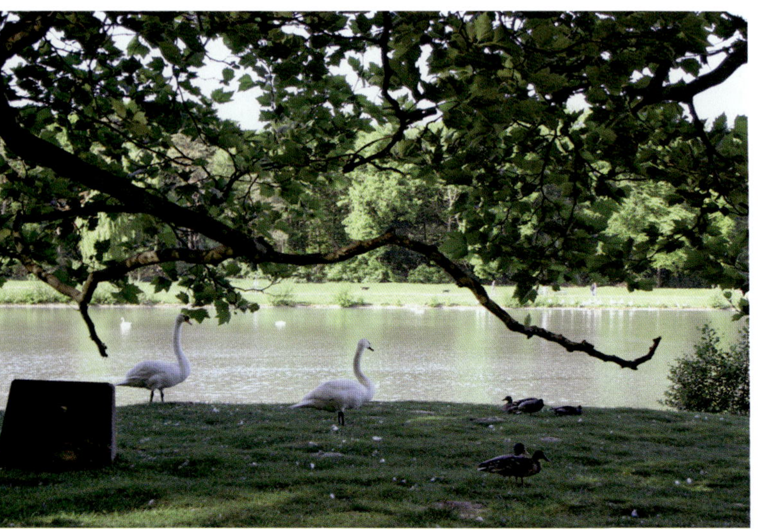

Auch Schwäne lieben den Decksteiner Weiher.

nach 25 Jahren wieder in die Europa League und dann geht es Wochen später ungebremst abwärts Richtung Zweite Liga. Am wunderbaren Vereinsgelände mit dem alten Franz-Kremer-Stadion – Kremer war der erste Präsident des 1948 gegründeten „Ersten Fußball-Club Köln 01/07" – mitten im Äußeren Grüngürtel und direkt neben dem Decksteiner Weiher kann es nicht liegen.

Der Decksteiner Weiher ist unser nächstes Ziel, Kölns schönstes Naherholungsgebiet und unbestritten beliebteste Joggingstrecke. Die beiden 20 Hektar großen Gewässer – durch einen Kanal miteinander verbunden – sind in eine klassische Parklandschaft eingebettet mit Kastanienalleen, Reihen von mächtigen Platanen und Buchenwäldern, deren gerade, himmelwärts strebende Stämme an manchen Stellen eine sakrale Stimmung herbeizaubern. Im Frühjahr ist das Ufer der Weiher Kinderstube der Stockenten, während die Schwäne ihren Nachwuchs noch ausbrüten. Und für die Kölner Menschenkinder hat das Naherholungsgebiet sowieso das ganze Jahr über Saison.

Der breite Weg führt durch lichtdurchflutete Laubwälder, vorbei an einem Waldkindergarten, und was am Wegesrand wie ein unsortierter Gesteinshaufen aussieht, ist der Rest eines

Zwischenwerks der preußischen Festungsanlagen. Denn Köln war im 19. Jahrhundert die bedeutendste preußische Festungsstadt mit einem inneren Befestigungsring (erbaut von 1820 bis 1840) und einem äußeren sogenannten Rayon (ab 1873). Zu diesem äußeren Ring gehörten zwölf große Forts und 23 kleinere Zwischenwerke. Köln als Festungsstadt bestand jedoch nur wenige Jahrzehnte, denn nach dem verlorenen Ersten Weltkrieg und der Besetzung des Rheinlands bis 1926 überwachten die alliierten Truppen die im Versailler Vertrag geregelte Zerstörung fast aller Festungswerke. Konrad Adenauer ist es wiederum zu verdanken, dass nur die strategisch wichtigen Teile beseitigt werden mussten. Es durften die Gebäude stehen bleiben, die in Parks eingebettet werden sollten wie beispielsweise FORT VI – das Decksteiner Fort –, durch das der KÖLNPFAD hindurchführt. Noch heute haben innerhalb dieser alten Gemäuer Sportvereine ihr Domizil und der Vorplatz ist als öffentlicher Grillplatz ausgewiesen. Das Decksteiner Fort ist ein typisches Beispiel dafür, wie sich die ehemaligen kriegswichtigen Festungsanlagen zu Orten wandelten, die seit Jahrzehnten friedlichen Zwecken dienen – Spiel, Sport und Erholung.

Am Fort liegt im ehemaligen Festungsgraben der Felsengarten. Er wurde 1923 bis 1927 – wie die gesamte Grünanlage um das Fort herum – ebenfalls von Fritz Encke geplant, der nicht nur

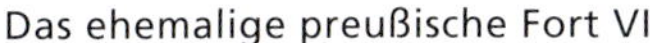

Das ehemalige preußische Fort VI

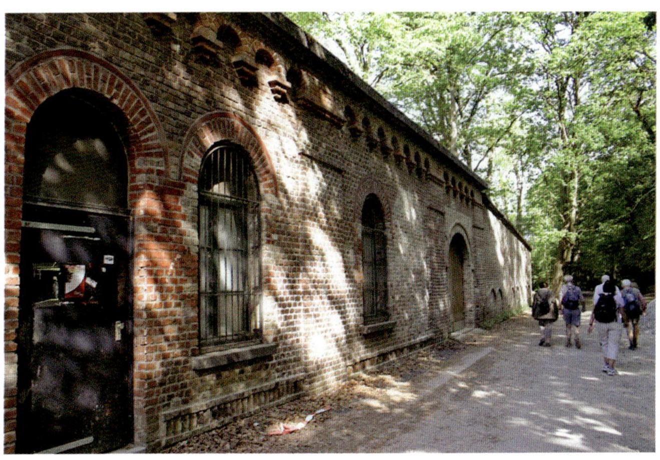

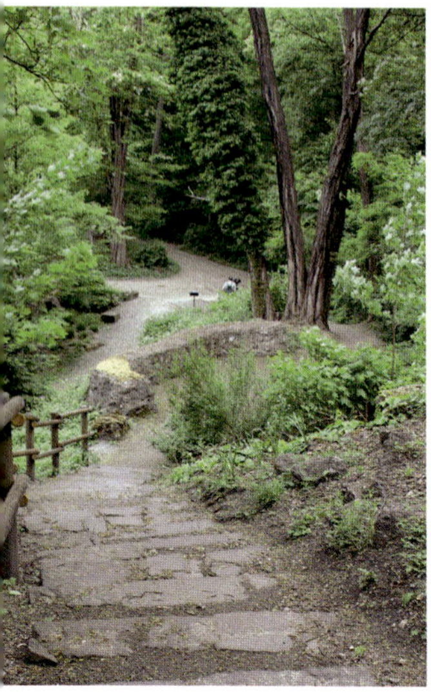
Felsengarten im ehemaligen Festungsgraben

das Amt des städtischen Gartendirektors bekleidete, sondern sich auch mit dem Titel königlicher Gartenbaudirektor schmücken durfte. Von der ursprünglichen Bepflanzung mit alpinen Stauden ist kaum etwas übrig geblieben und die gesamte Anlage strahlt den verblichenen Charme eines Dornröschens aus, das ein wenig Fürsorge und Aufmerksamkeit vertragen könnte. Fledermäuse fühlen sich hier jedenfalls ausgesprochen wohl, genau wie die gar nicht scheuen Mäuse, die in den Böschungen leben und sich in fetten Jahren gut beobachten lassen.

Am Ende des Kanals erreichen wir den nördlichen Decksteiner Weiher mit dem traditionsreichen Ausflugslokal „Haus am See". Wer mag, kann hier im Sommer sogar Bötchen fahren oder eine Runde Minigolf spielen. Wir umrunden die Gaststätte mit der großen Aussichtsterrasse und verabschieden uns langsam vom Weiher. Aber keine Bange, das nächste Gewässer ist nicht weit.

Auf dem Weg dorthin überqueren wir die Gleise, die nach Frechen führen. Die ehemalige Strecke der KFBE, der „Köln-Frechen-Benzelrather Eisenbahn", wurde von 1891 bis 1894 als kombinierte Güter- und Straßenbahnstrecke eingerichtet, um insbesondere die Produkte der Frechener Tonwarenindustrie, der Sandgruben und der Benzelrather Brikettfabriken zum „Staatsbahnhof" Ehrenfeld und 1925 weiter bis zum neu erbauten Rheinhafen in Niehl zu transportieren. Seit 1992 existiert die KFBE nicht mehr, sie ging in der neu gegründeten „Häfen und Güterverkehr Köln AG" auf. Den Personenverkehr betreiben seitdem auf dieser Strecke die Kölner Verkehrs-Betriebe (KVB).

Kurz hinter den Gleisen gibt es seit dem Jahr 2020 eine neue Überführung, eine Brücke über den renaturierten Frechener Bach, der einst die Landschaft an seinen Ufern prägte. Schließlich lockte das Flüsschen die ersten Siedler der Jungsteinzeit an. Hier wurden 1929, im Zuge der Anlage des Äußeren Grüngürtels, die Überreste eines „bandkeramischen" Dorfs gefunden. Die rund 100 Hausgrundrisse, zahlreiche Steinwerkzeuge und Tongefäße – hauptsächlich mit Bandornamenten verziert, die der Epoche den Namen geben – legen Zeugnis davon ab, dass das Dorf vom Ende des 5. Jahrtausends und den ersten Jahrhunderten des 4. Jahrtausends v. Chr. mit Unterbrechungen bewohnt war. Die Kölner der Jungsteinzeit betrieben Ackerbau, denn der fruchtbare Löss – der aus dem Gletscherschutt der Eiszeit ausgewehte kalkreiche Staub – bot dafür die besten Voraussetzungen.

Aus der jüngeren Vergangenheit – den 1950er-Jahren – stammt an dieser Stelle das Arboretum mit Bäumen aus Nordamerika und Asien. Eigentlich schon in den 1930er-Jahren sollte im Grüngürtel zwischen Bahnschienen und „Dürener Straße" ein „Reichsarboretum" angelegt werden. Doch der Zweite Weltkrieg verhinderte die Verwirklichung der Pläne – gepflanzt wurde später nur eine „normale" Gehölzsammlung, die jahrzehntelang wenig gepflegt wurde. Erst 2007 wurden mit Hilfe der „Kölner Grün Stiftung" und der RWE Power AG, deren Verwaltungsgebäude nur einen Steinwurf entfernt steht, die Exoten am Bahndamm wieder sichtbar gemacht. Wer will, kann hier die Wanderung beenden, denn an der nahe gelegenen Haltestelle „Stüttgenhof" neben dem gleichnamigen Hof – die heutigen Gebäude der geschlossenen Anlage stammen

Tierische Rasenmäher im Äußeren Grüngürtel

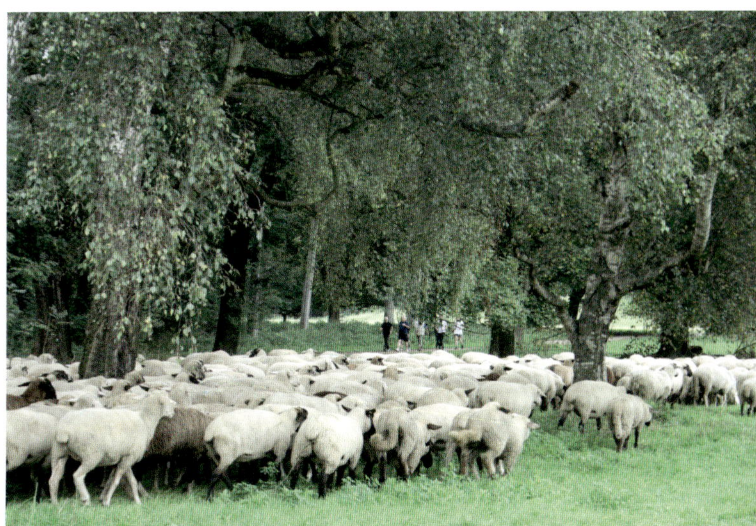

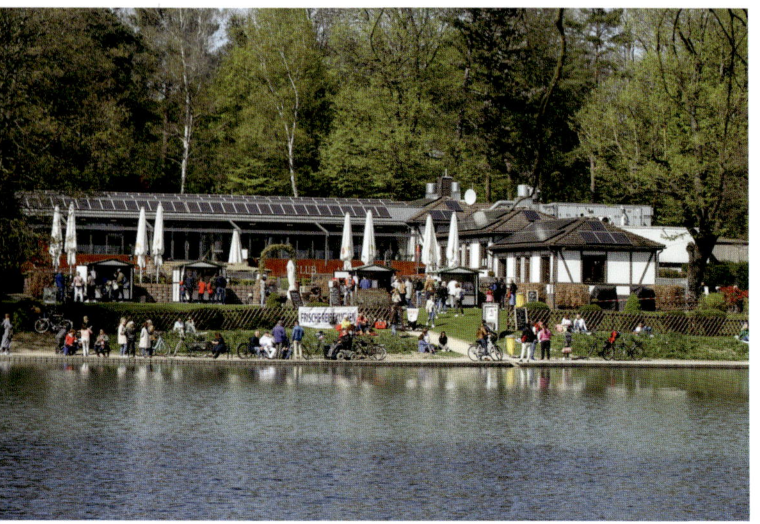

Club Astoria am Adenauer Weiher

aus dem Jahr 1868, erwähnt wurde der Hof erstmalig 1271 – hält die KVB-Linie 7, die in 19 Minuten den Neumarkt erreicht. Wir lassen das alte Dorf und das runderneuerte Arboretum hinter uns, überqueren die „Dürener Straße“ und gelangen zum Adenauer Weiher. Sofort fällt auf dem gegenüberliegenden Ufer ein flaches, mit Fachwerkelementen verziertes Gebäude auf. Es ist der ehemalige „Club Astoria“, einst ein Clubrestaurant mit Hotelzimmern (!), das 1948 von den belgischen Streitkräften erbaut wurde, die es bis 2003 als Restauration für gehobene militärische Ränge nutzten. Für die Öffentlichkeit war das Haus all die Jahre nicht zugänglich. Nach dem Umbau wurde im September 2007 das unter Denkmalschutz stehende Gebäude unter demselben Namen als Restaurant mit großem Biergarten wiedereröffnet. Seitdem steht es allen Kölnern offen.

Was aber mehr verwirrt als das „Knusperhäuschen“ am Waldesrand, sind die Türme mit den geschwungenen Stahlseilen, die sich hinter den Baumwipfeln erheben. Sie erinnern auf den ersten Blick an eine Rheinbrücke und nicht an das 2004 fertiggestellte RheinEnergieStadion, vormals Müngersdorfer Stadion. Der alte Name hat immer noch einen bleibenden Klang und erinnert an das Erbe Konrad Adenauers. Als Oberbürgermeister hatte er den Bau des allerersten Müngersdorfer Stadions – den Vor-Vorgängerbau der jetzigen Arena – mit den Worten, Sport sei „praktischer Arzt am Krankenbette des deutsche Volkes“ vorangetrieben. Adenauer eröffnete schließlich am 16. September 1923 nicht nur das größte deutsche Stadion mit 80.000 Plätzen. Der gesamte Komplex (55 Hektar groß), der „Sportpark Müngersdorf“, war sogar die größte Anlage in Europa.

Gebaut wurde die Hauptkampfbahn nach den Plänen von Adolf Abel, das gesamte Projekt entwarf Gartenbaudirektor Fritz Encke, gekostet hat es 47,4 Millionen Reichsmark. Zahlreiche Sportveranstaltungen fanden in den 20er- und 30er-Jahren des letzten Jahrhunderts statt und zeitweilig erwog Adenauer, Köln ins Rennen um die Bewerbung für die Olympischen Spiele 1936 zu schicken. Daraus wurde bekanntlich nichts, dafür erinnert eine Stele an das 14. Deutsche Turnerfest im Jahr 1928, 150 Jahre nach der Geburt von „Turnvater“ Friedrich Ludwig Jahn. Er starb 1852. Das Denkmal sehen wir auf unserem weiteren Weg oberhalb der Jahnwiesen.

Doch zurück zum Stadion: Im November 1975 wurde nach 22 Monaten Bauzeit das neue Müngersdorfer Stadion eingeweiht, das 61.000 Zuschauern stets trockene Plätze bot, denn es war Deutschlands erstes Stadion mit komplett überdachter Tribüne. Kostenpunkt: 44,5 Millionen D-Mark. Nicht einmal 30 Jahre hielt die Wettkampfarena den internationalen Ansprüchen stand.

Von 2001 bis 2004 wurde sie, bei laufendem Betrieb, zum RheinEnergieStadion umgebaut, das jetzt noch knapp 50.000 Plätze zählt. Gekostet hat die Umwandlung in ein reines Fußballstadion 117,5 Millionen Euro. Dort wurden auch einige Spiele der Fußballweltmeisterschaft 2006 ausgetragen. Als es mit dem 1. FC Köln gut lief, träumte der Vereinsvorstand von einem größeren Stadion. Die Idee taucht immer mal wieder auf.

Viel Sport im Sportpark Müngersdorf

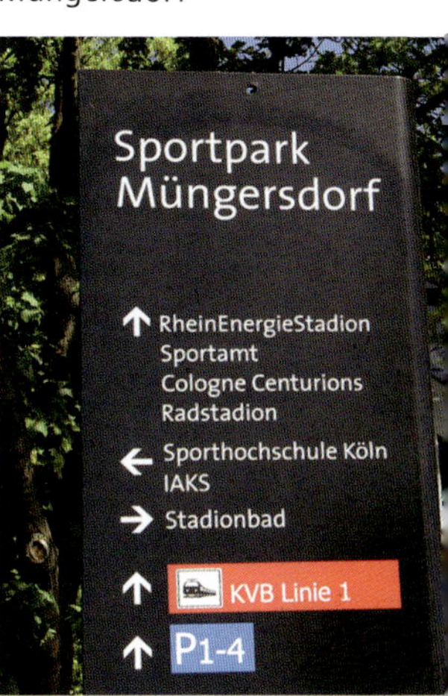

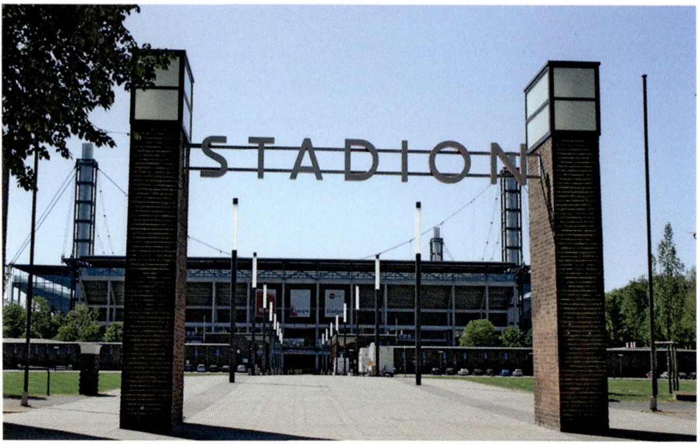

Zugang zum RheinEnergieStadion

Eigentlich begegnen uns zu allen Jahreszeiten rund um das Stadion sportbegeisterte Menschen: Am Wochenende sind es die vielen Hobbykicker, die sich auf den Wiesen ihre nicht ganz ernst gemeinten Duelle liefern, und unter der Woche die angehenden Trainer und Sportlehrer, die die natürlichen und künstlichen Geländeformen für ihre Übungen nutzen. Sie studieren an der benachbarten Sporthochschule, die bundesweit die einzige und weltweit die größte Sportuniversität ist. Die Zahlen sind beachtlich: 6.000 Studierende an 20 wissenschaftlichen Instituten, die von 33 Professorinnen und Professoren betreut werden. Gegründet wurde die „Spoho" 1920 in Berlin als „Deutsche Hochschule für Leibesübungen", aus der 1947 in Köln die Sporthochschule hervorging. Bis zum Bezug des neuen Campus im Jahr 1963 war sie im „Marathontor" untergebracht, dem 1928 erbauten, denkmalgeschützten Teils des Stadions.

Wir streifen die Arena an der westlichen Seite, wandern entlang der mächtigen Beton- und Stahlkonstruktionen und spüren förmlich noch den Schweiß der zahlreichen Sportler in der Luft und gehen versonnen durch das Eingangstor mit der schlichten Aufschrift „Stadion" zur gleichnamigen KVB-Haltestelle. Wer will, kann hier die Etappe nach zwei Dritteln der Strecke beenden.

Der KÖLNPFAD führt weiter über die „Aachener Straße" und ein kurzes Stück stadtauswärts. Unser Blick fällt vorher noch auf den Bildstock des heiligen Wendelin, der, ein wenig verloren und vom Verkehrslärm umtost, am Straßenrand steht. Mitglieder der Müngersdorfer Pfarrei St. Vitalis errichteten 1990 das Häuschen an der Stelle, an der vom 15. bis zum Anfang des 19. Jahrhunderts die Wendelinkapelle stand. Sie galt Bauern aus Müngersdorf und Umgebung als wichtige Pilgerstätte.

Wir biegen in den Wald jenseits der viel befahrenen „Aachener Straße" ein und wandern an den Stallungen des „Kölner Reit- und Fahrvereins" vorbei, 1880 gegründet und damit Deutschlands ältester Reitverein. Daneben liegt das Gelände der „Cologne Cardinals", dem 1983 gegründeten Verein für Baseball und Softball, der sogar in der Bundesliga spielt – auch so etwas gibt es in Köln.

Entspannend ist der Weg am Rand von Müngersdorf: durch eine Parklandschaft mit Wiesen und Wald. Durch die Bäume leuchtet ein schöner Spielplatz, ein großer Sportplatz liegt hinter einer kleinen Anhöhe. Doch in die heitere Stimmung mischt sich ein grausiges Kapitel der Stadtgeschichte. Nur noch aufgrund der Geländeformation ist das ehemalige preußische Fort V zu erkennen, dessen steinerne Reste 1962 endgültig beseitigt wurden – und mit ihnen fast die Erinnerung an wenig ruhmreiche Kölner Zeiten. Denn während des Zweiten Weltkriegs befand sich in der Nähe des Forts das Judenlager Müngersdorf. In Baracken lebten die aus ihren Häusern

Gedenkort Deportationslager Köln-Müngersdorf

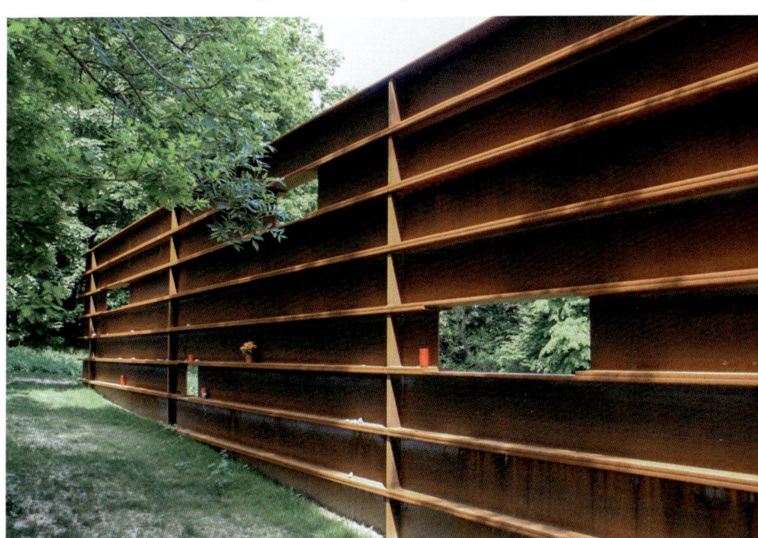

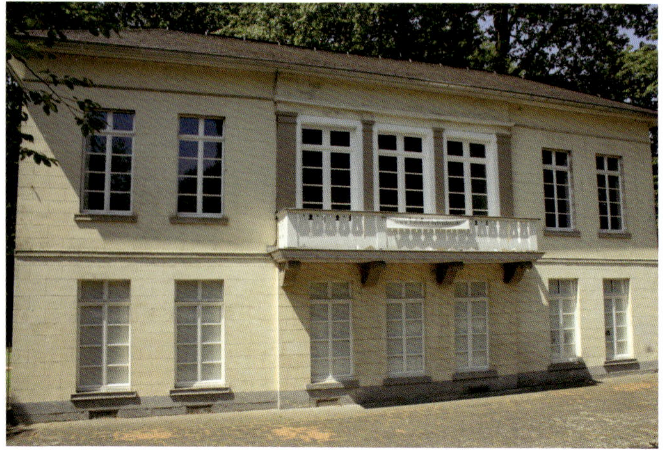

Alter Bahnhof „Haus Belvedere" („Schöne Aussicht") von 1839

und Wohnungen vertriebenen Juden bis zu ihrem Abtransport in die Vernichtungslager, ab 1943, als Köln „judenfrei" war, kamen die Zwangsarbeiter. Wo früher nur ein Findling mit einer unscheinbaren Gedenktafel daran erinnerte, was Menschen Menschen antun können, führt der Kölnpfad jetzt direkt auf den „Gedenkort Deportationslager Köln-Müngersdorf 1941–45" zu, der aufgrund der unermüdlichen Arbeit des Bürgervereins Müngersdorf im Frühjahr 2020 fertiggestellt wurde. Die Wand aus Stahlträgern wurde nach einem Entwurf von Simon Ungers (1957–2006) angefertigt, Sohn des Architekten Oswald Matthias Ungers. Ein aus Backsteinen gelegter „Weg des Gedenkens" führt zum ehemaligen Barackenlager und ist ebenfalls Teil des Gedenkorts.

Der weitere Verlauf des Wegs zeigt, wie nah deutsche Grausamkeiten und Tugenden beieinander liegen können. Die Strecke führt am „Lehr- und Versuchsgarten des Kreisverbandes Köln der Kleingärtnervereine" vorbei, den es seit 1951 an dieser Stelle gibt und der die Kleingärtner „in praktischen Dingen schult und unterrichtet". Schließlich gibt es allein 13.000 Schrebergärten in Köln, deutschlandweit sind es mehr als eine Million.

Am Ende der Gartenanlage und des Wäldchens – das insbesondere im Frühjahr mit den hohen Birken und den blühenden Jasminsträuchern entzückt – treten wir wieder ans Licht

und erreichen die Eisenbahnbrücke über die Gleise nach Antwerpen. Nur im Winter lassen sich noch die Türme des Kölner Doms zwischen den kahlen Ästen der Bäume erspähen. Als das hinter uns liegende „Haus Belvedere" („Schöne Aussicht") 1839 gebaut wurde, gab es noch den unverbauten Blick auf die von Mauern umgebene Stadt und den Dom. Dieser verfügte damals allerdings noch nicht über die beiden Türme. Die Domvollendung wurde erst 1880 gefeiert.
Beliebt war bei Ausflüglern die Landpartie mit dem neuen Massenverkehrsmittel Eisenbahn vom Bahnhof am Thürmchenswall (Nähe Dom) über die sieben Kilometer lange Bahnstrecke bis zum Endpunkt am Bahnhof „Müngersdorf". „Haus Belvedere", das im Stil eines klassizistischen Landhauses erbaute Empfangsgebäude, gehörte wie die gesamte Strecke der Rheinischen Eisenbahngesellschaft. Doch die Freude währte nur kurz, denn mit der Fertigstellung der Bahnstrecke über Aachen bis nach Antwerpen interessierte sich niemand mehr für den Bahnhof „Müngersdorf", der noch im 19. Jahrhundert stillgelegt wurde. Zuletzt lebte dort bis zu seinem Tod 2010 der Maler und Bildhauer Günter Maas. Danach wollte die Stadt das stark sanierungsbedürftige Gebäude mit dem großen Grundstück verkaufen. Das konnte der „Förderkreis Bahnhof Belvedere" verhindern und setzt sich seitdem mit viel Engagement für die Erhaltung und eine kulturelle Nut-

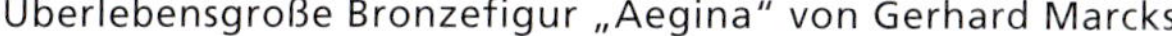

Überlebensgroße Bronzefigur „Aegina" von Gerhard Marcks

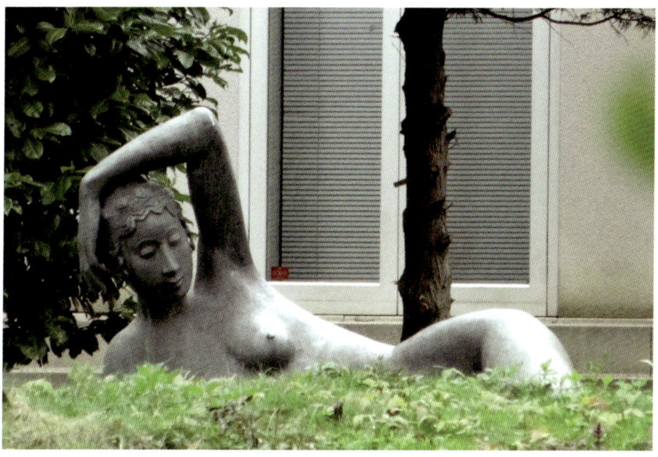

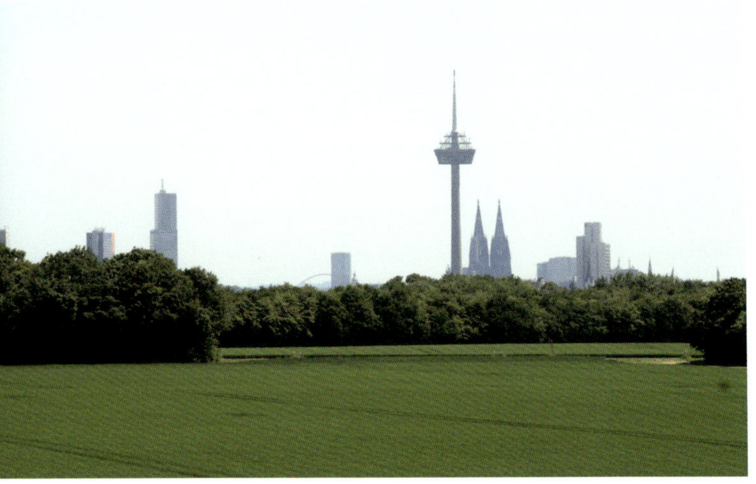

Ländliches Köln im Landschaftspark Belvedere

zung des denkmalgeschützten Ensembles ein, das von großer historischer Bedeutung ist. Denn es ist einer der ältesten im Originalzustand erhaltenen Bahnhöfe Deutschlands.
Noch aus einem anderen Grund lohnt ein Aufenthalt in der „Belvederestraße". Denn versteckt im Wald gelegen und umgeben von einem wild wuchernden Garten, findet man die „Freiluga", die 1925 von Konrad Adenauer und Stadtschulrat Fritz Schu ins Leben gerufene „Freiluft- und Gartenarbeitsschule" – angelegt auf einem ehemaligen Zwischenwerk der preußischen Befestigungsanlagen. Nach den Ideen der sich damals entwickelnden Reformpädagogik sollten sich Großstadtkinder in frischer Luft erholen können und gleichzeitig Verständnis für die Natur entwickeln. Der KÖLNPFAD führt nach der Eisenbahnbrücke an der Rückseite der „Freiluga" entlang, durch den „Gerhard-Marcks-Weg" und unmittelbar am Atelierhaus des Bildhauers (1889 bis 1981) vorbei, das die Stadt dem Künstler von 1950 bis zu seinem Tod zur Verfügung stellte. Nach dem Krieg bedachte die Stadt Köln den in der Nazizeit verfemten Künstler mit zahlreichen Aufträgen. Das bekannteste Werk ist sicherlich die Figur des Albertus Magnus vor dem Hauptgebäude der Universität.
An der Eisenbahntrasse Köln – Aachen beginnt auch der Landschaftspark Belvedere, der jüngste Teil des Äußeren

Grüngürtels, der von 2011 bis 2014 als ein Projekt der Regionale 2010 verwirklicht worden ist. Der 300 Hektar große Park sollte noch zu Adenauers Zeiten als Oberbürgermeister in den Äußeren Grüngürtel miteinbezogen werden. Doch das Vorhaben geriet aus dem Blick – und erst wieder in den Focus der Öffentlichkeit, als zu Beginn der 2000er-Jahre die fruchtbare Ackerfläche in ein Gewerbegebiet umgewandelt werden sollte. Engagierte Bürger aus dem Kölner Westen schafften es, die Idee des Landschaftsparks Belvedere umzusetzen. Mittendrin befindet sich das „Max-Planck-Institut für Pflanzenzüchtungsforschung" (MPIPZ), nebenan liegt Gut Vogelsang, das dem benachbarten Stadtteil Vogelsang seinen Namen gab. Der Hof bewirtschaftet im Auftrag des 1955 angesiedelten Instituts die umliegenden Felder.

Wir durchwandern diese Feldflur auf ganzer Länge, genießen den Weg zwischen Acker und Wald, der zu jeder Jahreszeit seinen Reiz hat und werfen einen Blick vom Belvedere, dem stählernen Aussichtsturm, zur Glessener Höhe (204 Meter), der rekultivierten Abraumhalde des Braunkohletagebaus. Wer den Dom sehen will, muss ein kurzes Stück vom KÖLNPFAD abweichen und Richtung Autobahn gehen, zum Turm „Domblick". Ein Umweg, der sich lohnt.

Am Ende des Landschaftsparks stoßen wir auf den „Freimersdorfer Weg", der links zum Studiogelände des WDR führt, wo von 1985 bis 2019 die Serie „Lindenstraße" produziert wurde, rechts nach Bocklemünd und geradeaus zum Sportplatz mit Biergarten. Ein Besuch lohnt sich auch auf dem Gelände der „Telekom-Post-Sportgemeinschaft", dem ehemaligen Betriebssportverein der Post. Der Sportpark wurde 1927 rund um das ehemalige preußische Fort IV angelegt und verfügt mit dem Lokal „Altes Poststadion" nebst Biergarten über einen schönen „Rastplatz" im Grünen.

Das letzte Stück der Etappe führt am Rand von Bocklemünd entlang, über die „Andreas-Muhr-Straße" bis zur „Militärringstraße". Die alten Hofanlagen machen deutlich, dass Bocklemünd und das benachbarte Mengenich jahrhundertelang kleine Bauerndörfer waren. Das änderte sich erst mit dem Bau der Großsiedlung Mengenich Mitte der 1960er-Jahre. Doch die lässt der KÖLNPFAD links liegen.

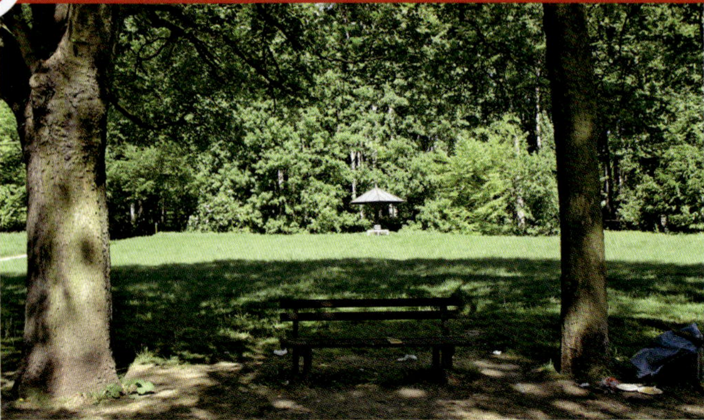

Rastplatz im Grüngürtel

Länge: 18 Kilometer

Dauer: 5 Stunden

Profil: Flache, vorwiegend gut befestigte Wege. In Höhe des „Gregor-Mendel-Rings" führt der Weg circa 100 Meter entlang einer stark befahrenen Straße. Geeignet für Kinderwagen.

Anfahrt: mit der KVB-Linie 18 bis Haltestelle „Klettenbergpark"

Abkürzungen:

Kilometer 9: An der KVB-Haltestelle „Stüttgenhof" fährt die KVB-Linie 7 in 19 Minuten bis zum Neumarkt.
Kilometer 12: Am RheinEnergieStadion fährt von der gleichnamigen Haltestelle die KVB-Linie 1 in 16 Minuten zum Neumarkt.

Einkehrmöglichkeiten:

Geißbockheim www.geissbockheim-fckoeln.de
Franz-Kremer-Allee 1–3, 50937 Köln, Tel. 02 21-7 16 16-64 70

Haus am See www.haus-am-see-koeln.de
Bachemer Landstraße 420, 50935 Köln, Tel. 02 21-43 09 26-0

Club Astoria www.club-astoria.eu
Guts-Muths-Weg 3, 50933 Köln, Tel. 02 21-9 87 45 10

Altes Poststadion www.altespoststadion.de
Freimersdorfer Weg 4, 50829 Köln, Tel. 02 21-5 00 78 17
(Di–Fr ab 16 Uhr, Sa nach Vereinbarung, So 10–15 Uhr Brunch)

Restaurant Adria www.koeln-adria.de
Grevenbroicher Straße 59, 50829 Köln, Tel. 02 21-50 82 05

Allgemeine Informationen:
Römerkanal-Wanderweg www.roemerkanal-wanderweg.de
Kontakt: Naturpark Rheinland, Willy-Brandt-Platz 1, 50126 Bergheim

Zum **Römerkanal-Wanderweg** gibt es zudem das gleichnamige Buch von Klaus Grewe. Herausgeber ist der Eifelverein www.eifelverein.de Stürtzstraße 2–6, 52349 Düren, Tel. 0 24 21-1 31 21.

Kölner Grün Stiftung gGmbH www.koelner-gruen.de
Holzmarkt 1, 50676 Köln, Tel. 02 21-40 08 43 21

RheinEnergieStadion www.rheinenergiestadion.de
Aacherner Straße 999, 50933 Köln, Tel. 02 21-71 61 61 50
Angebote zu Führungen finden Sie auf der Website.

Bürgerverein Müngersdorf e. V.
www.buergerverein-koeln-muengersdorf.de
Kirchenhof 4, 50933 Köln, Tel. 0221-49 56 16

Förderkreis Bahnhof Belvedere e. V. www.bahnhof-belvedere.de
Richard-Wagner-Straße 27, 50859 Köln, Tel. 0 22 34-94 85 98

Freiluga, Belvederestraße 159, 50933 Köln, Tel. 02 21-5 10 96 10

Wissenschaftsscheune www.wissenschaftsscheune.de
Carl-von-Linné-Weg 10, 50829 Köln, Tel. 02 21-5 06 26 71

WDR-Studios in Bocklemünd, Freimersdorfer Weg 6, 50829 Köln
Führungen können unter der Telefonnummer 02 21-2 20 67 44 gebucht werden oder über www1.wdr.de/unternehmen/der-wdr/serviceangebot/services.

Führungen veranstaltet auch die „Arbeitsgemeinschaft Festung Köln", die die preußischen Forts erhalten will. Informationen gibt es unter www.ag-festung-koeln.de.

Ehemaliges preußisches Fort IV in Bocklemünd

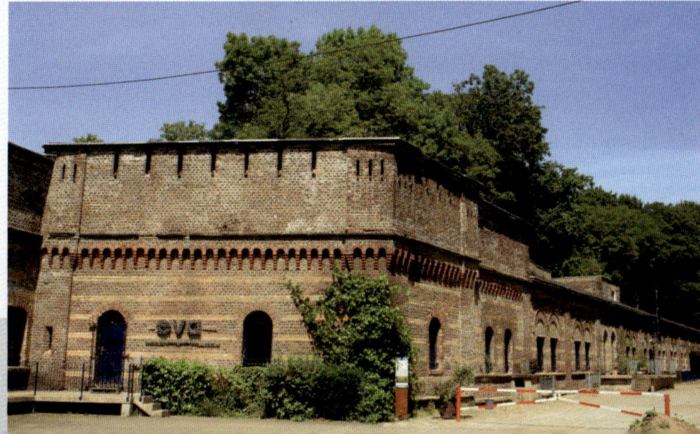

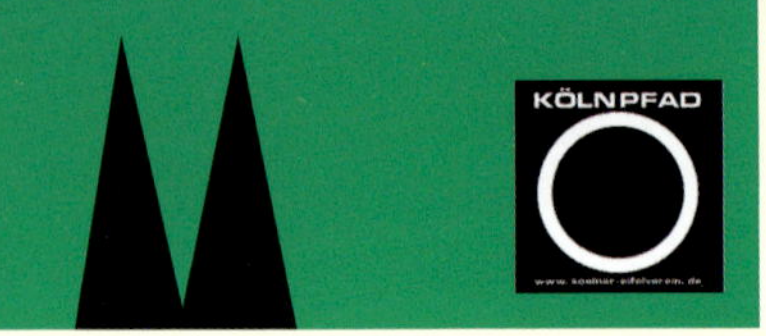

Etappe 3

Eine kölsche Wanderung am Niederrhein

Von Manuel Andrack

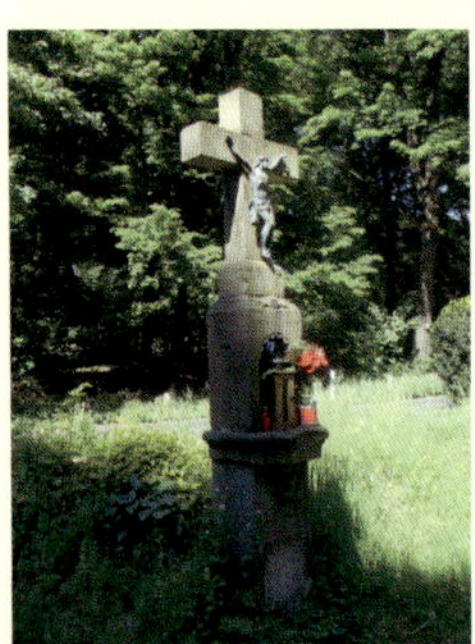

Landschaftliche Reize im Nüssenberger Busch

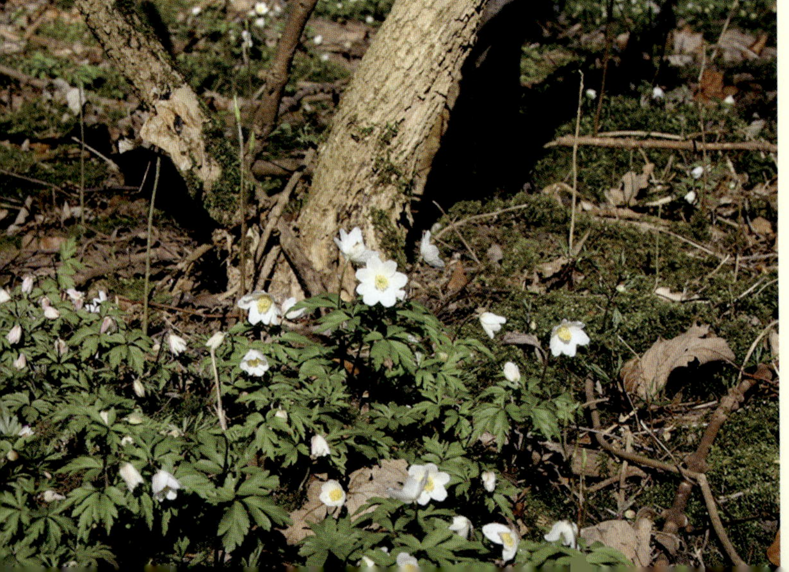

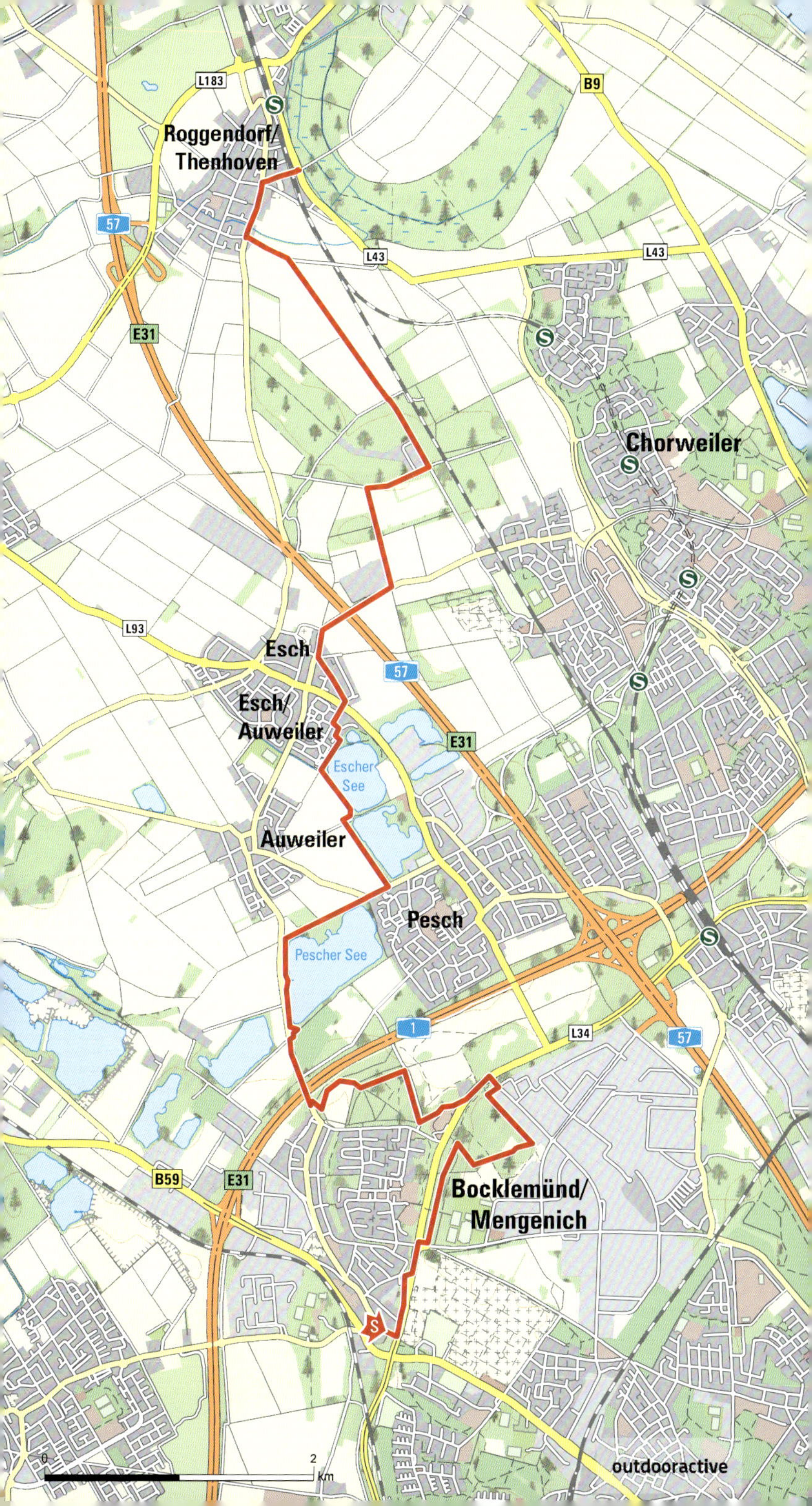

L183
B9
Roggendorf/
Thenhoven
57
L43
L43
E31
Chorweiler
L93
Esch
57
Esch/
Auweiler
E31
Escher
See
Auweiler
Pesch
Pescher See
1
L34
57
B59
E31
Bocklemünd/
Mengenich
S
0
2
km
outdooractive

WEGBESCHREIBUNG 3

Die KVB-Haltestelle „Bocklemünd" im Rücken gehen Sie über einen Parkweg und später rechts zur „Militärringstraße". Diese überqueren Sie an der Fußgängerampel und wandern rechts, parallel zur „Militärringstraße", bis zur Haltestelle „Ollenhauerring". Hier überqueren Sie erneut die „Militärringstraße" und gehen geradeaus in die „Hugo-Eckener-Straße". Nach 50 Metern wandern Sie links in ein kleines Wäldchen hinein.

Nach 300 Metern gehen Sie rechts, an einer Waldfläche mit jüngeren Bäumen links, an der ersten Kreuzung gehen Sie links. Der Weg führt durch einen zuerst noch jungen Laubwald. Am Ende des Weges, vor den Gewerbehallen der Mathias-Brüggen-Straße, wandern Sie nach links.

20 Meter vor der „Militärringstraße" gehen Sie nach rechts und überqueren die Straße an der Ampel der „Matthias-Brüggen-Straße". Auf der anderen Straßenseite gehen Sie links Richtung Müngersdorf/Bocklemünd, 100 Meter parallel zur „Militärringstraße". Sie biegen direkt hinter dem Nüssenberger Hof rechts in den Wald ein und wandern den Pflasterweg bis zur Straße „Am Hufenpfädchen". Sie gehen am Wegekreuz rechts und folgen der Straße „Am Hufenpfädchen" auf der rechten Seite. Nach ungefähr 300 Metern biegen Sie links ab, überqueren die Straße und gehen auf einem schmalen Pfad in den Wald hinein.

Sie wandern geradeaus, an der nächsten großen Kreuzung gehen Sie rechts, bis Sie nach 50 Metern einen kleinen Park erreichen. Hier laufen Sie geradeaus. An der nächsten Gabelung gehen Sie links, entlang der Wiese, am Ende des Parks rechts und durch ein kleines Wäldchen bis zur Straße „Buschweg". Hier gehen Sie erneut rechts, die Straße entlang, die zum „Auweiler Weg" wird. Sie wandern unter der Autobahn hindurch und gehen geradeaus in den „Pescher Weg" hinein. Nach circa 200 Metern biegen Sie, am Ende des Zauns, rechts in einen schmalen Weg ein, der Sie zum Pescher See führt. Sie wandern am See entlang und an der ersten Abzweigung dann rechts immer geradeaus, bis dieser Weg die viel befahrene „Pescher Straße" erreicht.

Die „Pescher Straße" gehen Sie 100 Meter geradeaus und biegen an der ersten Abzweigung links in den geteerten Feldweg ein, der am Randkanal entlangführt. An der ersten Abzweigung (mit einer kleinen Baumgruppe) gehen Sie rechts, überqueren den Kanal und wandern gleich wieder links durch ein rot-weißes Gatter weiter oberhalb der Escher Seen. Am westlichen Ende des Escher Sees folgen Sie rechts weiter dem Fußweg. Nach circa 300 Metern biegen Sie zwischen den Häusern auf einen weiteren Fußweg, der Sie zur Straße „Am Braunsacker" führt.

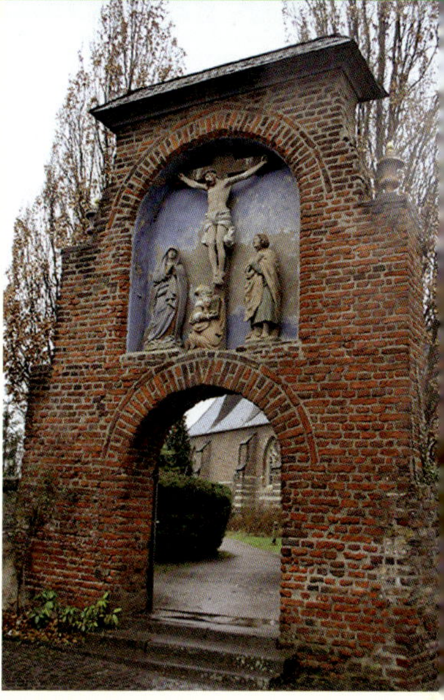

Pittoreskes Ensemble an der Kirche in Esch

An der Straße „Am Braunsacker" gehen Sie rechts, nach 50 Metern links und folgen dem Straßenverlauf bis zur Straße „Am Baggerfeld", die Sie überqueren. Dann gehen Sie direkt links in die „Frohnhofstraße" bis kurz vor die Kirche. Hier gehen Sie rechts weiter die „Weilerstraße", auf dem Bürgersteig der linken Seite, und unterqueren die Autobahn.

300 Meter hinter der Autobahn gehen Sie den zweiten Fußweg links hinein. Er führt erst über ein Feld, dann durch ein Wäldchen und wieder über ein Feld. Nach 400 Metern biegen Sie an der ersten Abzweigung rechts ab zum Wasserwerk Weiler.

Am Wasserwerk wandern Sie links und dann ungefähr zwei Kilometer geradeaus, erst durch den Wald, danach über ein Feld. Sie erreichen den wenig befahrenen „Mörterweg". Hier gehen Sie links bis zur „Berrischstraße", dort biegen Sie nach rechts ab.

Nach ungefähr 300 Metern biegen Sie, gegenüber der alten Schule, nach rechts in die „Heinrich-Latz-Straße" ein und gehen durch die Unterführung auf die „Bruchstraße". Hier gehen Sie nach links bis zum S-Bahnhof „Worringen".

Von Bocklemünd nach Roggendorf/Thenhoven

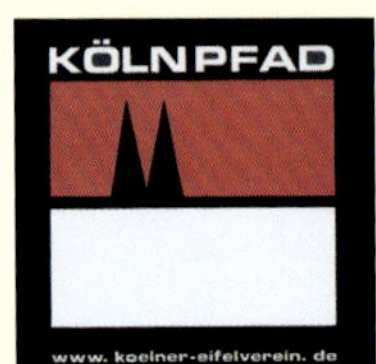

Das Projekt des KÖLNPFADs hat mich seit den ersten Planungen sehr fasziniert. Die Außenbezirke der Domstadt zu erwandern, hat einen ganz besonderen Reiz. Köln hat 86 Stadtteile. Einige sind in der Domstadt weltberühmt: Nippes, Sülz, Kalk, Ehrenfeld. Aber wer hat denn schon mal in Esch ein Bier getrunken? Wer hat Flittard erkundet oder in beiden Langels (das linksrheinische/nördliche und das rechtsrheinische/südliche) Vater Rhein erwandert? Der KÖLNPFAD macht es möglich. Urbanes Wandern in Rheinkultur, Entdeckungen für das kölsche Hätz. Seit 2008 schon können wir den KÖLNPFAD wandern: Links eröm 171 Kilometer und rechts eröm auch 171 Kilometer, das macht zusammen 342 Kilometer. Härrlisch!

Ich habe mich 2008 als Wegpate der KÖLNPFAD-Etappe zwischen Bocklemünd und Worringen ausprobiert. Das war praktisch für mich, denn ich wohnte damals in Ehrenfeld und habe so einige Wanderungen in unmittelbarer Nähe gemacht. Es hatte mich gereizt, Wegepate dieses Abschnitts des KÖLNPFADs im Kölner Nordwesten zu werden. Denn dieser Teil meiner Heimatstadt ist ausflugstechnisch eindeutig das Stiefkind Kölns. Während im Osten die weiten Waldflächen des Königsforstes locken, der Süden mit den Rheinufern reizt und der Südwesten den Äußeren Grüngürtel und den Stadtwald zu bieten hat, ist der Nordwesten ein klein wenig wandertechnische Diaspora. Daher nehme ich Sie mit auf eine Wanderung auf der dritten Etappe des KÖLNPFADs von Bocklemünd nach Roggendorf/Thenhoven.

Der Zuweg beginnt an der Straßenbahnhaltestelle „Bocklemünd". Dieser Ort scheint nur für den Verkehr gemacht, keine Wohnhäuser sind in Sicht. Vierspurig kreuzen sich die Venloer Straße und die Militärringstraße. Und ein Jahrhundert lang, genau seit 1917, endeten die Straßenbahnlinien in: Bocklemünd – und wurden erst 2018 bis Mengenich verlängert. Man ist sich übrigens mittlerweile sicher, dass sich der Ortsname „Bocklemünd" vom althochdeutschen Boc, dem Ziegenbock,

ableitet. Bocklemünd wäre also die Ziegenweide. Übrigens genauso wie auch der Widder sein Dorf in Widdersdorf hat und der Ochse in Ossendorf. Es ist eine schöne Vorstellung, dass die Geißböcke aus Bocklemünd schon immer ihre Heimat in den westlichen Außenbezirken von Colonia hatten. Die Haltestelle im Rücken folgen wir der kreisrunden KÖLNPFAD-Markierung und überqueren die „Militärringstraße".
An der „Andreas-Muhr-Straße" erreichen wir den KÖLNPFAD, der am Rand von Bocklemünd entlangführt. Bis zum Ende der Haltestelle „Ollenhauerring" gehen wir parallel zur Bahn, zwischen Sträuchern und Schallschutzmauer. Merken Sie was? Richtig, man verpasst nichts Wesentliches der dritten Etappe, wenn man mit der Linie 3 bis zum „Ollenhauerring" fährt, zumal dort auch eine Übersichtstafel des KÖLNPFADs steht.
Wir überqueren die „Militärringstraße" ein weiteres Mal und gehen ein kurzes Stück in die „Hugo-Eckner-Straße". Hugo Eckner (1868 bis 1954) war ein deutscher Luftfahrtpionier und der Straßenname erinnert an die frühere Nutzung des Areals in Ossendorf, doch dazu später mehr.
Wir wandern in einem kleinen Waldstück im äußersten Westen von Ossendorf. Die Wege sind sehr naturbelassen, der Baumbestand wird von jungen Buchen dominiert. Als 2008 der KÖLNPFAD eingeweiht wurde, konnte man noch überra-

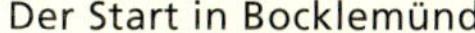
Der Start in Bocklemünd

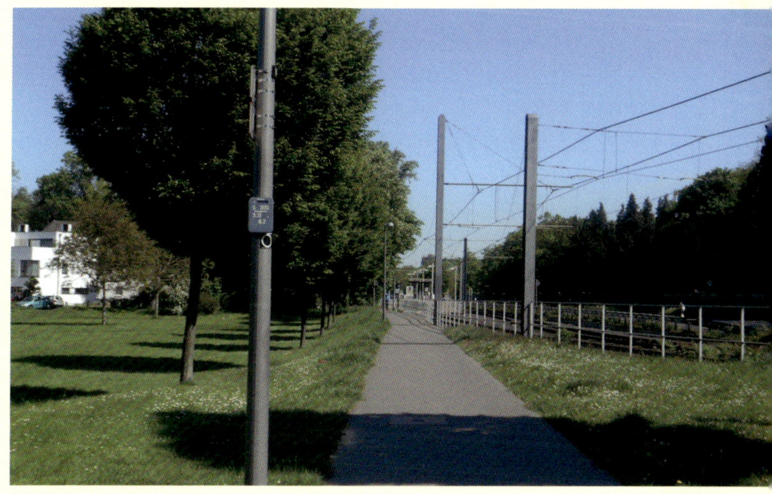

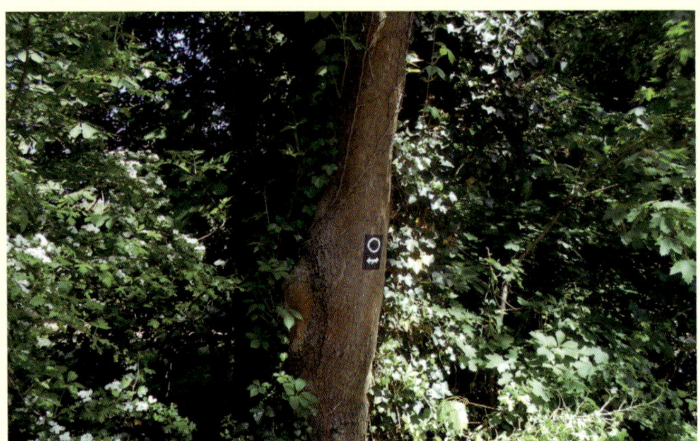

Am Butzweilerhof

schende Ausblicke auf das Gewerbegebiet „Butzweilerhof“ mit dem Dom im Hintergrund genießen. Die Zeiten sind vorbei, die Natur hat sich ausgebreitet, viel Grün lässt nur noch sporadisch ein Gebäude des Geländes „Butzweilerhof“ erkennen.

An den namensgebenden Bauernhof denkt natürlich keiner mehr, wenn man vom Butzweilerhof spricht. Die Geschichte dieses Kölner Gebiets ist spannend und wechselhaft. Zunächst ließ unser letzter Kaiser, Wilhelm Zwo, eine riesige Zeppelinhalle am Butzweilerhof bauen. Dort landete 1909 der Graf von Zeppelin mit dem damals größten Luftschiff der Welt. 1910 startete am Butzweilerhof das erste Flugzeug und ab 1912 wurde der Flughafen zunächst nur für militärische Zwecke genutzt. So hat der berühmte Rote Baron, der im Ersten Weltkrieg als tollkühner Flieger in seiner Kiste Schrecken verbreitete, aber auch Bewunderung erwarb, seine ersten Flugstunden am Butzweilerhof erhalten. Ab 1926 wurde der Butzweiler Hof zum Drehkreuz des Westens und in den nächsten Jahren zum verkehrsreichsten internationalen Flughafen Deutschlands neben Berlin-Tempelhof. Und wie in Tempelhof gab es zu dieser Zeit keine Start- und Landebahnen, wie wir sie heute kennen. Die Flugfelder waren kreisrund, dort wurden sämtliche Starts und Landungen abgewickelt. Und das waren nicht wenige, denn alle drei bis fünf Minuten starteten und landeten in den 1920er- und 1930er-Jahren

„am Butz", wie er von den Kölnern liebevoll genannt wurde, Flugzeuge.

Nach dem Zweiten Weltkrieg benötigten die größeren Flugzeuge Start- und Landebahnen, der Butzweilerhof wurde zu klein und 1957 der gesamte Flugverkehr nach Porz-Wahn zum dort neu entstandenen Flughafen verlegt. Der Butzweilerhof hingegen wurde bis 1995 noch für Klein- und Privatmaschinen genutzt. In der Zwischenzeit traten diverse Popstars, von U2 bis Johannes Paul II. auf dem Gelände auf. Heute steht auf dem Gebiet des Butzweilerhofs ein gigantischer Komplex der Medienwirtschaft. Im Coloneum wird zum Beispiel „Verbotene Liebe" und „Unter uns" produziert.

Nach diesem Ausflug in die entfernte und nähere Kölner Luftfahrtgeschichte überqueren wir mit dem KÖLNPFAD erneut die „Militärringstraße" (aller guten Dinge sind drei) und wir durchwandern ein Waldstück des Nüssenberger Buschs. Zunächst geht es auf dem „Alten Militärring" am Nüssenberger Hof vorbei. Nicht nur in Müngersdorf gibt es also einen „Alten Militärring". Der Straßenbelag ist sehr alt, jahrhundertealtes Pflaster. Ein gefährliches Pflaster, wenn man im Herbst mit dem Fahrrad auf nassen Blättern fährt. Aber wir sind ja per pedes unterwegs und haben daher die nötige Standhaftigkeit.

An einem mit frischen Blumen geschmückten Wegekreuz gehen wir scharf rechts ungefähr 400 Meter an der Straße „Am

Entlang des naturbelassenen Pfades in Richtung Coloneum

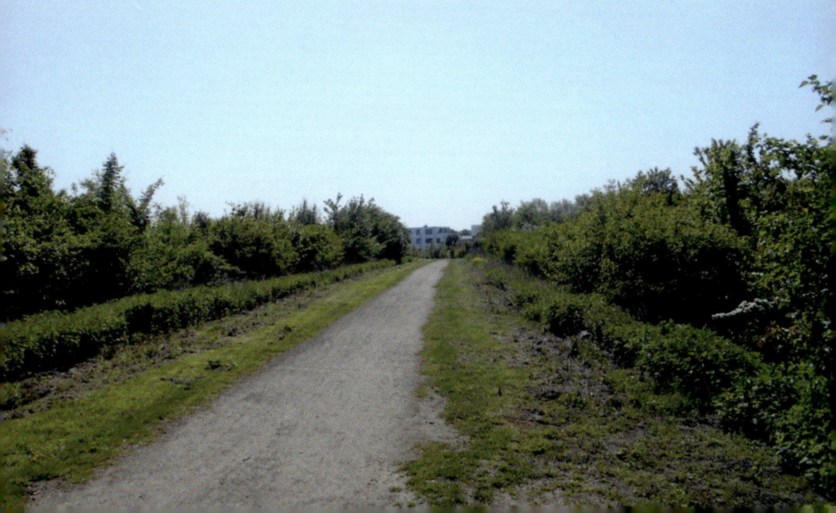

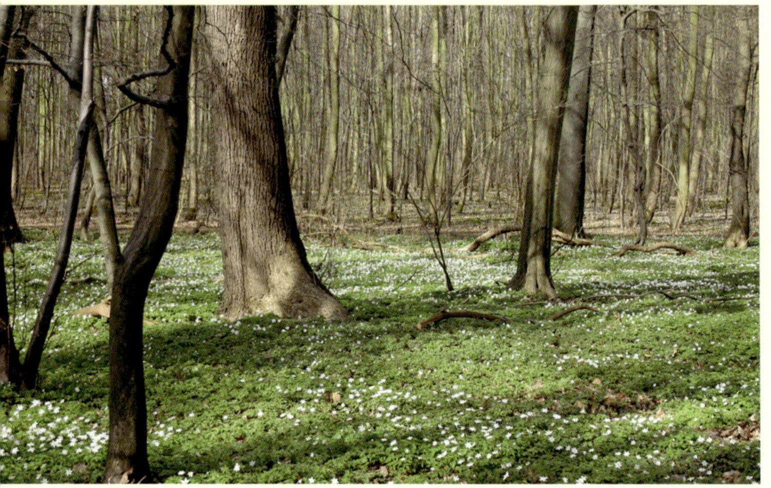

So wunderschön ist es am KÖLNPFAD.

Hufenpfädchen" entlang. Dann – Achtung! – nicht der Markierung des Grüngürtel-Rundwegs G1 rechts folgen. (Wir können aber kurz mal über die weiten Grasflächen des Nüssenberger Buschs an der A 1 blicken.) Nein, wir wenden uns nach links, überqueren die Straße und gehen auf einem schmalen Pfad in das Waldgebiet des Nüssenberger Buschs. Dort findet man einen fantastischen uralten Baumbestand. Den Unterschied zwischen diesen bis zu 200 Jahre alten Bäumen und den dünnen Dingern in dem Waldgebiet am Butzweilerhof erkennt selbst ein botanischer Legastheniker wie ich.
Der Markierung des KÖLNPFADs folgend gehen wir an einem Park von Mengenich mit schönem Spielplatz entlang. Mengenich wurde in den 1960er-Jahren als Trabantenstadt am Rand von Köln geplant, zu einer Zeit, als man Trabantenstädte noch als erstrebenswert und modern empfunden hat – siehe den Comic-Band „Asterix und die Trabantenstadt". Nach der Mengenicher Parkanlage wandern wir rechts in ein Wäldchen hinein, später rechts, kurz müssen wir am „Auweilerweg" entlanggehen. Wir unterqueren die A 1, eine der großen Verkehrsadern Europas. Wir sind zu Fuß im Zweifelsfall schneller als die Autos, die über uns im Stau stehen. Von der Ostsee bis ins Saarland verläuft die A 1, aber zwischen Autobahnkreuz Köln-West und dem Kreuz Leverkusen knubbelt es sich häufig.

Wir gehen an der Bushaltestelle der Linie 126 vorbei. Oder ist etwa schon jemand schlapp und will nach Hause fahren? Wir laufen weiter geradeaus, an den Zäunen einer Schrebergartensiedlung entlang. Am Stockheimer Weg rechts rein auf einem Pfad am Zaun und dann gehen wir am Pescher See entlang, der kein Badesee ist.
Die Esch-Pescher Seenplatte muss keinen Vergleich mit der Mecklenburger Seenplatte scheuen. Dabei sind diese ehemaligen Baggerseen wirklich erstaunlich naturbelassen. Immer wieder ergeben sich reizvolle Blicke Richtung Kölner Innenstadt, wobei oft vorwitzig der Fernsehturm Colonius über den Baumwipfeln hervorlugt. Man kann aber auch weit Richtung Westen und Nordwesten schauen. Von den Glessener Höhen bis in die Braunkohleabbaugebiete des Niederrheins. Da stellt sich doch die Frage: Wo genau liegt denn der Niederrhein, wo fängt er an, wo er hört er auf? Für die geografische Wahrheit muss man als gebürtiger Kölner sehr starke Nerven haben. Denn Köln liegt auch am Niederrhein. Nicht nur Viersen, Jülich, Xanten, Kleve und Mönchengladbach sind niederrheinische Metropolen, sondern auch unsere Heimatstadt. Denn der Mittelrhein fängt geografisch korrekt erst südlich von Bonn an. Immerhin steht damit auch die größte und schönste Kirche des Niederrheins in Köln – der Dom.

Der Escher See

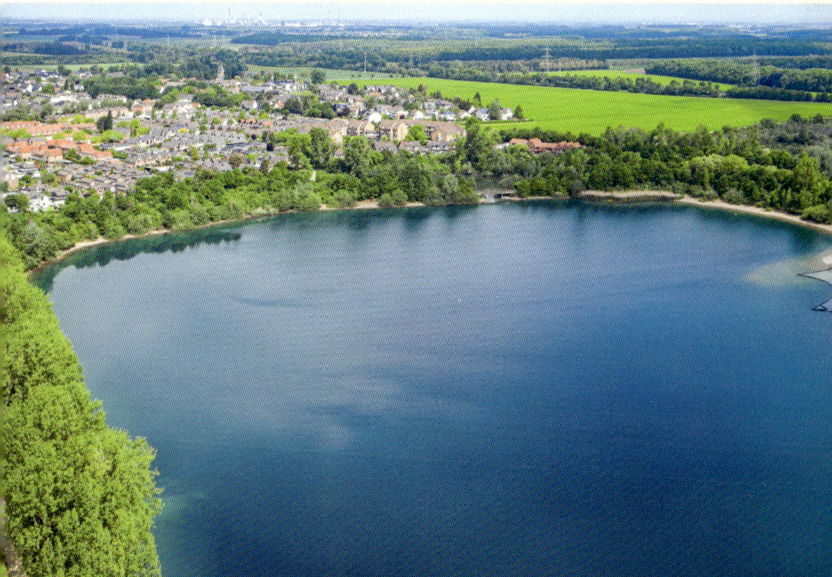

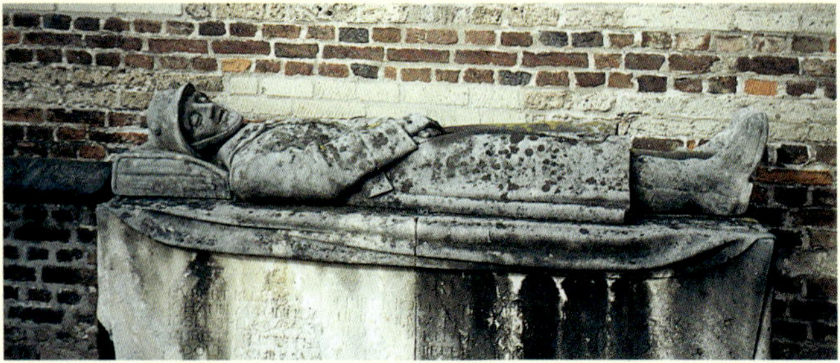
Hier ruht der Soldat an der Kirche von Esch.

Am niederrheinischen Horizont kann man am Pescher See auch die Wolkenmacher von Köln sehen, die riesigen Kohlekraftwerke der RWE. Ohne die Wolken von dort würde über Köln 365 Tage lang die Sonne scheinen. Ganz ehrlich. Wir wandern am Pescher See, parallel zu Hochspannungsleitungen. Zur Linken sehen wir die Häuser des Stadtteils Auweiler und geradeaus schon die Trabantenstadt Chorweiler. Wir erreichen die Pescher Straße, 200 Meter gehen wir auf dem Fuß-/Radweg geradeaus, dann links an einer Hecke entlang auf einem schnurgeraden Weg. Am Ende des Wegs rechts, über eine Brücke und direkt wieder links.

Wir wandern jetzt am südlichen Teil des Escher Sees entlang, der einer der wenigen Naturbadeseen in Köln ist. Seit 1988 wird er als Freibad genutzt und seit 2007 von einem privaten Betreiber bewirtschaftet, hat einen Beachclub mit künstlichen Palmen und heißt „Sundown Beach am Escher See“. Je nach Kölner Sommer ist die Sun allerdings meistens sehr down. Dennoch, diese Stelle ist nicht die einzige am KÖLNPFAD, wo der geneigte Wanderer sich im Sommer entblößen und erfrischen kann.

Vor den ersten Häusern von Esch gehen wir rechts, weiter am See entlang. Nach 300 Metern halb links nach Esch hinein. Wenn man weiter am See entlanggeht, erreicht man schnell das Escher Strandbad für eine Badepause. Bei heißem Sommerwetter also unbedingt Badehose/Badeanzug und Handtuch einpacken und schon ist man mittendrin im KÖLNPFAD-Duathlon – Schwimmen und Wandern!

Aber wir gehen auf dem KÖLNPFAD und verlassen den Escher See. Übrigens hat gefühlt jedes zweite Auto auf den Escher

Straßen einen Geißbockaufkleber. Logisch, der Ort Esch spielt ja auch eine herausragende Rolle in der FC-Hymne, denn Esch und Pesch werden prominent von den Höhnern gewürdigt: „Ihrefeld, Raderthal, Nippes, Poll, Esch, Pesch und Kalk – över-all jit et Fans vum FC Kölle!“

Auf einem Schild an der Hauptstraße steht „Willkommen in Esch“. Esch ist noch nicht sehr lange ein Kölner Stadtteil. Erst 1975, im Zuge der letzten großen Kölner Eingemeindungen, wurde das Gebiet von Pesch, Esch und Auweiler kölsch. Wir sehen das Straßenschild „Am Kölner Weg“. Warum heißt die Straße nicht schon seit zehn Jahren „Am Kölner Pfad“ oder noch besser „Am Kölnpfad“?

Ich finde es bemerkenswert, dass Bocklemünd, der Startpunkt des dritten KÖLNPFAD-Abschnitts, schon seit 1888 zum Kölner Stadtgebiet gehört. Zu einer Zeit also, als noch nicht daran zu denken war, dass Kalk, Mülheim, Junkersdorf oder Rodenkirchen einmal zur schönsten Stadt Deutschlands gehören würden, trug man in Bocklemünd schon die Kölner Farben. Esch besteht zum einen aus einer Nachkriegssiedlung, zum anderen aus einem wunderschönen historischen Ortskern.

In dem alten Rheinarm von Esch hatten sich wahrscheinlich schon die Kelten angesiedelt. Die Böden waren gut, und so haben sich die Mönche des Klosters Groß St. Martin am Rhein wohl ziemlich gefreut, als ihnen das Dorf Esch 989 geschenkt wurde.

Daher ist auch erklärlich, warum der Ort über eine romanische Kirche mit dem Namen St. Martinus verfügt. Sozusagen die 13. romanische Kirche von Köln. Um zur Kirche zu gelangen, muss man einen kleinen Abstecher vom KÖLNPFAD machen, aber das lohnt sich sehr. Denn nicht nur die Kirche nebst Friedhof sind sehenswert, sondern auch die neben der Kirche gelegene Gastronomie, vor allem das Bistro „Miró“. Von Miró (wahrscheinlich ist das der Name des Kochs der Gaststätte) gibt es alles: Miró-Snack als Vorspeise, einen Miró-Salat und als Hauptspeise den Miró-Burger. Ebenfalls empfehlenswert ist das Restaurant „Goebels“ in unmittelbarer Nachbarschaft des „Miró“.

Hinter Esch führt der KÖLNPFAD an der Straße nach Weiler entlang unter der A 57 hindurch. Chorweiler ist am Horizont

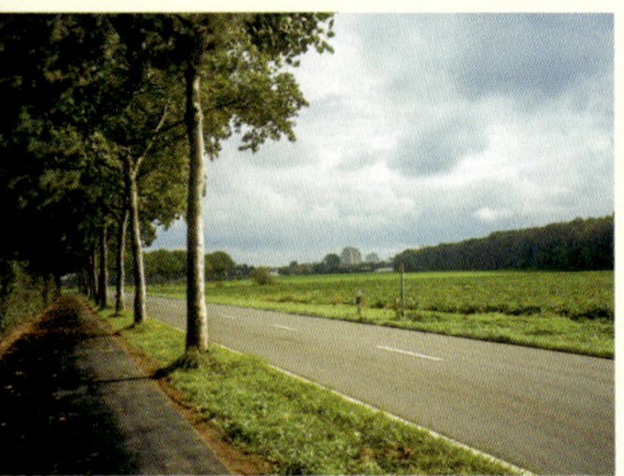

Am Horizont – Chorweiler

zu erkennen, während ein schöner, grasbewachsener Pfad von der Straße weg Richtung Wasserwerk Weiler führt. Das Wasserwerk gilt als das versteckteste Baudenkmal auf Kölner Boden. Der Backsteinbau wurde nämlich schon 1925 von dem Architekten Clemens Klotz errichtet und ist ein Meilenstein für die moderne Industriearchitektur. An diesem Wasserwerk wird die gesamte Technik der Wasseraufbereitung für Köln erklärt, und man erfährt, warum das Wasser vun Kölle so jut ess. Hinter dem Wasserwerk Weiler wandern wir Richtung Norden und wundern uns, wie groß die Ausdehnung des Kölner Stadtgebiets ist. Wir gehen erst durch einen Wald und später auf freiem Feld entlang der Bahnstrecke Köln-Krefeld. Schon seit über 150 Jahren, als die Cöln-Crefelder Eisenbahn-Gesellschaft die Strecke eröffnet hatte, fahren dort Züge vom Niederrhein zum Niederrhein.

Im Doppeldorf Roggendorf/Thenoven laufen wir auf der „Berischstraße“. Diese Straße war früher die zentrale Straße des Straßendorfs Thenhoven. Roggendorf hingegen liegt weiter westlich. Die Demarkationslinie zwischen beiden Dörfern ist die „Quettinghofstraße“, zu der wir parallel wandern. Die geraden Hausnummern (westlich) gehören zu Roggendorf, die ungeraden Hausnummern (östlich) zu Thenhoven. Eheschließungen über die Quettinghofstraße hinweg gelten in Roggendorf und Thenhoven als ungewöhnlich. Flächenmäßig ist Roggendorf/Thenoven der zweitgrößte Kölner Stadtteil, das ist dem großen Waldgebiet des Chorbuschs geschuldet, der aber fernab des KÖLNPFADs jenseits der A 57 liegt. Schließlich erreichen wir den S-Bahnhof „Worringen“, den Endpunkt der dritten Etappe des KÖLNPFADs. 16 Kilometer Wegstrecke, 15, wenn man am „Ollenhauerring“ in Mengenich startet. Auf jeden Fall eine Etappe mit überraschenden Ein- und Ausblicken. Der Kölner Nordwesten ist eine Perle des Niederrheins, das Highlight sind die Escher und Pescher Seen sowie die Altstadt von Esch.

Länge: 16 Kilometer

Dauer: zwischen 3 Stunden (schnell) und 5 Stunden (gemütlich)

Profil: flach

Anfahrt: mit den KVB-Linien 3 und 4 bis Haltestelle „Bocklemünd"

Abkürzung:

Kilometer 10: In Esch fahren die Buslinien 125 und 126. Es müssen allerdings jeweils sehr lange Fahrzeiten zu den nächsten Straßenbahnhaltestellen eingeplant werden.

Einkehrmöglichkeiten:

Hotel Goebels www.hotel-goebels.de
Kirchgasse 1, 50765 Köln, 02 21-5 90 17 36

Miró Café-Bistro-Restaurant www.bistro-miro.de
Frohnhofstraße 35, 50765 Köln, Tel. 02 21-9 59 10 24

Eisliebe am Bruch www.eisliebeambruch.com
Baptiststr. 41, 50769 Köln, Tel. 02 21-84 58 88 22

Gaststätte Cöllen-Löhr
Baptiststr. 44, 50769 Köln, Tel. 02 21-78 13 71

Allgemeine Informationen:

Sundown Beach am Escher See
Am Baggerfeld 4, 50767 Köln
(nur bei gutem Wetter und Temperaturen über 24 Grad geöffnet)

St. Martinus Kirche
Martinusstraße 22, 50765 Köln
Öffnungszeiten: tagsüber

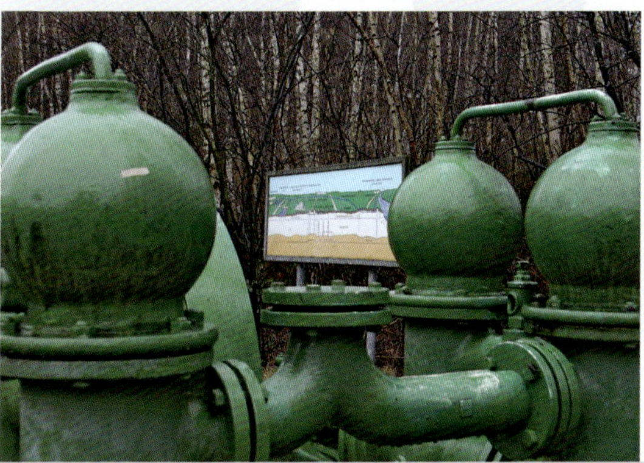

Das Wasserwerk Weiler sorgt dafür, dat dat Wasser vun Kölle jot ess.

KÖLNPFAD

Etappe 4

Vom Altwasser

zum alteingesessenen Kasselberger Gretchen

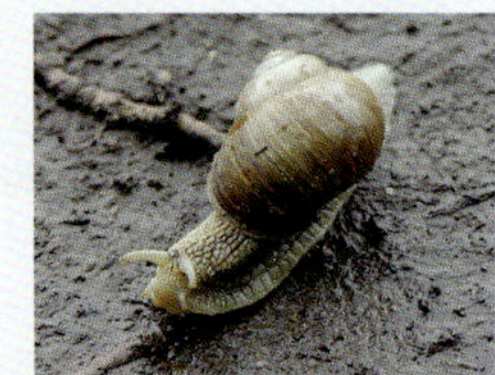

Blick auf den „Mäuseturm“ der ehemaligen Hefefabrik in Monheim

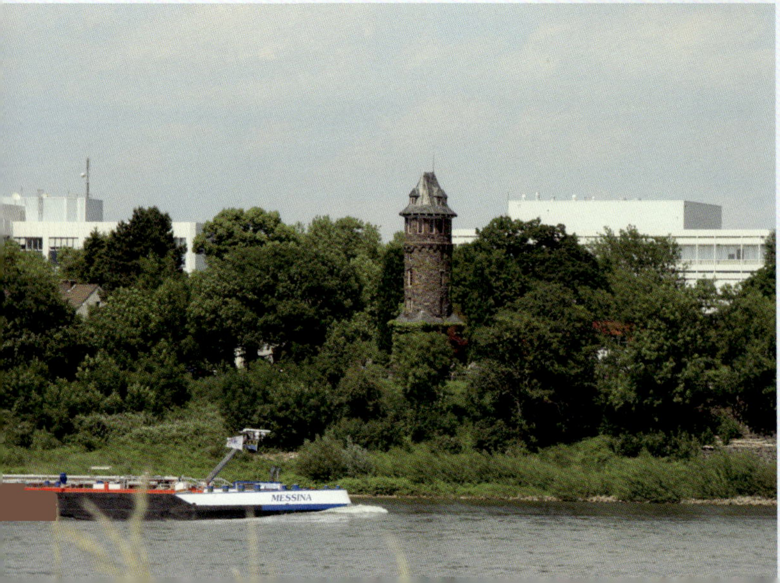

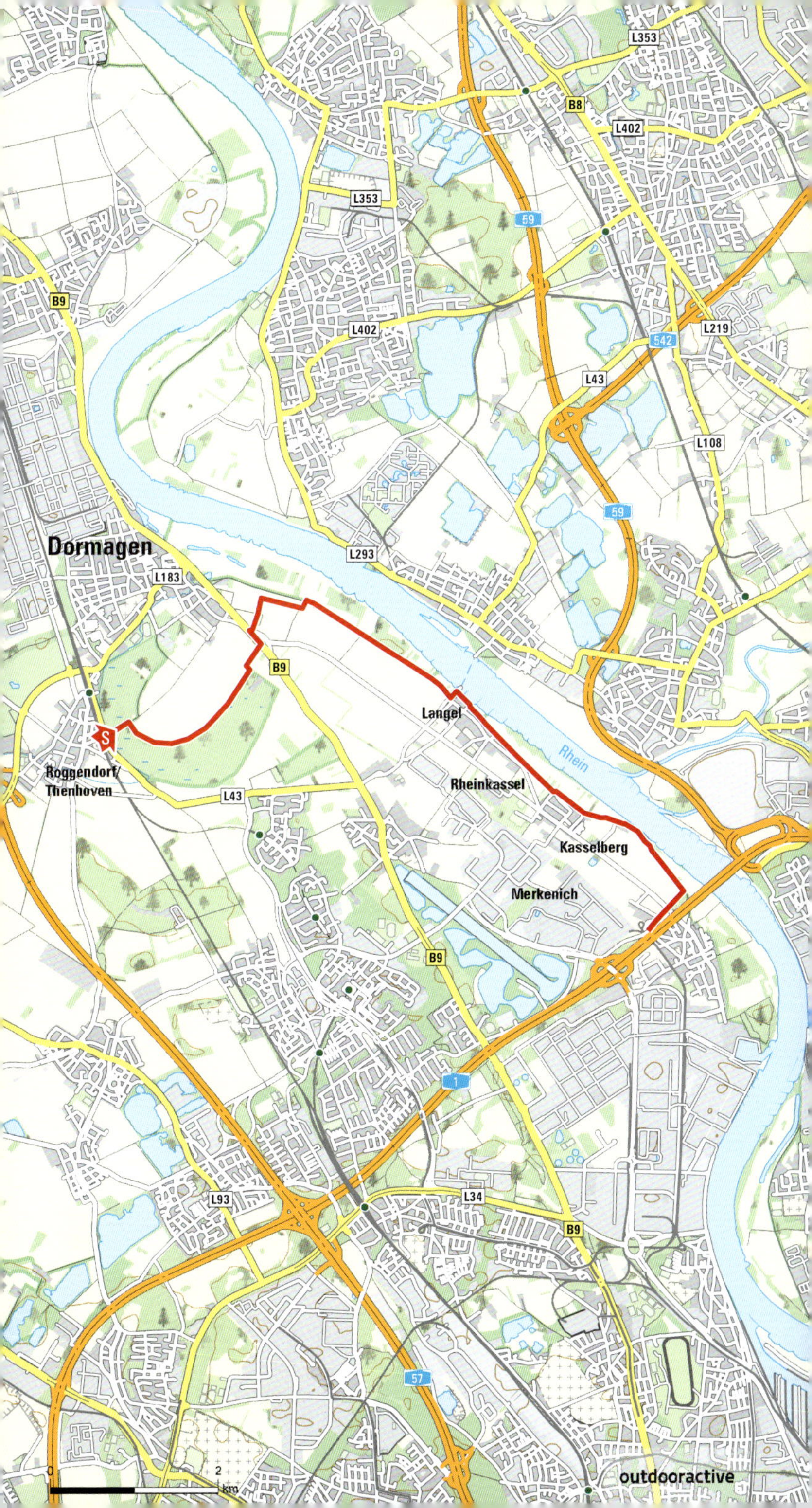

L353
B8
L402
L353
59
B9
L402
542
L219
L43
L108
59
Dormagen
L293
L183
B9
Langel
Rhein
Rheinkassel
Roggendorf/
Thenhoven
L43
Kasselberg
Merkenich
B9
1
L93
L34
B9
57
0
2
km
outdooractive

WEGBESCHREIBUNG 4

In der S-Bahnhaltestelle „Worringen" gehen Sie durch die Unterführung Richtung Worringen und gelangen auf die „Bruchstraße". Dort gehen Sie nach rechts, 400 Meter die „Bruchstraße" entlang und biegen links in den „Senfweg" ein. Sie durchqueren das Worringer Bruch, biegen am Ende des Wegs rechts ab und gehen zwischen Feldern und Waldrand den „Bruchweg" entlang.

Am Ende des Bruchs biegen Sie links ab, nach knapp 100 Metern führt der Weg rechts um die Kurve und dann geradeaus bis zur „Neusser Landstraße". Sie überqueren die „Neusser Landstraße", gehen nach links, circa 200 Meter auf dem Rad- und Fußweg. Dann gehen Sie nach rechts in die Straße (ohne Straßenschild) und nach 20 Metern gleich links in den asphaltierten Feldweg. Sie wandern den Weg geradeaus durch die Felder bis zum Ende und dann rechts. Am nächsten Querweg gehen Sie nach links auf den Deich und oben angekommen nach rechts zwei Kilometer bis zur Autofähre in Langel.

Nach wenigen Metern, an der Gabelung „Alte Neusser Landstraße"/„Alte Römerstraße" gehen Sie nach rechts in die „Alte Römerstraße" und auf der linken Straßenseite circa 150 Meter. Dann biegen Sie in den ersten Weg nach links ein und wandern geradeaus bis zum Deich. Jetzt gehen Sie rechts zwei Kilometer auf dem Deich bis zur Autofähre in Langel.

Auf dem Deich wandern Sie von Langel weitere zwei Kilometer bis nach Rheinkassel zur Kirche St. Amandus und weiter auf dem neu gebauten Deich bis zum Hof der Familie Fuchs. Hier gehen Sie ein Stückchen um die Deichmauer herum am Hof vorbei und ein wenig abwärts und halb rechts ins Sträßchen „Kasselberger Weg", das nach Kasselberg führt. Von Kasselberg verläuft die schmale Teerstraße „Feldkasseler Weg" weiter Richtung Merkenich, die Autobahnbrücke haben Sie dabei immer vor Augen.

Kasselberg im Rücken biegen Sie nach knapp einem Kilometer rechts in die erste Straße ein, die „Schlettstadter Straße". Sie gehen geradeaus, überqueren die „Alte Römerstraße", gehen noch 200 Meter leicht bergan und biegen in die erste Straße rechts ein, den Zubringer zur Endhaltestelle „Merkenich" der Straßenbahnlinie 12.

Von Roggendorf/Thenhoven nach Merkenich

Der Anblick der S-Bahnhaltestelle Worringen ist nichts für Wanderer mit besonderem ästhetischen Empfinden. Die einstmals weißen Wandfliesen sind vom häufigen Entfernen der Farbschmierereien grau und stumpf geworden, der Aufzug ist demoliert, zersplitterte Scheiben zeugen von sinnloser Zerstörungswut. Der Bahnhof „Worringen" ist kein angenehmer Ort zum Verweilen und Versuche der Kommune, mit ein bisschen mehr Sauberkeit auch mehr Sicherheit zu schaffen, fruchten nicht wirklich. Die Deutsche Bahn AG ist ein zu schwieriger Partner. Aber diese Hinterhöfe der Großstädte gibt es überall entlang der Bahnstrecken. Köln bildet da keine Ausnahme, und auch dahin führt uns der KÖLNPFAD.
Doch Schwamm drüber, wir passieren die Unterführung zügig und mit starrem Blick nach vorn und gelangen schnell wieder ans Tageslicht und in die Zivilisation auf der „Bruchstraße". Und für so manche Perle – ob Natur- oder Kulturkleinod – gilt in Köln: Schönheit liegt gleich neben Schäbigkeit. Von der unwirtlichen Bahnstation brauchen wir nur wenige Schritte bis zum schönsten Naturschutzgebiet innerhalb der Stadtgrenzen, dem Worringer Bruch. Dafür nehmen wir diese Anreise gerne in Kauf.

Der Intze-Turm ist heute Wohnhaus.

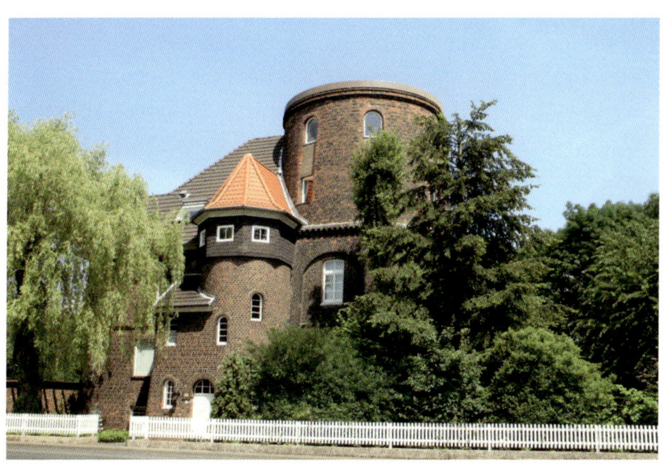

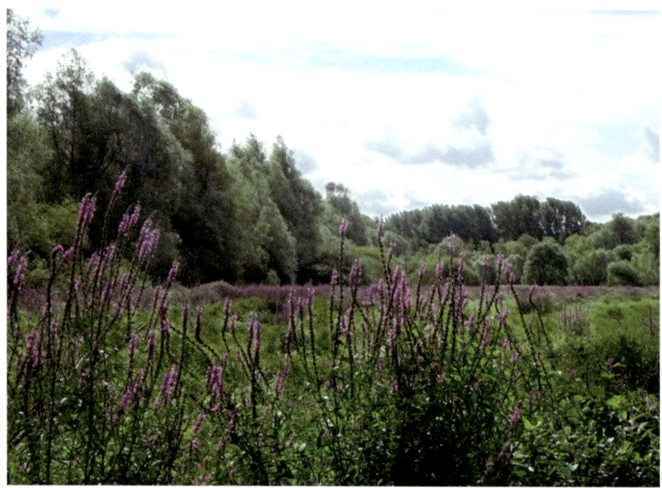

Blutweiderich im Worringer Bruch

Doch vorab fesselt ein ungewöhnliches Bauwerk den Blick: ein dreistöckiger Backsteinturm, umgeben von viel Grün und eindeutig als Wohnhaus zu identifizieren. Nein, es ist nicht der Rest einer Windmühle, die hier an der Geländekante zum Worringer Bruch steht, sondern der Sockel eines Wasserturms. Der gehörte zu einem Wasserwerk, das allerdings nie fertiggebaut wurde. Der Intze-Turm – benannt nach seinem Erfinder, dem Ingenieur Otto Intze – blieb ab 1908 mehr als 20 Jahre lang ein fünfstöckiger Torso.
Zur Vorgeschichte: Im „Doppeldorf" Roggendorf/Thenhoven, wo wir uns gerade befinden, gab es vor 100 Jahren – wie in so vielen Dörfern und Kleinstädten auf dem Land – noch keine zentrale Wasserversorgung. Zwar machte 1904 der Koblenzer Regierungsrat a. D. Wilhelm Gaul der Bürgermeisterei Worringen – zu der die beiden Orte damals gehörten – das Angebot, ein Wasserwerk mit Tiefbrunnen, Turm und Maschinenhaus an der Bruchstraße 19 zu bauen. Doch das Projekt wurde nie vollendet. Das Gebäudeensemble ging 1925 in Privatbesitz über, der Turm wurde bis 1929 sogar wieder auf drei Stockwerke zurückgebaut und das „Wasserwerk" wird seitdem als Wohnhaus genutzt, das unter Denkmalschutz steht.
Am Wasser bleiben wir, wenn wir wenige Meter weiter von der „Bruchstraße" in den „Senfweg" einbiegen und plötzlich

in einer anderen Welt stehen. Rechts und links des Wegesrands breitet sich – je nach Jahreszeit – hinter Brombeer- und Brennnesselgestrüpp eine Wasserfläche aus, aus der die Gerippe toter Bäume herausragen. Die Ufer sind mit dichtem Röhricht bewachsen und auf der gespenstig unbeweglichen Wasseroberfläche lagern vereinzelt kleine grüne Inseln. Zwei Schwäne haben sich ganz von dieser Welt zurückgezogen, schwimmen weitab vom öffentlichen Weg am Rand der Wasserfläche, die von undurchdringlichen Pappelwäldern abgeschirmt wird. Das Worringer Bruch wirkt wie ein verwunschener Wald, der sich gekonnt der aufdringlichen Annäherung des Menschen widersetzt und damit für Flora und Fauna paradiesische Voraussetzungen geschaffen hat. Eine Ahnung davon gibt die Gelbe Schwertlilie, die im Frühjahr verlockend am Wegesrand ihre Blütenpracht entfaltet, während sich im Spätsommer der Blut-Weiderich in großen roten Teppichen ausbreitet. Weiter drinnen, in den Röhrichtstreifen, finden sich Rohr-Glanzgras und Sumpf-Segge. Pirol, Nachtigall, Habicht, Sperber und Bussard wohnen hier, und als wir am Rand des hufeisenförmigen Bruchs entlanggehen, ruft uns ein Kuckuck freundlich zu. Wer mehr über die Vogelwelt erfahren möchte, schließt sich einer ornithologischen Wanderung durchs Worringer Bruch an, die regelmäßig der Kölner Stadtverband des NABU, des Naturschutzbunds Deutschland, anbietet.

Natürlich ist Vater Rhein an dieser Schönheit Schuld, ein Altwasserarm, der sich vor 8.000 Jahren aus einem großen Mäanderbogen bildete, ist die Voraussetzung für das kleine Paradies. Das steht erst seit 1986 unter Naturschutz, denn eigentlich sollte der Pappelwald Ende der 70er-Jahre des vorigen Jahrhunderts in ein Erholungsgebiet für den neuen Stadtteil Chorweiler umgewandelt werden. Doch die Natur durchkreuzte die Auffors-

Sumpf-Schwertlilie blüht üppig im Bruch.

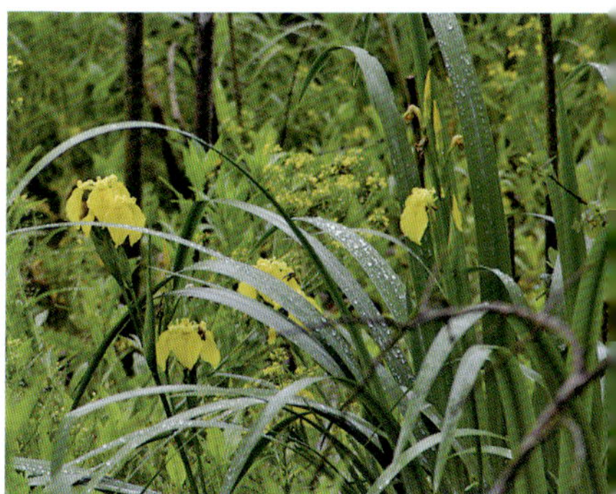

tungspläne, denn im Spätherbst 1980 stieg plötzlich wieder das Wasser in dem seit Jahrzehnten trockenen Bruch. Grundwasserschwankungen brachten die Überschwemmung – und die Stadtverwaltung zu der Überzeugung, dass Erhalt und Wiederherstellung des Lebensraums „Auen- und Bruchwald" für bedrohte Pflanzen- und Tierarten Vorrang haben muss vor der Naherholung des Menschen. Mittlerweile hat das Naturschutzgebiet als Flora-Fauna-Habitat sogar europäischen Schutzstatus erhalten und „muss vor jedweden schädlichen Einflüssen bewahrt werden".
Der KÖLNPFAD führt auf dem kurzen Hauptweg mitten durch das Worringer Bruch und dann rechts entlang des Hufeisens zwischen Wald und Feld zum Rhein. Wer mag, kann den Zauberwald auch noch auf zwei weiteren Wegen genießen. Auf der Strecke durch die Felder zum Rhein mit seinen tutenden Schiffen, den beschaulichen Ufern hüben wie drüben und dem weit gespannten Himmel lohnt es sich, in der Nähe der „Alten Römerstraße" noch einmal 720 Jahre zurück in die Kölner Stadtgeschichte abzutauchen – obwohl die historisch exakte Örtlichkeit südwestlich des Worringer Bruchs liegt, an der Straße „Am Blutberg".

Felder reichen bis an das Worringer Bruch.

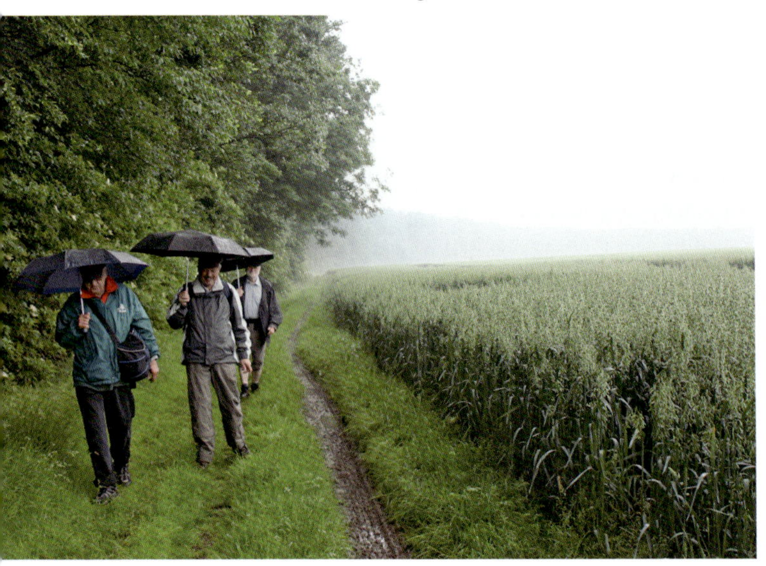

Im Frühsommer 1288 kam es nämlich zwischen Worringen und Fühlingen zur größten Ritterschlacht, die je auf rheinischem Boden stattgefunden hat – und Köln den Weg zur freien Reichsstadt ebnete.
Die Vorgeschichte dauerte fünf Jahre und ist hochkompliziert, da sie von Machtansprüchen zwischen Kirche, Adel und Bürgerschaft bestimmt wurde. Es geht zum Schluss um die Stellung des Kölner Erzbischofs Siegfried von Westerburg (1275 bis 1297) im Rheinland und den Erbfolgekrieg um die Grafschaft Limburg zwischen den Grafen von Geldern und den Grafen von Berg. Denen waren weite Teile des Bergischen Landes im Sinne des Vogteirechts unterstellt, die geistige Herrschaft übte allerdings der Kölner Erzbischof aus. Das wurmte Graf Adolf V. von Berg, der deshalb ein erbitterter Feind Siegfried von Westerburgs war. Hinzu kam die Freiheitsliebe der Kölner Bürger, die nicht länger unter der Knute des Erzbischofs stehen wollten. Schließlich trat Graf Adolf von Berg seine Erbansprüche an Herzog Johann von Brabant ab, der sein Herrschaftsgebiet bis an den Rhein ausdehnen wollte. Das wiederum wurmte Erzbischof Siegfried, der sich daraufhin mit den Grafen von Geldern verbündete, und es kam zum alles entscheidenden Kampf.

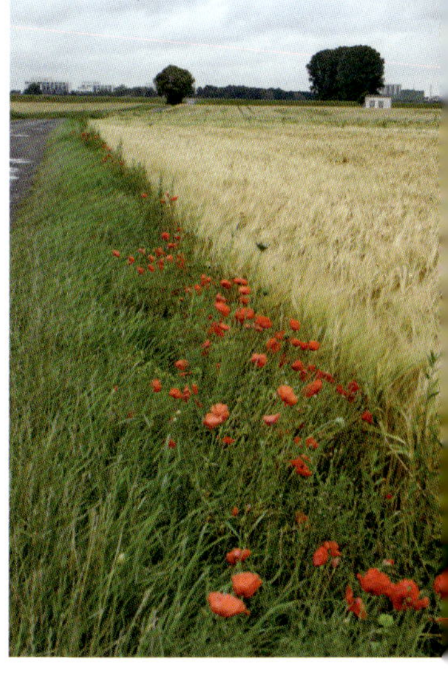

Mohnblumenpracht am Feldrand

Am Morgen des 5. Juni 1288 standen neben diesen Herrschaften 10.000 Ritter, Bauern und Bürger auf der Fühlinger Heide einander gegenüber. Nach erbitterten Kämpfen war die Schlacht gegen 17 Uhr beendet – ein harter Arbeitstag, an dem mehr als 1.000 Kämpfer ihr Leben verloren hatten. Siegfried von Westerburg unterlag Johann von Brabant, was dem Erzbischof ein Jahr Haft auf Schloss Burg an der Wupper einbrachte und – viel schlimmer – den Verlust der weltlichen Macht innerhalb der Kölner Stadtmauern. Offiziell wurde Köln zwar erst am 19. September 1475 freie Reichsstadt, aber erkämpft hatten sich die Bürger das Privileg in der Schlacht bei Worringen.

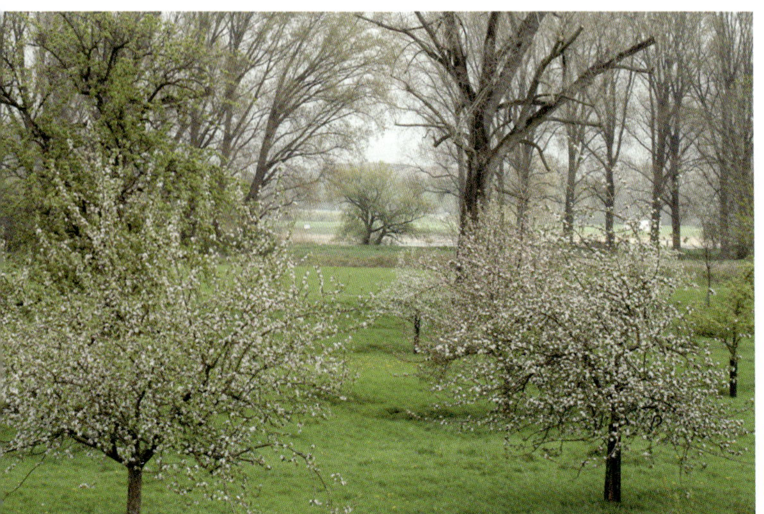

Die Rheinaue im Frühjahr

Eine Pikanterie darf dabei nicht unerwähnt bleiben: Ein kleines Dorf an der Düssel erhielt bereits am 14. August 1288 von Graf Adolf von Berg als Dank für tapferes Verhalten im Kampf die Stadtrechte. Heute ist die Stadt an der Düssel Landeshauptstadt von Nordrhein-Westfalen und vielleicht liegt der ewige Konkurrenzkampf zwischen Köln und Düsseldorf gerade in dieser mittelalterlichen Schlacht begründet. Die selbstverliebten Kölner hatten es versäumt, sich die erkämpfte Stadtfreiheit unverzüglich mit Brief und Siegel bestätigen zu lassen. Die Düssel-Dörfler waren schlauer, hatten schon zwei Monate später die entscheidenden Unterschriften beisammen – und waren damit die großen Gewinner des kölnischen Aufstands gegen den Erzbischof. Wer nach so viel Schlachtgetümmel lieber die Heimreise antritt, kann die Etappe an dieser Stelle beenden.

Wer allerdings dem KÖLNPFAD weiter folgt, am Rhein entlang, erlebt Entspannung pur – und sieht von der Deichkrone die Domtürme, die über die Wipfel der Bäume lugen. Denn das Naturschutzgebiet „Rheinaue", das sich entlang des Rheinufers von Worringen über Langel bis nach Merkenich erstreckt, lädt dazu ein, am großen Fluss den Alltagsstress zu vergessen und die Gedanken mit Wind, Wellen und Containerschiffen auf die Reise zu schicken. 1991 stellte die Stadt den rund zehn Kilometer langen Uferstreifen unter Naturschutz als „letzten großen und streckenweise naturnahen Rheinufer-Saumbereich im Ballungsraum Köln", wie es in der Begründung heißt. Und wirklich bleiben beim Blick über die Wiesen, Felder und Wälder immer wieder die Augen an den Schornsteinen hängen von Chemiewerken wie Bayer, Esso und BP, die allerdings aufgrund der Globalisierung schon längst den Besitzer gewechselt haben. Nur die Firmenzeichen auf den hohen Rauchabzügen zeugen noch von den alten Verhältnissen. Neben dieser massiven Industrieansiedlung im Kölner Norden haben in der Rheinaue inzwischen 28 seltene und geschützte Pflanzenarten – darunter der Sumpf-Storchschnabel und der Wiesen-Salbei – sowie 19 seltene Vogelarten wie Feldlerche und Kiebitz ihre Nische gefunden. Damit Tiere und Pflanzen ihre Ruhe haben, führt der KÖLNPFAD auch nicht direkt am Wasser entlang, sondern schnurgerade über den 2006 erhöhten Deich bis nach Kasselberg.

Die Autofähre in Langel teilt das Naturschutzgebiet in zwei Teile und diese Stelle ist ideal für eine Picknickpause. Dazu lädt das Lokal „Zur Fähre" ein oder eine der zahlreichen Bänke, die im Umfeld der Anlegestelle in den vergangenen Jahren aufgestellt worden sind. Wer Spaß an der Rheinüberquerung mit der Autofähre nach Leverkusen-Hitdorf hat, die das ganze Jahr im Dienst ist und nur bei ärgstem Hochwasser an Land bleiben muss, kann auf der anderen Rheinseite im Biergarten des Lokals „Zur Hitdorfer Fähre" einkehren. Für Kinder gibt es einen schönen Spielplatz mit großer Wiese.

Warnschild an der Autofähre in Langel

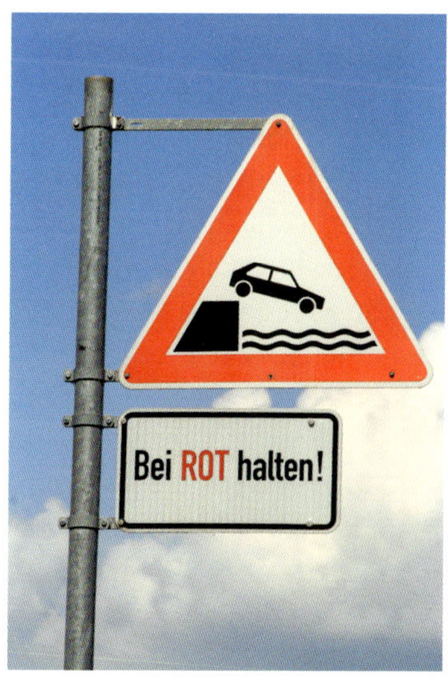

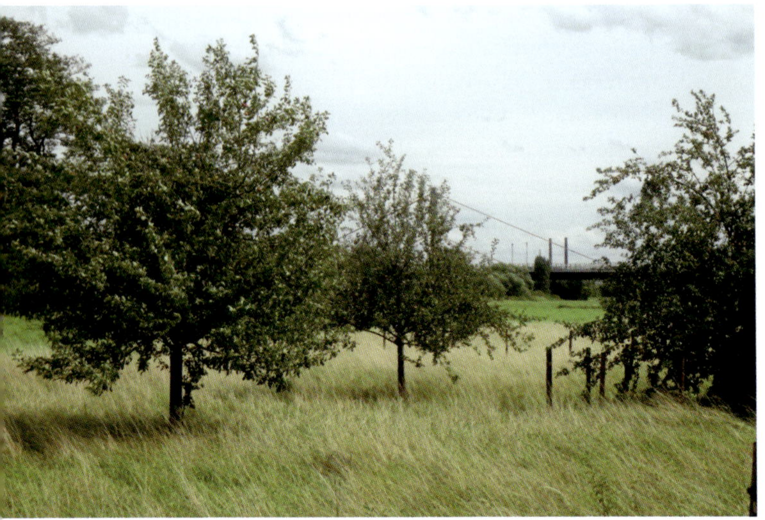

Apfelbäume in den Rheinauen bei Kasselberg

Der KÖLNPFAD führt nach diesem Abstecher auf die rechte Rheinseite weiter am linksrheinischen Ufer stromaufwärts entlang der uralten Rheindörfer Langel, Rheinkassel und Kasselberg. Die Dörfchen haben sich noch ihren beschaulich-ruhigen Charakter zwischen Pferdekoppeln, Feldern und Weihnachtsbaumplantagen bewahrt.
Rheinkassel in der Mitte des Trios bietet mit der spätromanischen Dorfkirche St. Amandus eine der schönsten niederrheinischen Pfarrkirchen zwischen Bonn und Düsseldorf. Der ursprüngliche Bau des Gotteshauses stammt aus dem 9. oder 10. Jahrhundert, erstmals erwähnt wurde St. Amandus 1156. Zwischen 1220 und 1240 wurde das Kirchlein zu einer dreischiffigen Basilika ausgebaut. Damals gehörte sie schon zum Stift St. Gereon und wurde deshalb auch „Klein St. Gereon" genannt. Der entsprechende Märtyrer steht seit 2004 als moderne Stele auf dem Kirchplatz. Den Außenanstrich erhielt St. Amandus nach einer großen Restaurierung Ende der 1970er-Jahre unter der Leitung von Kirchenbaumeister Gottfried Böhm. Die hübsche Farbgebung entspricht der ursprünglichen Bemalung, die bei den Fassadenarbeiten zutage getreten ist. Wer den Anblick der gedrungenen Kirche – der daher rührt, dass im 17. Jahrhundert das Obergeschoss des Turms ab-

getragen wurde – länger genießen will, hat dazu Gelegenheit auf dem kleinen Kirchplatz oder auf dem Damm. Von dort ist auch auf der gegenüberliegenden Rheinseite die Mündung der Wupper zu sehen.
Die letzten Meter der Etappe führen uns zum kleinen Weiler Kasselberg (24 Einwohner), dessen Insellage legendär ist, wenn bei Hochwasser der Rhein über die Ufer tritt und die Fluten das Fleckchen umschlungen halten. Aber noch eine andere Attraktion hat Kasselberg zu bieten, das „Kasselberger Gretchen", beliebtes Ausflugslokal am Rheinufer für Radler und Wanderer. Die exakten Ursprünge dieser Gaststätte liegen im Dunkeln, sie war jedoch rund 100 Jahre im Besitz der Familie Bast, bevor Margarete Bast (daher der Name „Gretchen") das Lokal 2005 an ihren Nachbarn Harry Brütt verpachtete, der zehn Jahre lang mit seinem „Café Plüsch" im Stil der 1950er-Jahre einen besonderen Anziehungspunkt schuf. Aber auch seine Nachfolger haben die familiäre Atmosphäre beibehalten und insbesondere am Wochenende ist die Terrasse beliebtes Ziel bei den Ausflüglern. Hier darf jeder Wanderer mit gutem Gewissen versacken, denn die Straßenbahnhaltestelle „Merkenich", Endpunkt der Etappe, ist nicht mehr weit.

Nicht zu übersehen: Ausflugslokal „Kasselberger Gretchen"

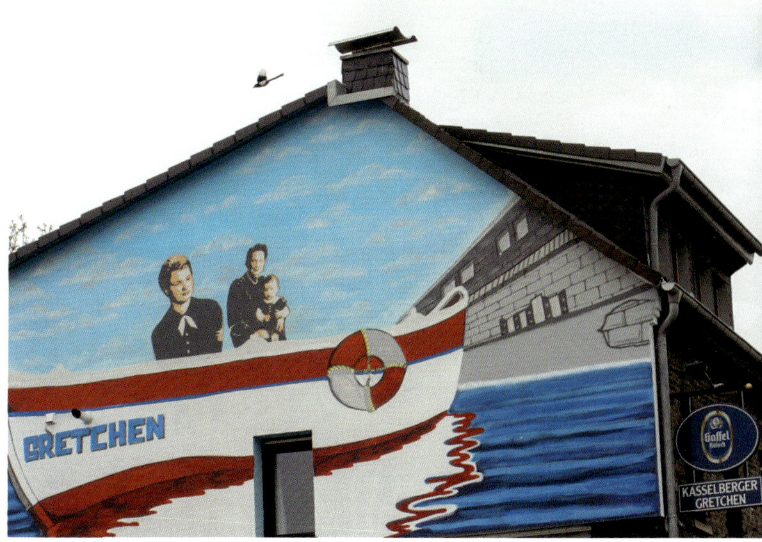

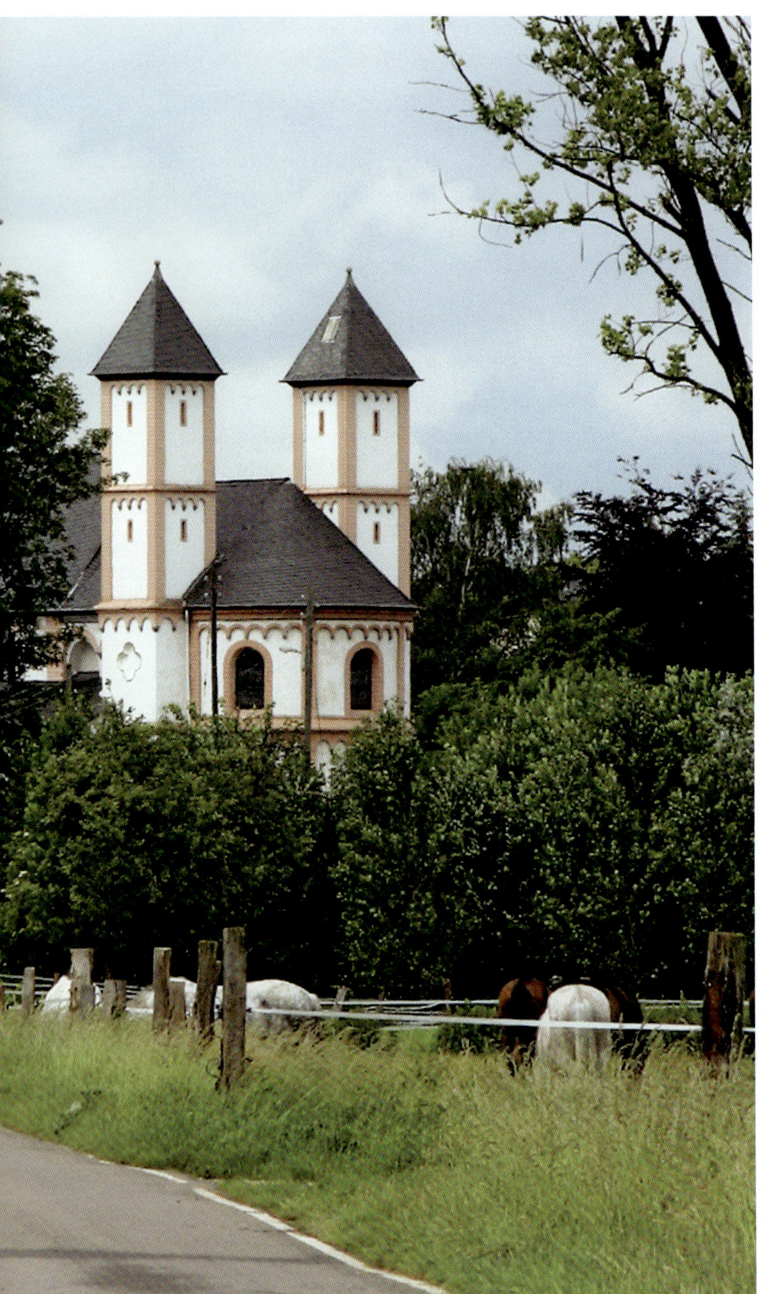

Spätromanische Kirche St. Amandus in Rheinkassel

Länge: 11 Kilometer

Dauer: 3 Stunden

Profil: Flach, größtenteils ist der Weg asphaltiert, da weite Strecken über den Rheindeich verlaufen. Geeignet für Kinderwagen.

Anfahrt: mit der S-Bahnlinie 11 bis zum Bahnhof „Worringen"

Abkürzungen:

Kilometer 2: Haltestelle „Alte Römerstraße" auf der „Neusser Landstraße". Die Buslinie 120 erreicht in zehn Minuten Chorweiler. Von dort ist die Weiterfahrt mit U- und S-Bahn möglich.
Kilometer 7: An der Autofähre in Langel befindet sich die Endhaltestelle der Buslinie 121, die in neun Minuten die KVB-Endhaltestelle „Merkenich" der Straßenbahnlinie 12 erreicht.

Einkehrmöglichkeiten:

Zur Fähre www.zurfaehre.com
Cohnenhofstraße 132, 50769 Köln, Tel. 02 21-53 99 82 83

Zur Hitdorfer Fähre hitdorferbiergarten.eatbu.com
Fährstraße 1f, 51371 Leverkusen, Tel. 0 21 73-94 20 76

Op d'r Eck www.opdreck.de
Cohnenhofstraße 106, 50769 Köln, Tel. 02 21-7 08 75 63

Kasselberger Gretchen
Kasselberger Weg 101, 50769 Köln, Tel. 02 21-7 00 00 13

Allgemeine Informationen:

Ornithologische Wanderungen durch das Worringer Bruch bietet der NABU Köln an. Informationen finden sich auf der Webseite www.nabu-koeln.de.

Die **Autofähre Langel,** www.hgk.de, verkehrt von April–September von 6–20 Uhr und von Oktober–März von 6–19 Uhr.

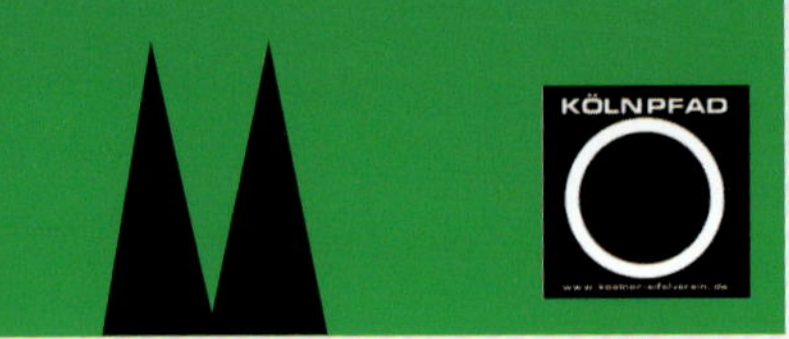

Etappe 5

Von Industrie, einem Hafen und Erholung am Wasser

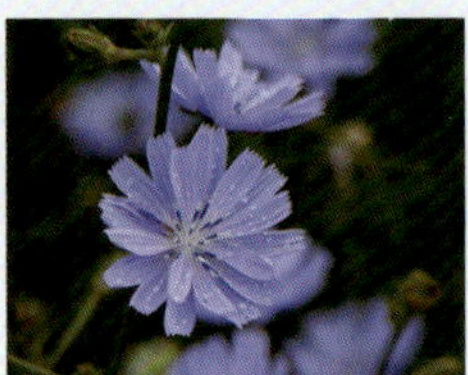

Container, Kräne und Kohlenberge im Niehler Hafen

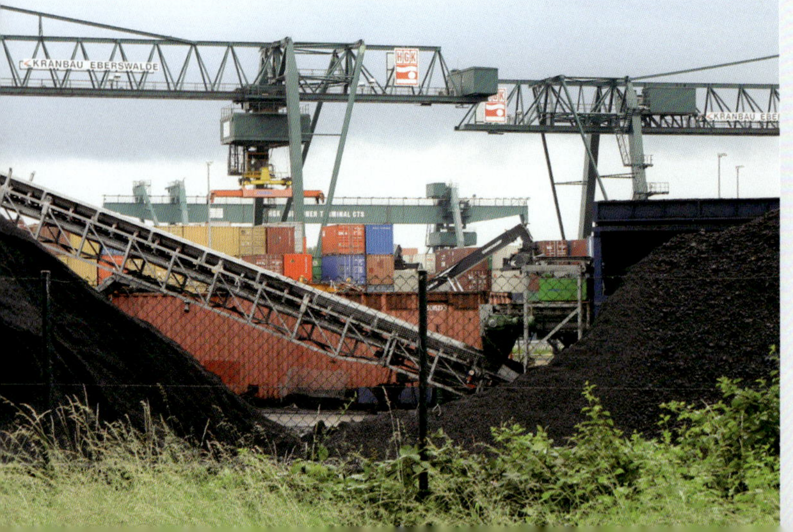

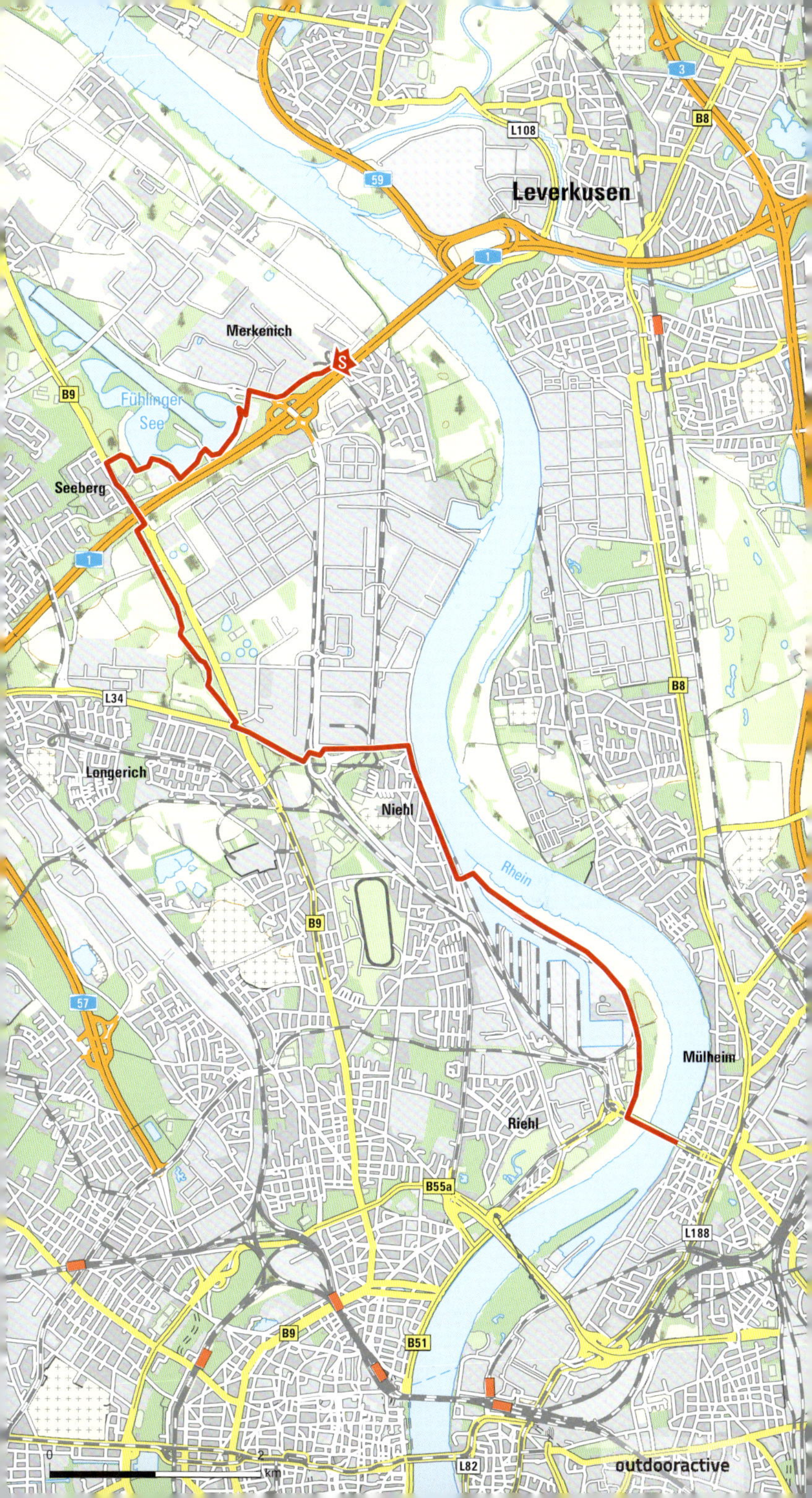

3
B8
L108
59
Leverkusen
1
Merkenich
S
B9
Fühlinger
See
Seeberg
1
B8
L34
Longerich
Niehl
Rhein
B9
57
Mülheim
Riehl
B55a
L188
B9
B51
0
2
km
L82
outdooractive

WEGBESCHREIBUNG 5

Die KVB-Haltestelle „Merkenich“ im Rücken gehen Sie am Parkplatz vorbei und biegen links ab auf die kurze Zubringerstraße zur „Schlettstadter Straße“. Jetzt gehen Sie rechts in die „Schlettstadter Straße“, wechseln am besten schon gleich hier die Straßenseite und folgen der Straße leicht aufwärts. Sie gehen über die Brücke, die über die Straßenbahnhaltestelle führt, weiter geradeaus am „John Andrews Entwicklungszentrum“ der Fordwerke vorbei und an der zweiten Ampelkreuzung links in die „Oranjehofstraße“.

Sie wandern unter der „Industriestraße“ durch und überqueren nach circa 100 Metern an der Fußgängerampel die „Oranjehofstraße“. Sie gehen noch zehn Meter links weiter und dann rechts in den kurzen Weg zum Fühlinger See hinab. Am Seeufer halten Sie sich links und wandern circa einen Kilometer am Ufer entlang bis zum Freibad.

Am Zaun vor dem Freibad gehen Sie den asphaltierten Weg links hoch, nach 100 Metern wieder links (rechts liegt der Parkplatz des Freibads) und wandern jetzt 100 Meter die Straße „Stallagsbergweg“ geradeaus bis zur Ampelkreuzung. Hier überqueren Sie die „Neusser Landstraße“ und gehen nach links, anschließend geradeaus. Sie passieren die „Oranjehofstraße“ und unterqueren die A 1.

50 Meter nach dieser Unterführung biegen Sie rechts ab in den Wald. Dann nehmen Sie den zweiten Weg links. Sie folgen dem Weg, überqueren unterwegs die Asphaltstraße „Bergheimer

Blick von der Mülheimer Brücke zum Dom

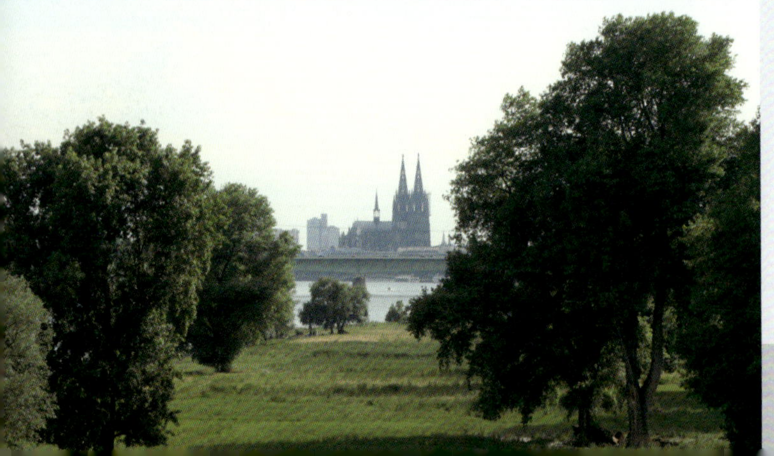

Weg" und kommen zu einer Weggabelung, die mit Steinen und Bänken gestaltet ist. An diesem Platz gehen Sie links vorbei, kommen an einem Parkplatz vorbei und wandern weiter geradeaus bis zum Betonpilz. Hier biegen Sie nach links ab und folgen dem Weg, der in einiger Entfernung parallel zur „Neusser Landstraße" verläuft. An der Kreuzung mit der „Militärringstraße" treten Sie wieder aus dem Wald.

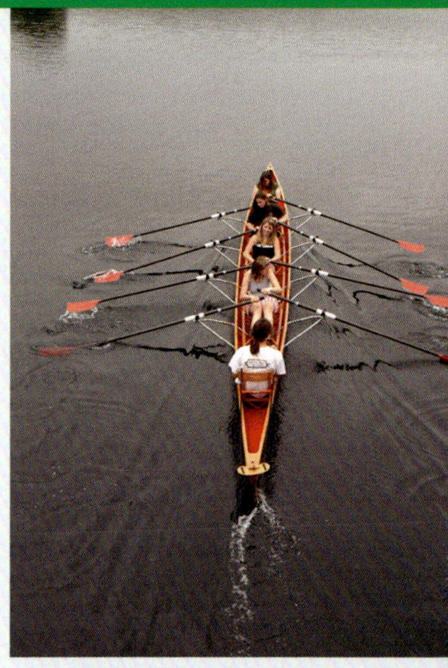

Rudertraining auf dem Fühlinger See

Sie überqueren die „Neusser Landstraße" und biegen links in die „Bremerhavener Straße" ein. Jetzt gehen Sie auf dem Rad- und Fußweg der „Bremerhavener Straße" bis zum Kreisverkehr „Niehler Ei". Der Bürgersteig auf der linken Straßenseite führt Sie automatisch unter dem Kreisverkehr hindurch. An der ersten Gabelung gehen Sie links, nach 100 Metern und einer zweiten Unterführung biegen Sie rechts ab. Jetzt wandern Sie parallel zu Industriebauten die „Bremerhavener Straße" weiter bis zum Rheinufer.

Hier überqueren Sie den „Niehler Damm" und gehen rechts den Fußweg oberhalb des Rheins bis zur Hausnummer 81. Hier führt ein Weg links hoch zur Fußgängerbrücke, die den Niehler Hafen überspannt. Am Ende der Brücke gehen Sie rechts und wandern 4,3 Kilometer am Rheinufer entlang bis zur Mülheimer Brücke.

Sie gehen unter der Brücke durch und erst auf der südlichen Seite die Stufen hinauf zur Fahrbahn, um den Domblick zu genießen. Sie überqueren den Rhein auf der Brücke und gehen weiter geradeaus bis zum „Wiener Platz". Der KÖLNPFAD verläuft nicht bis zum „Wiener Platz", sondern an der ersten Treppe verlassen Sie die Brücke, überqueren die „Mülheimer Freiheit", gehen bis zum Rheinufer, nach rechts und unter der Brücke hindurch weiter zur Clemenskirche.

Von Merkenich nach Mülheim

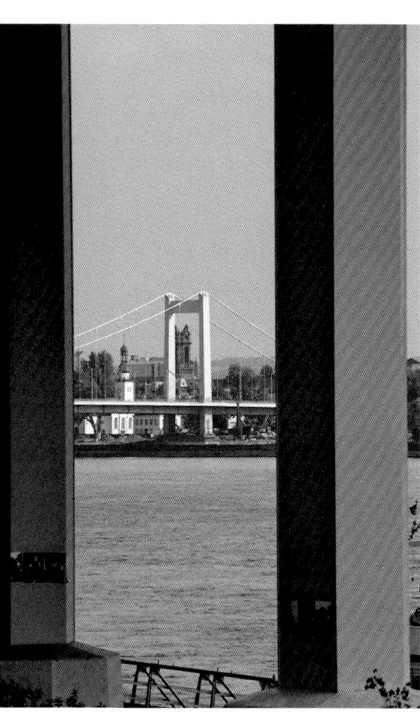

Von der Zoobrücke zur Mülheimer Brücke geschaut

Wirklich einladend ist sie nicht, die Gegend rund um die Endhaltestelle der Linie 12, ein wenig außerhalb von Merkenich. Es fühlt sich ein bisschen wie das Ende von Köln an, obwohl die eigentliche Stadtgrenze noch ein ganzes Stück entfernt liegt. Stromleitungen zerschneiden den Himmel in spitze Stücke, Fabrikhallen sind über die Bäume hinaus gewachsen und machen deutlich, dass der Kölner Norden kein begnadetes Wandergebiet ist, sondern Industrie die Landschaft prägt – und noch mindestens bis 2025 die Baustelle der Leverkusener Autobahnbrücke. Lange Reihen von Lärmschutzwänden haben Büsche und Bäume verdrängt, die früher den Autobahnring verdeckten. Heute versperren sie den Blick von der Brücke über die Straßenbahnschienen auf den Rhein und den Brückenbau. Es ist kein Ort mehr zum Verweilen. Der KÖLNPFAD führt auch an der rauen Wirklichkeit der Stadt entlang. Und dennoch hat die Strecke ihre guten Seiten. Zwischen Fabrikhallen erstreckt sich das Naherholungsgebiet am Fühlinger See und – nach gut vier Kilometern Rheinufer – werden wir mit dem großen Finale inklusive Domblick auf der Mülheimer Brücke belohnt.

Die Hängebrücke, die ursprünglich von einem Preisgericht und der Mehrheit der Stadtverordneten als kostengünstigere Bogenbrücke gedacht war, wurde am 13. Oktober 1929 von Konrad Adenauer eingeweiht. Schließlich hatte Kölns legendärer Oberbürgermeister (1917 bis 1933) mit seinen politischen Gegnern, den Kommunisten, die sehr viel teurere Hängekonstruktion durchgesetzt.

1929 ist auch das Schicksalsjahr der Industrialisierung des Kölner Nordens. Im Oktober unterzeichneten Vertreter der Stadt und des amerikanischen Autobauers Ford einen Vertrag über den Bau einer Autofabrik in Niehl. Den Grundstein legten ein rundes Jahr später, am 2. Oktober 1930, Oberbürgermeister Konrad Adenauer und Firmengründer Henry Ford I. gemeinsam. Leider befindet sich der Gedenkstein, der an das historische Ereignis erinnert, auf dem Werksgelände und ist nicht frei zugänglich. Der Besucherdienst der Fordwerke bietet jedoch Führungen an.
Schon am 2. Juni 1931 lief der erste Personenkraftwagen vom Band, ein Ford A-Modell. Bei der offiziellen Werkseröffnung am Vortag waren genau 619 Mitarbeiter beschäftigt, mittlerweile arbeiten in Niehl mehr als 18.500 Männer und Frauen aus 55 Nationen, die zukünftig auch Elektroautos für den deutschen und den europäischen Markt entwickeln sollen. Das Werk beansprucht eine Fläche von 150 Hektar entlang eines 740 Meter langen Uferabschnitts des Rheins. Das entspricht der Größe von 210 Fußballfeldern.
Doch von dieser riesigen Ausdehnung merken wir nichts, denn der KÖLNPFAD führt nur unmittelbar am „John Andrews Entwicklungszentrum“ in Merkenich vorbei. 1968 von Henry Ford II. eingeweiht, tüfteln hier mehr als 4.500 Fachleute an neuen Automodellen und verbesserter Technik.

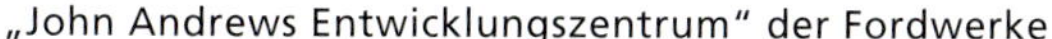
„John Andrews Entwicklungszentrum“ der Fordwerke

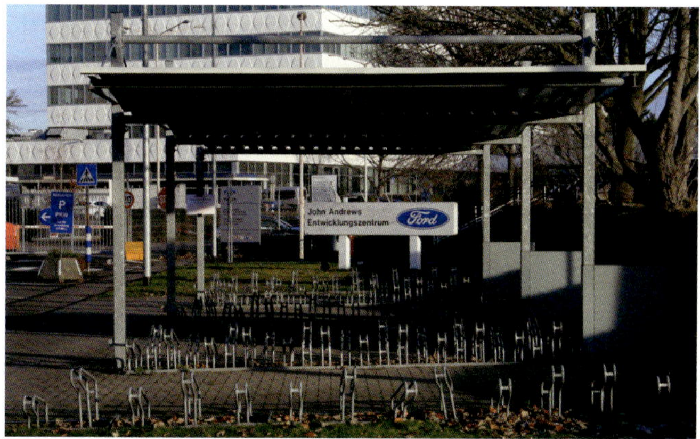

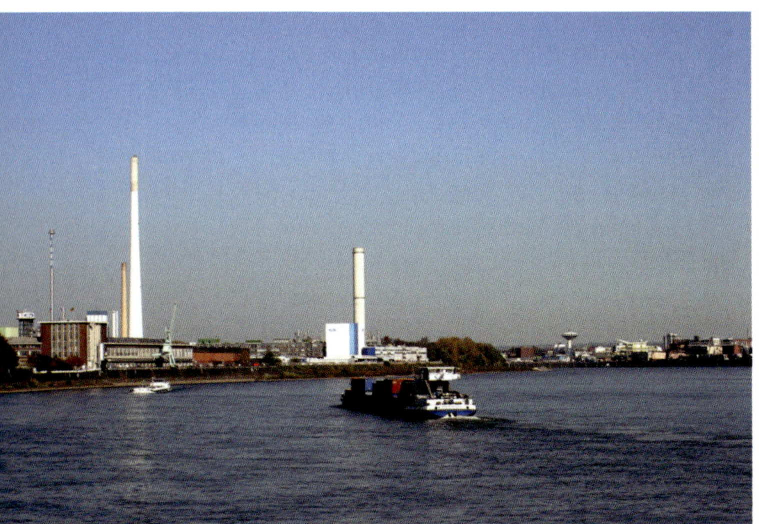

Die Fordwerke am Rheinufer

Nach so viel Arbeit liegt die Erholung gleich um die Ecke beziehungsweise hinter Bäumen an der „Oranjehofstraße". Wir gehen einen kurzen Abhang hinab und erreichen den Fühlinger See. Die Naherholungs- und Freizeitanlage gibt es „hochoffiziell" seit 1978. Damals wurde die 2,3 Kilometer lange Regattabahn mit den nordrhein-westfälischen Rudermeisterschaften eröffnet. 20 Jahre später erlangte sie sogar Weltruhm – 1998 fand hier die Ruderweltmeisterschaft statt.
Die eigentliche Geburtsstunde des Fühlinger Sees fällt in das Jahr 1912. Damals wurde in der gesamten Fühlinger Heide Kies für den Bau der Eisenbahnstrecken nach Aachen und Krefeld abgebaggert. Die unter dem Gelände hinwegfließenden Rheinarme fluteten das Baggerloch, das die Kölner seit den 1930er-Jahren zum Baden nutzten. 1966 begann die Stadt damit, die wilden Gruben systematisch zu einem 200 Hektar großen Naherholungsgebiet auszubauen, insbesondere für die neu errichteten benachbarten Trabantenstadtteile Chorweiler und Seeberg. Nach zehn Jahren war die Sport- und Erholungsanlage fertig, die aus sieben miteinander verbundenen Seen besteht, die zum Surfen, Tauchen, Angeln oder einfach zum Schwimmen einladen. Allerdings sorgte in den 1990er-Jahren der Andrang der Erholungsuchenden insbe-

sondere in den Sommermonaten für große Probleme bei der Wasserqualität – der See drohte umzukippen. Doch biologische Wasserreinigung und -belüftung sowie nachhaltige Uferbepflanzung zusammen mit einem Konzept der vorsichtigeren Nutzung des gesamten Naherholungsgebiets haben dafür gesorgt, dass das Wasser in den Seen wieder klar ist und beständig eine gute Qualität hat.
Auch wenn kein Badewetter herrscht, wird es nicht langweilig am Wasser mit 19 Kilometern Rad- und Wanderwegen drum herum. Es lassen sich auf der Brücke zur Ruderinsel Haubentaucher beim Tauchen beobachten, Blässhühner, die ihre Nester bauen, sowie Stockenten-Großfamilien und Schwäne, die majestätisch über das Wasser gleiten. Kormorane trocknen, auf Holzsperren sitzend, ihre Flügel. Für ein Päuschen bietet sich am Ufer der Seenplatte „Zillich's Biergarten“ an oder das überdachte „Bistro am See“ nahe bei der Regattastrecke. Legendär ist zudem das größte europäische Reggaefestival „Summerjam“, das seit 1996 jedes Jahr im Juli Musikfans aus dem In- und Ausland ans Wasser lockt.
Wir genießen den See einen Kilometer lang und lassen das Freibad Fühlingen rechts liegen, das mittlerweile in einen „Outdoor-Erlebnispark“ umgebaut worden ist, den „Blackfoot Beach“, der viel mehr zu bieten hat als Schwimmen und

Der Fühlinger See bietet viel Platz für unbeschwertes Freizeitvergnügen.

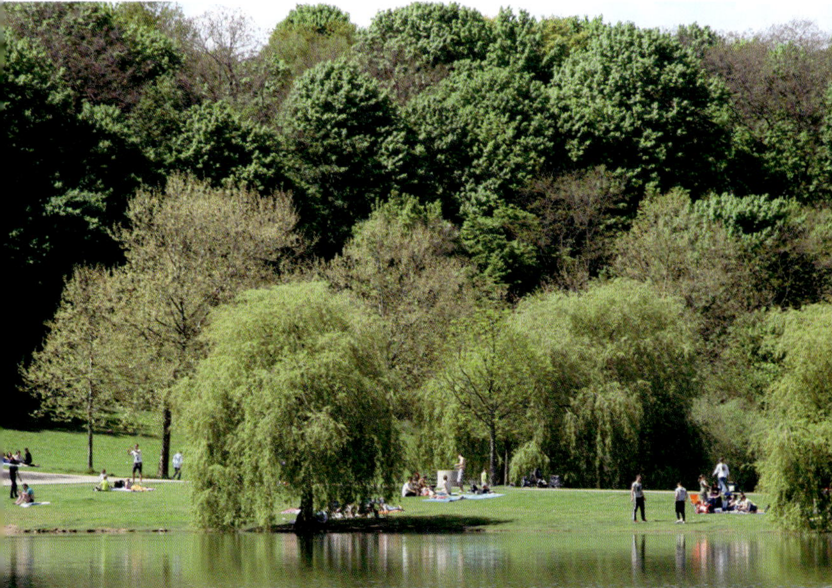

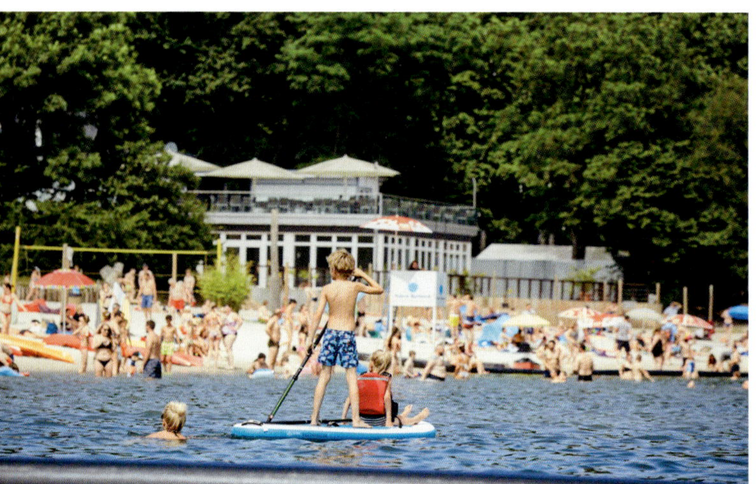

Badespaß am Blackfoot Beach

Tauchen. Unter fachkundiger Anleitung gibt es das ganze Jahr über vielfältige „Draußen"-Aktivitäten von Bogenschießen bis zur Strandolympiade. Dazu gehört auch ein Hochseilgarten. Die Anlage kann zudem für Tagungen, Firmenevents oder die private Hochzeitsfeier gebucht werden. Der KÖLNPFAD führt jetzt die Straße „Stallagsbergweg" entlang, an der ehemaligen „Villa Olympia" vorbei. Jahrzehntelang gehörte das Haus dem Kölner Regatta-Verband, bis es 2019 von der Evangelischen Freikirche Köln-Chorweiler übernommen wurde. Wo einst die Skulptur des griechischen Meeresgottes Poseidon thronte, steht jetzt ein schlichtes Holzkreuz. Eigentlich schade, dass Poseidon mit dem athletischen Körperbau verschwunden ist, denn die Figur wirkte stets erfrischend skurril im Wald von Fühlingen.

Aber nicht nur Wassersport ist hier möglich, sondern gleich nebenan liegt der Stall des Reitervereins Oranjehof. 1967 gründeten zehn Pferdeliebhaber den Verein, der mit seinen 450 Mitgliedern und dem vielfältigen Angebot vom Springreiten bis zum Voltigieren zu Kölns größten Pferdesportvereinen zählt. Seine Turniere locken Pferdefreunde und Hobbyreiter über die Grenzen Kölns hinaus an, und seit 2013 befindet sich hier auch das Stammquartier des Reitercorps der Appelsinefunke, der Karnevalsgesellschaft „Nippeser Bürgerwehr".

Noch deutlich älter ist allerdings der Namensgeber des Reitstalls. Der Oranjehof wurde im 18. Jahrhundert erbaut, damals hieß er noch Schneppenhof. Erst der Graf de Villenoeff, dem der Bauernhof Anfang des 20. Jahrhunderts gehörte, nannte ihn Oranjehof. Von der ursprünglichen Anlage mit Ställen und Schuppen ist allerdings nur noch das Herrenhaus übrig geblieben, ein lang gestrecktes, zweistöckiges klassizistisches Gebäude, das direkt an der „Neusser Landstraße" liegt. Lange Zeit stand das denkmalgeschützte Haus leer, bis es in eine Kindertagesstätte umgebaut wurde.
Weiter führt uns der Weg unter dem Autobahnring hindurch und in das Waldgebiet im Dreieck Autobahn, „Neusser Landstraße" und „Militärringstraße", das zum Äußeren Grüngürtel gehört. Die vor mehr als 60 Jahren angepflanzten Laubbäume bilden einen guten Filter gegen Lärm und Schmutz und langsam wird das Dröhnen der Autobahn schwächer. Wir genießen nach so viel Asphalt die Wege auf dem weichen Waldboden. Der KÖLNPFAD berührt Felder, Wiesen und früher auch einmal Koppeln, auf denen Pferde friedlich grasten. Doch mittlerweile sind die privaten Ställe verschwunden und stattdessen wurden auf einer Mähwiese Ende 2020 Eichen, Buchen und Ahornbäume gepflanzt als Ausgleich zum Umbau des nicht weit entfernten Autbahnkreuzes Köln-Nord.

Die neue Fitnessbahn Köln-Longerich

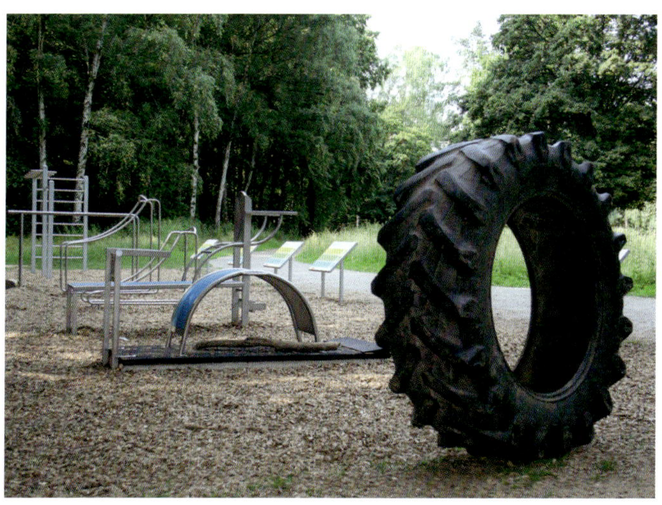

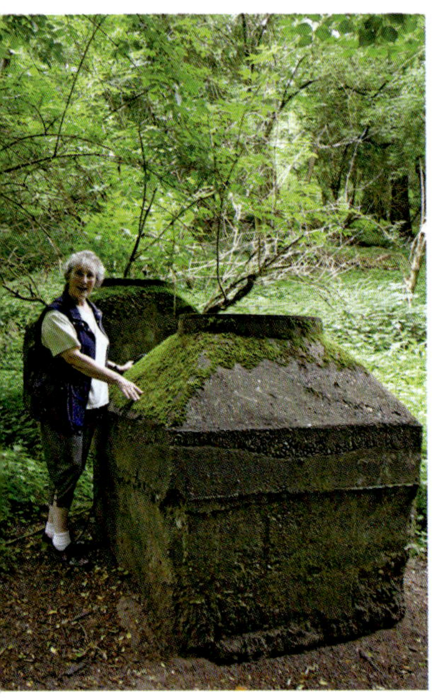
Nur alte Gullys, keine Fitnessgeräte

Aber nicht nur die Bewohner der umliegenden Stadtteile mögen die Verbindung durch den Wald zum Fühlinger See, sondern bunte Markierungen an Holzpflöcken benennen Joggern genau abgemessene Strekken. Die „Langlaufgemeinschaft (LLG) 80 Nordpark“ hat hier ihr Stammrevier und die Läufer können ihre zwei bis acht Kilometer langen Runden drehen. Mehr als vier Jahrzehnte befand sich auf Höhe des Parkplatzes, am Startpunkt der Laufstrecken, ein Trimm-Dich-Pfad, die „Fitnessbahn Köln-Longerich“. Davon ist nur noch ein kleines, verwittertes Steintäfelchen mit dem Maskottchen „Trimmy“ übrig geblieben. Das freundliche Strichmännchen mit dem großen Kopf und dem hochgereckten Daumen warb für die Kampagne „Trimm Dich fit“ des Deutschen Sportbunds (DSB), denn Ende 1969 hatten ein Drittel der Männer und 40 Prozent der Frauen durchschnittlich sieben (!) Pfund Übergewicht.
Eine Zeitlang waren diese Trimm-Dich-Pfade aus der Mode, aber mittlerweile tauchen sie, wie auch an dieser Stelle, als schicke Fitnessparcours in den Parks wieder auf. Denn das Übergewicht ist nicht weniger geworden, aber das Bewusstsein, etwas für die Gesundheit und das eigene Wohlbefinden tun zu müssen, ist gewachsen und sich trimmen ist wieder angesagt.
Was allerdings definitiv nicht zum Trimm-Dich-Pfad gehörte – obwohl sich die bemoosten Betonklötze, die am Wegesrand in der Böschung auftauchen durchaus für die ein oder andere halsbrecherische Übung anbieten –, sind die Überreste der Kanalisation der ehemaligen Glanzstoffwerke, die 40 Jahre lang in Niehl beheimatet waren, an der großen Kreuzung von „Militärringstraße“ und „Neusser Landstraße“. Hier treten wir aus

dem Wald wieder ans Licht, und hier lässt sich die Etappe abkürzen, denn ganz in der Nähe befindet sich die Bushaltestelle „Bremerhavener Straße“ der Linie 122, die zur KVB-Haltestelle „Wilhelm-Sollmann-Straße“ fährt. Oder man wandert einfach die 500 Meter stadteinwärts bis zur Straßenbahnhaltestelle.

Wir gehen links in die „Bremerhavener Straße“ hinein. Dabei fällt unser Blick auf das rote Backsteingebäude mit dem prägnanten grünen Uhrenturm. Früher gingen hier nur Generaldirektoren ein und aus, denn es handelt sich um das ehemalige Direktionsgebäude der „Glanzstoff-Courtaulds GmbH“. Die Kunstseidenfabrik existierte von 1925 bis 1967. Das Werk gehörte in den 1950er-Jahren zu den größten Kunstseideproduzenten Deutschlands. Zu diesem Erfolg hat in den Kriegsjahren auch das Leid vieler Zwangsarbeiterinnen und -arbeiter beigetragen.

Gegründet wurde Glanzstoff-Courtaulds 1925 durch einen Vertrag zwischen der „Vereinigte Glanzstoff-Fabriken AG“ in (Wuppertal)-Elberfeld und der britischen Courtalds Ltd. 1934 arbeiteten bereits 3.000 Männer und Frauen in Niehl und produzierten Kunstseide und Zellwolle, die insbesondere für die deutsche Rüstungswirtschaft von großer Bedeutung waren. In den Kriegsjahren ging die Produktion fast unvermindert weiter, denn das Werk bemühte sich intensiv um Zwangsarbeiter. Zuerst wurden jüdische Frauen und Männer aus Köln und Umgebung zur Arbeit verpflichtet, später kamen Ostarbeiter, aber auch Franzosen und Belgier hinzu. Im Krieg wurde die Fabrik nur wenig zerstört und deshalb konnte die Produktion nach 1945 schnell wieder

Verwaltungsgebäude der Glanzstoff-Fabriken

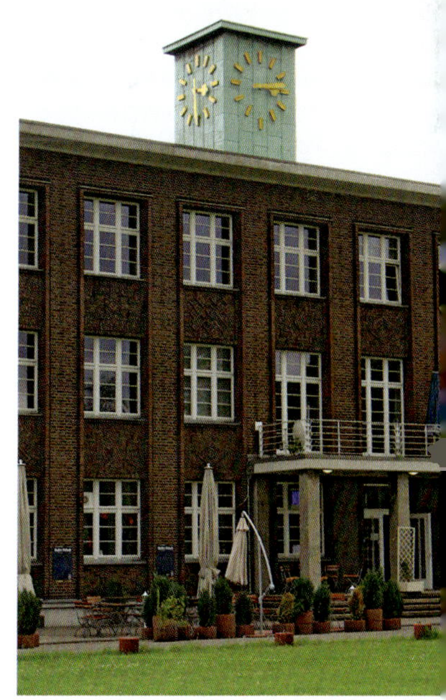

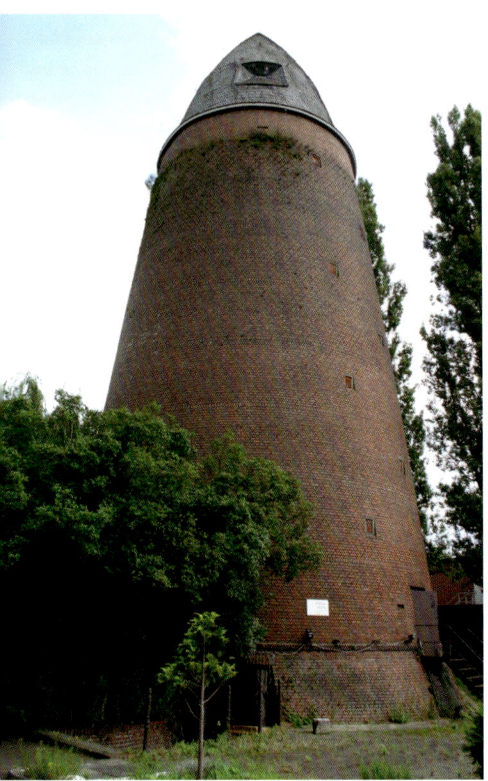
Luftschutzbunker oberirdisch: der Winkelturm

aufgenommen werden. Heute ist von der ursprünglichen Bebauung kaum noch etwas vorhanden, neben dem Direktionsgebäude noch die Werkseinfahrt und der markante Luftschutzturm, ein wenig abseits vom KÖLNPFAD an der „Neusser Landstraße“. Auf dem Weg dorthin kommen wir an der „Kantine“ vorbei, stadtbekannt und beliebt für Disco, Party, Konzerte – manchmal auch im Biergarten –, insbesondere bei der Generation der über Dreißigjährigen. Entstanden ist der Kulturbetrieb in Nippes, in der Kantine (daher der Name) des ehemaligen Eisenbahnausbesserungswerks. Als das Fabrikgelände mit Wohnhäusern bebaut wurde, zog die Kantine 2003 auf das Glanzstoffgelände – in das ehemalige Kasino des Werks. Einen kurzen Abstecher vom KÖLNPFAD lohnt der „Winkelturm“, ein 1940 erbauter, 29 Meter hoher Luftschutzturm, den der in Köln geborene Konstrukteur Leo Winkel (1885 bis 1981) erdacht hat. Der zigarrenförmige Schutzraum bot bis zu 628 Personen Platz und war, im Gegensatz zu den sonst üblichen Bunkern, nicht versteckt unter die Erde gebaut worden, sondern ragte hoch in den Himmel. Die Form einer Betonzigarre sollte vergleichsweise wenig Angriffsfläche bieten und selbst Volltreffer sollten an ihr abgleiten und der Explosionsdruck sich in der unverbauten Umgebung entladen. Winkels Idee hat offensichtlich funktioniert, denn der Turm

steht noch und auch im Inneren ist das mit Backsteinen verkleidete Betonrelikt aus Kriegstagen noch sehr gut erhalten. Einmal im Monat kann der Hochbunker im Rahmen einer Führung besichtigt werden.
Das nächste Stück des KÖLNPFADs führt durch ausgeprägtes Industriegelände. Wo früher allerdings produziert wurde, befinden sich mittlerweile Speditionen oder andere Dienstleister und zur bunten Mischung in den alten Gebäuden gehören auch große Festsäle für türkische Hochzeiten. Ein Dienstleister versüßt uns dabei den Weg. Es ist die Bäckerei „Merzenich“, die an der „Bremerhavener Straße“ in ihrer Backstube mit rund 100 Mitarbeitern Brot, Brötchen, Teilchen und Torten für ihre 26 Filialen in und um Köln produziert.
Die Geschäfte mit dem sonnengelben Schriftzug, vertreten an stets ausgesucht guten Standorten in den Einkaufsstraßen, gehören mittlerweile zu Köln wie Brauhäuser und Büdchen. Vorne gibt es Brot und Törtchen und weiter hinten im Laden Stehtische oder kleine Sitzecken für die unkomplizierte Tasse Kaffee und den Verzäll mit der Nachbarin oder dem Obdachlosen, der sich vor der Tür das Geld für seinen Kaffee zusammengeschnorrt hat.
Zwar gibt es die Bäckerei „Merzenich“ in Köln schon seit 1896. Aber erst der Enkel Fritz des Firmengründers Bernhard Merzenich vergrößerte gezielt das Familienunternehmen und testete 1974 im urkölschen Veedel am Eigelstein die Idee einer „Kaffeebud“: Bäckerei mit Stehcafé inklusive Blick nach draußen auf die belebte Einkaufsstraße. Damit hatte Fritz Merzenich ins Schwarze getroffen, denn diese Kombination entspricht dem Kommunikationsbedürfnis der Kölner und sorgt bis heute für anhaltenden geschäftlichen Erfolg. Laut eigenen Angaben begründete Merzenich damit die Bäckerei-Stehcafé-Kultur in Deutschland.
Den Fabrikverkauf – neudeutsch auch factory-outlet – gibt es allerdings nur an der „Bremerhavener Straße“ montags bis freitags ab vier Uhr (!) in der Frühe, jedoch lediglich bis zur Mittagszeit. Aber bei 25 Prozent Rabatt schmeckt auch der Bienenstich kurz vor zwölf noch mal so gut. Wer an dieser Stelle über die Stränge geschlagen hat, kann an der Kreuzung „Emdener Straße“/„Bremerhavener Straße“ den KÖLNPFAD abkür-

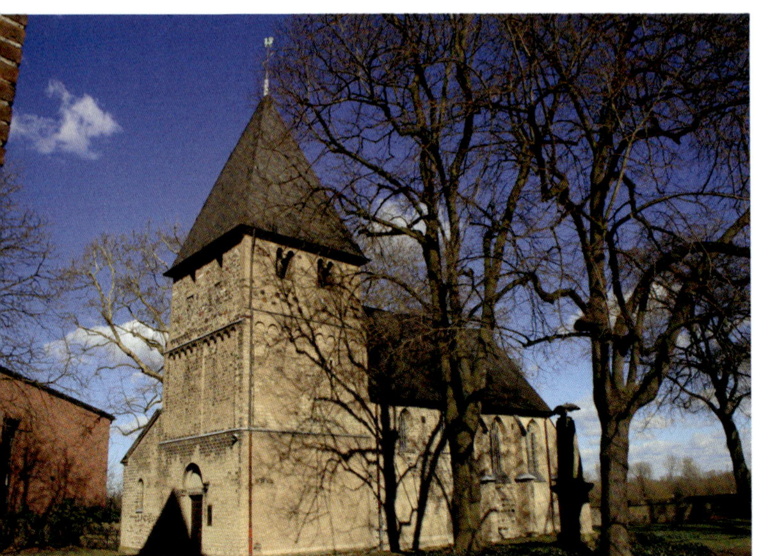

Alt-St. Katharina, das Niehler Dömchen

zen. Hier, an der Haltestelle „Niehl“, verkehrt die KVB-Linie 12, die ins Zentrum fährt.

Gut gestärkt für den Rest des Wegs erreichen wir den Rhein und den alten Teil des ursprünglichen Fischerdorfs Niehl. Nach wenigen Schritten auf dem „Niehler Damm“ hoch über dem Fluss steht auf der gegenüberliegenden Straßenseite, ein wenig geduckt unter großen Laubbäumen, die Kirche Alt-St. Katharina. Zusammen mit dem Pfarrhaus, einem Kriegerdenkmal, den Resten des Kirchhofs und der angrenzenden Grundschule bildet der Platz eine kleine Idylle am Ortsrand. Geweiht wurde das „Niehler Dömchen“ 1260, erstmals erwähnt wird die „Capella“ in einer Urkunde aus dem Jahr 1236 des Stifts St. Kunibert. Und weil der romanische Westturm vermutlich aus dem 12. Jahrhundert stammt, wird sie zu den kleinen romanischen Kirchen Kölns gezählt. Das Dömchen hat im Laufe der Jahrhunderte zahlreiche An- und Umbauten erfahren und stand bis 1740 sogar 350 Meter vom Rhein entfernt. In den Unglücksjahren 1740, 1746 und 1784 mit Hochwasser und Eisgang suchte sich der Rhein ein neues Bett und machte das Gotteshaus zum Strandkirchlein. Zum Schutz vor den Eismassen erhielt der Bau bereits 1747 einen steinernen Eisbrecher, den eine

Figur des heiligen Johannes von Nepomuk zierte, der Schutzpatron der Schiffer. Der Heilige in rot-weißer Kirchenbekleidung steht immer noch auf der Kirchenmauer und thront über dem Rhein. Er trägt nach seiner Restaurierung vor einigen Jahren wieder das Täfelchen mit der Inschrift „Heiliger Johannes von Nepomuk bitt für uns. Gib uns Schutz und Hülf in Wassernöten" am Sockel. Kaum vorstellbar, dass der Fluss einmal seine Füße umspült hat.
Heutzutage fühlt man sich beim Gang über den „Niehler Damm" wie auf einem Balkon über dem mächtigen Strom und genießt von hier oben die Aussicht auf Lastkäne und Sportbötchen und die Möwen, die sich im Wind wiegen. Natürlich gehört auch ein Boot als Spielgerät auf den großen Kinderspielplatz, der sich neben einer Grünanlage auf dem Damm ausbreitet, ziemlich genau gegenüber der Gaststätte „Linkewitz", einer von Niehls ältesten und schönsten Veedelskneipen, die von einer Bürgerinitiative vor der endgültigen Schließung bewahrt und der neues Leben eingehaucht wurde. Wir wandern ein paar Hausnummern weiter und ärgern uns über die Entwicklung, die das uralte Fischerdorf – erstmals wird es 927 urkundlich erwähnt – im Laufe der letzten Jahrzehnte genommen hat. Die Fassaden der kleinen, ehemaligen Fischerhäuschen sind mit Eternitplatten verschandelt, und in

Fußgängerbrücke über den Niehler Hafen

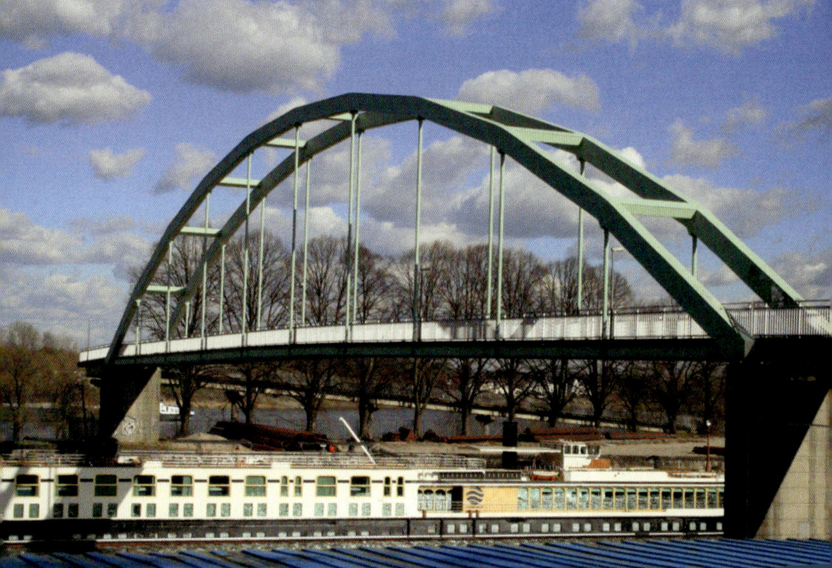

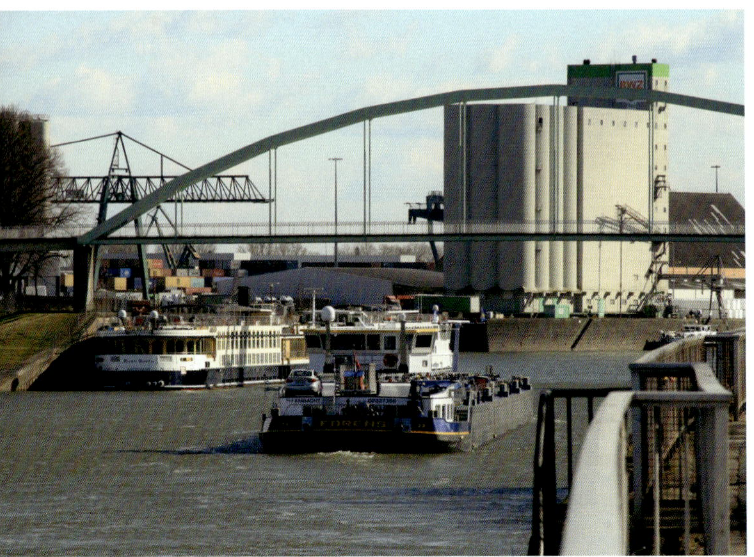

Einfahrt in den Niehler Hafen

die Lücken wurden moderne Wohnhäuser gesetzt, die mit ihrer nüchtern-strengen Architektur den krassen Gegensatz zur ursprünglichen Bebauung bilden. Kein wirklich schöner Anblick, den wir nur bis Hausnummer 81 ertragen müssen. Hier führt der Weg nach links über den Damm zur Fußgängerbrücke, die seit 1986 am Molenkopf den Niehler Hafen überspannt und die Verbindung zur Rheinaue schafft.

Auf der Brücke ist erst einmal Containergucken angesagt: Wie von Zauberhand geleitet, greift der Kran, der an der staksigen Containerbrücke hängt, einen Großbehälter aus der bunten Reihe vom Eisenbahnzug herunter, um ihn irgendwo an Land abzusetzen oder auf einen bereitgestellten Lastwagen zu hieven. Das passiert mehr als 500.000 Mal im Jahr – so viele Container werden in Kölns größtem Hafen von 14 Krananlagen verladen. Aber nicht nur von Eisenbahnzügen, sondern rund 2.000 Schiffe pro Jahr werden hier be- und entladen. Eingeweiht wurde das erste Becken 1925, die ersten Überlegungen für den „Handelshafen Niehl" reichen bis in das Jahr 1900 zurück. Aber erst nach dem Ende des Ersten Weltkriegs, ab 1922, kam der Hafenausbau in Niehl richtig in Schwung. Die Weichen dafür stellte Konrad Adenauer. Nach dem Zweiten

Weltkrieg ging der Ausbau bis 1970 weiter. Heute beträgt die gesamte Hafenfläche mit vier Hafenbecken 130 Hektar; das entspricht etwa 180 Fußballfeldern.
Am Rand des Hafengebiets steht das Heizkraftwerk Niehl des Energieversorgers RheinEnergie. Die Anlage mit Kraft-Wärme-Koppelung versorgt weite Teile des Stadtgebiets mit Strom und Fernwärme. Wer Glück und Geduld hat, kann hier Wanderfalken beobachten, die seit vielen Jahren auf dem Schornstein brüten.
Eindeutig fasziniert bei diesem Stück KÖLNPFAD zwischen Rhein und Hafenbecken allerdings weniger die Natur als das ausgedehnte Hafengelände mit seinen hohen Silos, den Kohlehalden und den bunten Containern aus aller Herren Länder.
So nebenbei hat sich bei unserem Weg entlang der Straße – die erst „Am Molenkopf" und später dann „Niederländer Ufer" heißt – die breite Rheinaue verändert. Wiese ist Pappeln gewichen – wir befinden uns im Cranachwäldchen. Das Gehölz hat allerdings nichts mit dem Maler Lucas Cranach zu tun, sondern erinnert an Ludwig Otto Lucas von Cranach (1818–1894). Der preußische Kommandeur hat sich als Gouverneur der Festung Köln um die Gestaltung des Festungsrayons gekümmert. Das Cranachwäldchen war immer schon Treffpunkt von schwulen Männern auf der Suche nach dem richtigen Partner. Mittlerweile ist die Jagd nicht mehr so intensiv wie in den zurückliegenden Jahrzehnten. Jetzt ist eher Nacktbaden am Rhein angesagt.

Container für die ganze Welt stehen parat.

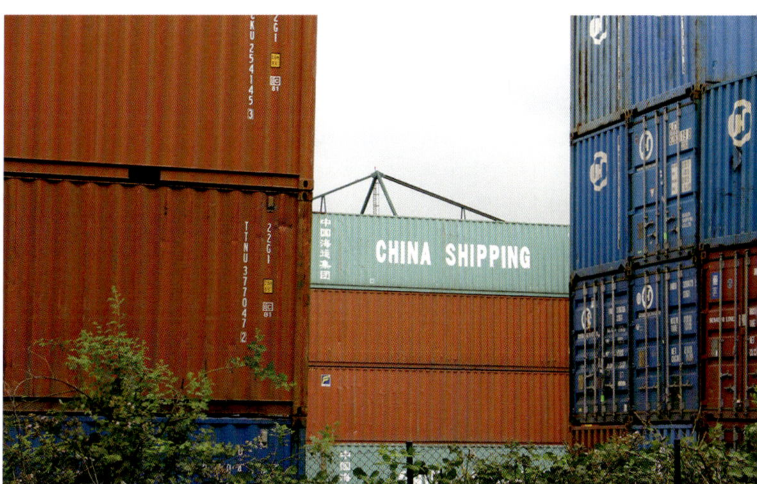

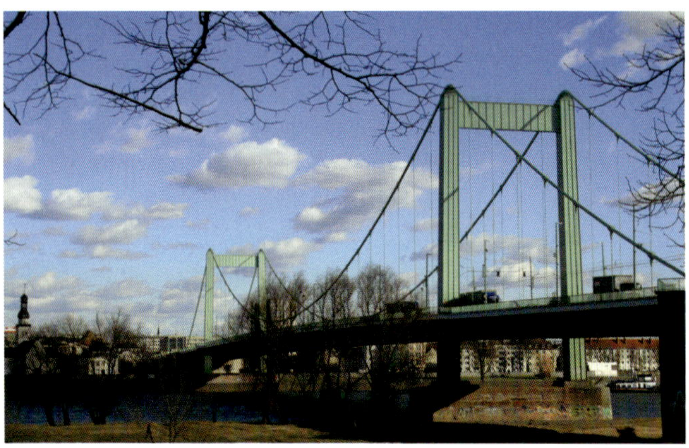

Mülheimer Hängebrücke von 1929, wieder aufgebaut 1951

Auch vier Kilometer Pflasterweg – so lang ist die Entfernung zwischen Molenkopf und Mülheimer Brücke – gehen einmal zu Ende und langsam tauchen über den wieder vereinzelt stehenden Bäumen am Rheinufer die grünen, filigranen Türme der Mülheimer Brücke auf. Einerseits erscheint uns die mächtige Brücke imposant ob der ingenieurtechnischen Leistung, andererseits ist der Übergang über den Rhein für uns zu einer bequemen Selbstverständlichkeit geworden. Denn acht Brücken überspannen im Stadtgebiet den breiten Fluss. Um von der einen zur anderen Rheinseite zu gelangen, brauchen wir keine großen Umwege zu machen. Im 19. Jahrhundert explodierte der Brückenbau. Vor knapp 200 Jahren – genauer gesagt 1822 – existierte von Köln nach Deutz die erste stehende Brücke. Zuvor gab es rund 150 Jahre eine „fliegende Brücke", aber bereits die Römer unter Kaiser Konstantin hatten um 310 die erste Brücke von Köln nach Deutz gebaut. 1859 gab es mit der Dombrücke die erste feste Eisenbahn-Rheinbrücke. Vorläufer der Mülheimer Hängebrücke – die 1929 zur weitestgespannten Hängebrücke Europas zählte – war die Mülheimer Schiffsbrücke, die am 28. Mai 1888 dem Verkehr übergeben wurde. Drei Jahre vorher hatte die Stadt Mülheim die Fahrbahn auf 40 flachen Booten, den Nachen, von der Stadt Mainz gekauft, die damals ihre erste feste Brücke in Betrieb nehmen konnte. Mit Ach und Krach hielt das gebrauchte Modell bis zum 27. Dezember 1926, dann lösten ein Unfall und Eisgang im Rhein die Verankerung und Teile der Brücke trieben ab. Schon ein halbes Jahr später fasste der Stadtrat den Beschluss, eine feste Brücke zu bauen.

Das hatte sich die Stadt Mülheim im Eingemeindungsvertrag von 1914 allerdings auch schriftlich geben lassen. Zwar befürworteten die Stadtverordneten den Bau einer Bogenbrücke für knapp zehn Millionen Reichsmark. Aber für Oberbürgermeister Konrad Adenauer galt die wesentlich teurere Hängebrücke (nämlich 16,9 Millionen Reichsmark) als persönliches Prestigeobjekt. Selbst sein Enkel schreibt noch, Opa Konrad hätte die Kommunisten mit dem Hinweis überzeugt, dass beim Bau neuer Brücken in Leningrad nur Hängebrücken als die Brücken der Zukunft und des Fortschritts galten. Na ja. Eher trifft wohl das Argument zu, dass die Hängekonstruktion der kriselnden Mülheimer Kabelfabrik Felten & Guilleaume Aufträge bescherte. Auch diese Brücke wurde im Zweiten Weltkrieg zerstört und am 8. September 1951 nach zweijährigem Wiederaufbau eingeweiht – vom damaligen Bundeskanzler Konrad Adenauer.

Auf den letzten Metern über die Brücke – die noch mindestens bis Ende 2025 saniert wird – bis zum „Wiener Platz" in Mülheim genießen wir das Rheinpanorama mit Dom und Zoobrücke, schauen an einem der 18 Meter hohen Pylonen hoch – und bewundern im Stillen Konrad Adenauer für seinen Eigensinn. Der eigentliche Verlauf des KÖLNPFADs reicht nicht bis zum „Wiener Platz", sondern der Weg führt an der ersten Treppe nach der Rheinüberquerung nach unten und wieder Richtung Fluss.

Mülheim mit (von links) der Liebfrauenkirche, der kleineren Friedenskirche und der Clemenskirche

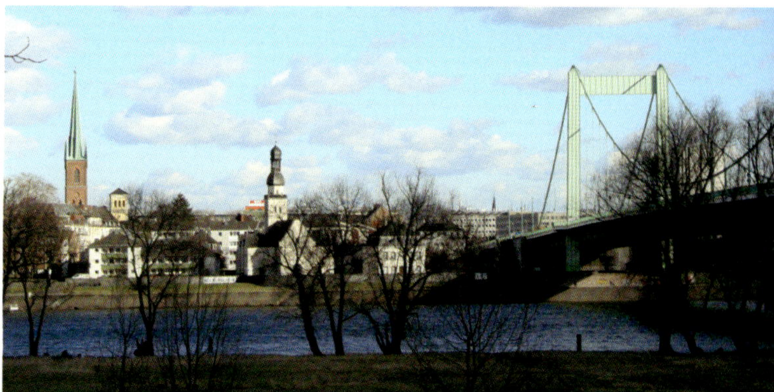

Länge: 13 Kilometer

Dauer: 3 Stunden, 30 Minuten

Profil: Flach, gut die Hälfte der Strecke verläuft allerdings auf Asphalt. Geeignet für Kinderwagen.

Anfahrt: mit der KVB-Linie 12 bis Endhaltestelle „Merkenich"

Abkürzungen:
Kilometer 6: Haltestelle „Bremerhavener Straße" auf der „Neusser Landstraße". Die Buslinie 122 erreicht in zwei Minuten die KVB-Haltestelle „Wilhelm-Sollmann-Straße".
Kilometer 7: An der Kreuzung „Emdener Straße"/„Bremerhavener Straße" befindet sich die KVB-Haltestelle „Niehl" der Straßenbahnlinie 12.

Einkehrmöglichkeiten:
Zillich's Event-Biergarten P2 (in der Nähe von Parkplatz 2)
Oranjehofstraße 106, 50769 Köln, Tel. 01 5 78-0 65 56 77

Zillich's Gastronomiebetriebe Fühlinger See
(in der Nähe der Regattastrecke)
Oranjehofstraße 103–105, 50769 Köln, Tel. 01 5 78-0 65 56 77

Olli's Casino im Reitverein Oranjehof
www.oranjehof.de/verein/reitercasino/
Neusser Landstraße 42, 50769 Köln, Tel. 02 21-70 90 70 20

Die Kantine www.kantine.com
Neusser Landstraße 2, 50735 Köln, Tel. 02 21-16 79 16 16

Gaststätte Linkewitz www.gaffel-im-linkewitz.de
Niehler Damm 179, 50735 Köln, Tel. 02 21-97 75 45 30

Café Vreiheit www.cafe-vreiheit.de
Wallstraße 91, 51063 Köln, Tel. 02 21-9 91 77 93

Da Enzo www.daenzo-ristorante.de
Regentenstraße 9, 51063 Köln, Tel. 02 21-62 34 78

Allgemeine Informationen:

Führungen durch die Fordwerke organisiert der Besucherdienst unter der Telefonnummer 02 21-90-1 99 91. Für Gruppen (35–40 Teilnehmer) beträgt die Wartezeit sechs bis acht Monate. Einzelpersonen haben gute Chancen, auch kurzfristig an einer Führung teilnehmen zu können. Sie dauert zwei bis 2,5 Stunden.

Freibad am Fühlinger See www.blackfoot.de
Stallagsbergweg 1, 50769 Köln, Tel. 02 21-16 88 18 10
Öffnungszeiten: Mai–September täglich 10–20 Uhr
Der Förderverein Fühlinger See, www.fuehlinger-see-koeln.de, kümmert sich um den Erhalt des Naherholungsgebiets.

Summerjam www.summerjam.de

Führungen durch den **Winkelturm** www.welt.unter.koeln finden jeweils am dritten Samstag im Monat statt. Informationen gibt es auf der Website. Telefonische Anmeldung ist nötig unter 01 62-7 39 95 05.

Bäckerei Merzenich www.baeckerei-merzenich.de
Bremerhavener Straße 27–29, 50735 Köln Tel. 02 21-7 12 27 01
Öffnungszeiten: Fabrikladen Mo–Fr 4–12 Uhr, Sa 4–10 Uhr

Das **Niehler Dömchen**
www.erzbistum-koeln.de/kirche_vor_ort/kirchengemeinden
ist nur freitags vor der Abendmesse um 18 Uhr geöffnet und mittwochs um 8.15 Uhr zum Schulgottesdienst. Führungen gibt es nicht. Sonderöffnungszeiten für Gruppen sind mit dem Pfarrbüro unter der Telefonnummer 02 21-71 31 82 abzustimmen.

Entenfamilie am Fühlinger See

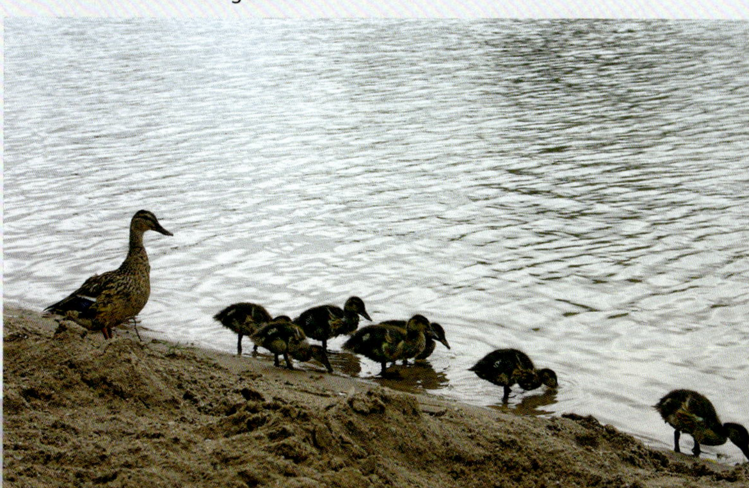

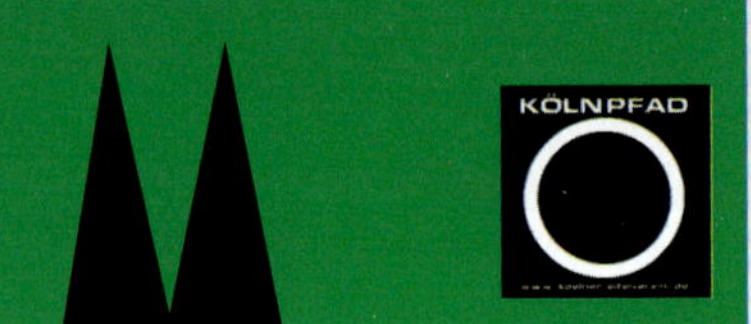

Etappe 6

Quer zum Rhein von Mülheim in den Dünnwalder Wald

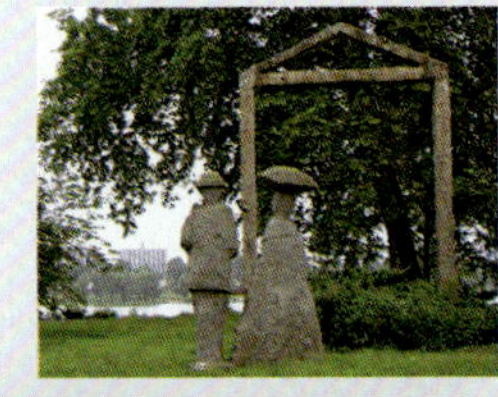

Naturschutzgebiet „Am Hornpottweg"
im Dünnwalder Wald

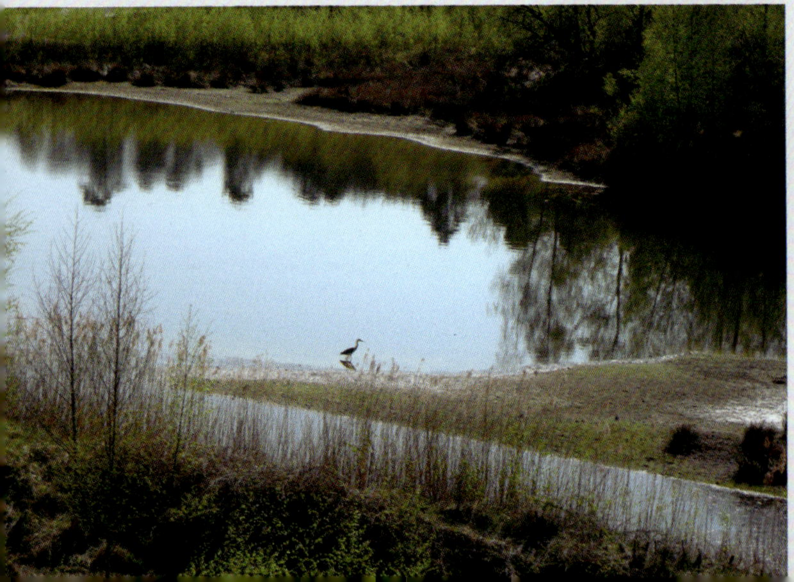

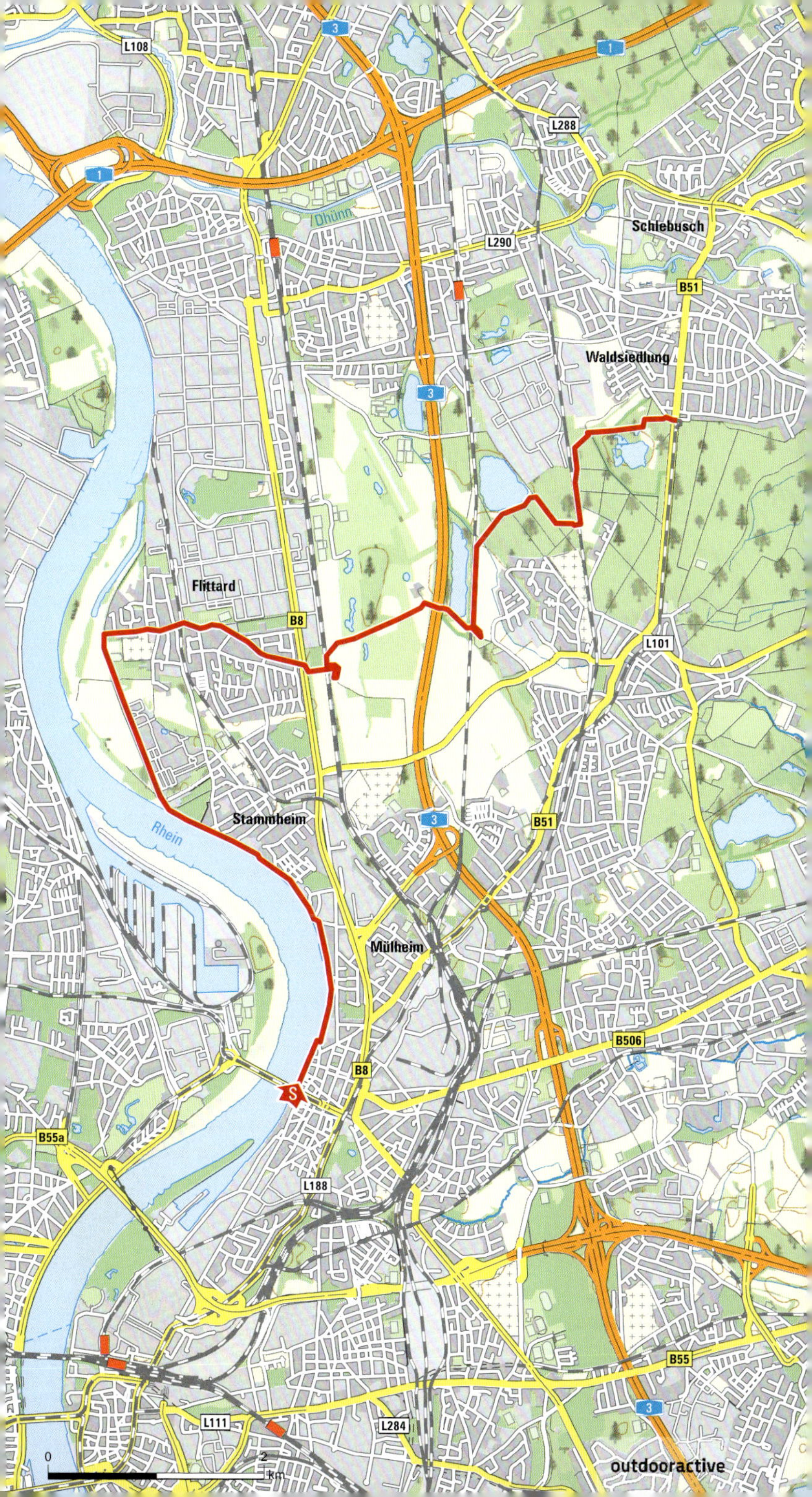

L108
3
1
L288
1
Dhünn
L290
Schlebusch
B51
Waldsiedlung
3
Flittard
B8
L101
Rhein
Stammheim
3
B51
Mülheim
B506
S
B8
B55a
L188
B55
3
L111
L284
0
2
km
outdooractive

WEGBESCHREIBUNG 6

An der KVB-Haltestelle „Wiener Platz" nehmen Sie den Ausgang „Buchheimer Straße" und folgen dieser Straße bis zur „Mülheimer Freiheit", die Sie überqueren. Sie gehen weiter geradeaus in die „Münzstraße" und bis zum Rhein. Links steht die Clemenskriche.

Am Rhein gehen Sie stromabwärts bis zum Bootshaus des „Mülheimer Wassersport e. V". Hier gehen Sie die Treppe hinauf und weiter den „Rheinuferweg" stromabwärts circa 2,5 Kilometer bis zum Stammheimer Schlosspark. (Gehen Sie an der Treppe rechts, kommen Sie in die „Krahnenstraße" und zum Brunnen der Mülheimia.)

Sie nehmen die erste Treppe, die zum Stammheimer Schlosspark führt und gehen links weiter oberhalb der Hangkante im Schlosspark parallel zum Rhein bis zur Straße „Am Stammheimer Schlosspark". Hier gehen Sie wieder links, leicht abwärts wieder zum Deich und folgen dem Weg circa 1,7 Kilometer (auch am Klärwerk entlang) bis zum Bolz- und Spielplatz von Flittard.

Am Bolz- und Spielplatz verlassen Sie den Deich nach rechts, gehen über den Parkplatz und an der Pegelsäule rechts in den Stichweg der „Hubertusstraße". Sie gehen die „Hubertusstraße" 500 Meter geradeaus, überqueren die Kreuzung „Flittarder Hauptstraße"/„Flittarder Deichweg" und wandern weiter geradeaus durch die „Evergerstraße" bis zur „Roggendorfstraße". Die „Roggendorfstraße" gehen Sie ebenfalls geradeaus bis zur „Düsseldorfer Straße".

Den Rhein im Blick

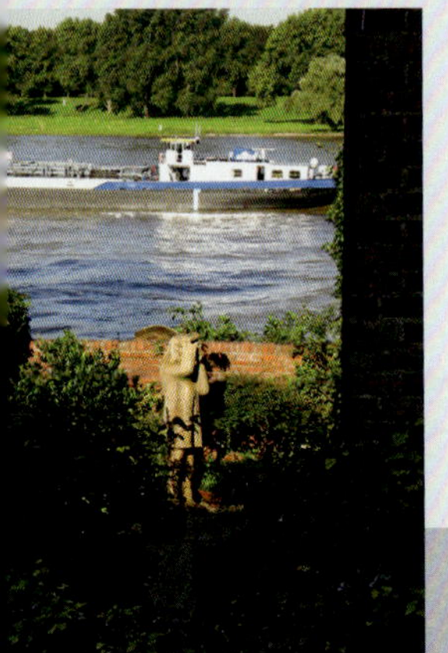

Sie überqueren die „Düsseldorfer Straße" (B 8) und gehen geradeaus in die Straße „Grüner Kuhweg". Eine Brücke führt Sie über die vierspurige Eisenbahnstrecke Köln-Düsseldorf. Am Ende der Überführung biegen Sie in der Kurve links ab. Sie gehen 100 Meter parallel zu den Eisenbahnschienen, dann knickt der Weg rechts ab.

Der Weg führt durch den Golfplatz des „Golfclub Leverkusen" bis fast zur A 3. Am Ende des Wegs gehen Sie rechts – der Weg links

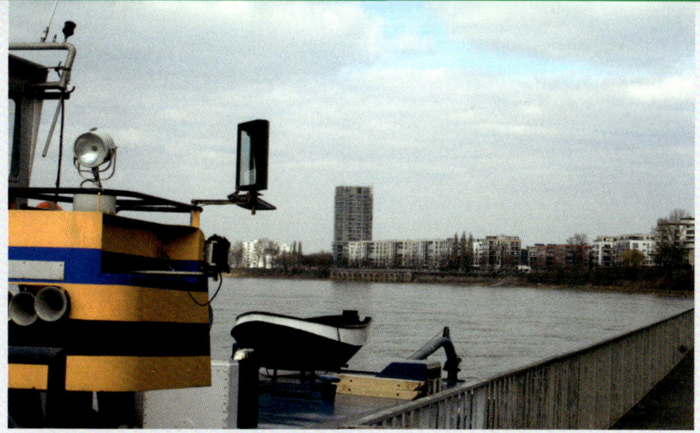

Wohnturm Opal am Mülheimer Rheinufer

führt zu einem Pferdehof – und unterqueren die A 3. Sie wandern weiter den arg lädierten Teerweg, überqueren auf einer Brücke die zweigleisige Eisenbahnstrecke nach Wuppertal und biegen beim Schäferhund-Vereinsheim scharf nach links ab. Danach gehen Sie parallel zu den Eisenbahnschienen.

Nach 600 Metern überqueren Sie auf einem Steg den Mutzbach und wandern weiter geradeaus durch den Wald, bis Sie den Baggersee erreichen. Oberhalb des Baggersees gehen Sie rechts und fast am Ende des Gewässers nehmen Sie den dritten Weg rechts. Nach 30 Metern tauchen die Markierungen des Leverkusener Rundwanderwegs (Lev) auf – hier gehen Sie nach rechts –, der bis zum Ziel in Schlebusch parallel mit dem KÖLNPFAD verläuft. Sie wandern geradeaus auf dem Waldweg, an der zweiten Abzweigung nach links und links an einem Haus im Wald vorbei.

Kurz hinter diesem Haus überqueren Sie den unbeschrankten Bahnübergang über die zweigleisige Strecke nach Opladen. Vorsicht, viel Verkehr! Hinter den Gleisen gehen Sie links knapp einen Kilometer parallel zu der Bahnstrecke, bis der Weg nach rechts abbiegt. Am Ende des Wegs gehen Sie nach rechts und erreichen das Naturschutzgebiet „Am Hornpottweg“. Der Weiher liegt rechter Hand. Sie wandern oberhalb des Weihers.

Nach der Schautafel biegen Sie in den ersten Weg links ein, nach 30 Metern am gelben Pfahl der Gasleitung gehen Sie rechts. Nach 100 Metern erreichen Sie den Parkplatz an der KVB-Haltestelle „Schlebusch“.

Von Mülheim nach Schlebusch

Zugegeben, auch die erste Etappe des KÖLNPFADs auf rechtsrheinischem Boden gehört nicht zu den attraktivsten Strecken des Rundwanderwegs. Obwohl doch mehr als fünf Kilometer Rheinufer für Kurzweil sorgen, will sich spontane Begeisterung einfach nicht einstellen. Mülheim besitzt eben nicht das mondäne Flair von Rodenkirchen; Mülheim ist bodenständiger, Mülheim ist Maloche. Das bestätigt sich auch im zweiten Teil der Etappe jenseits des Rheins, auf der wir Eisenbahnschienen, Autobahnen und noch mehr Schienen über- und unterqueren müssen – des Wanderers Maloche.

Vielleicht liegt diese sperrige Sympathie auch darin begründet, dass viele linksrheinische Kölner insbesondere Mülheim immer noch argwöhnisch beäugen, weil es nach wie vor ein unbekanntes Terrain für sie ist, auf der „schäl Sick" liegt, der falschen, der scheelen Rheinseite.

Angst vor der Konkurrenz prägte jedenfalls jahrhundertelang – bis zur Eingemeindung 1914 – das Verhältnis der Stadt Köln zum kleineren Nachbarn am anderen Ufer. Zu einer starken Stadt – als solche durfte sich Mülheim schon 1322 durch den Mülheimer Freiheitsbrief fühlen, vom 14. bis zum 17. Jahrhundert betrieb die Stadt sogar eine eigene Münzpräge – gehörte

Nepomuk hat Brücke und Dom fest im Blick.

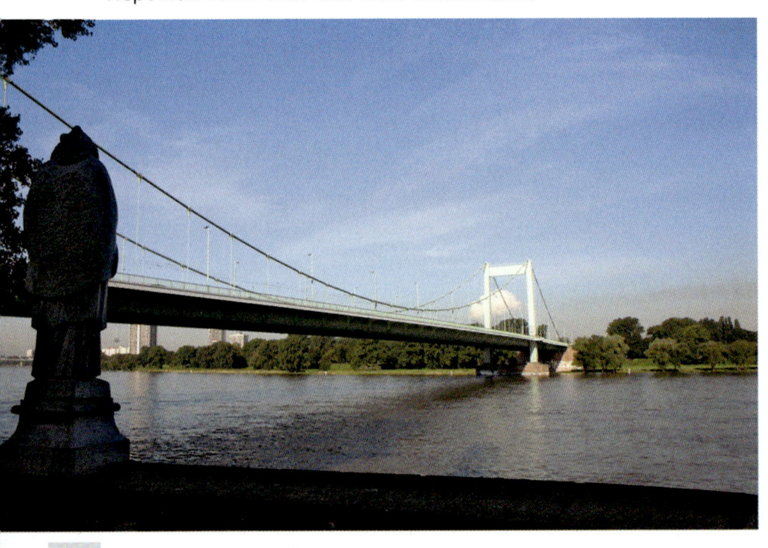

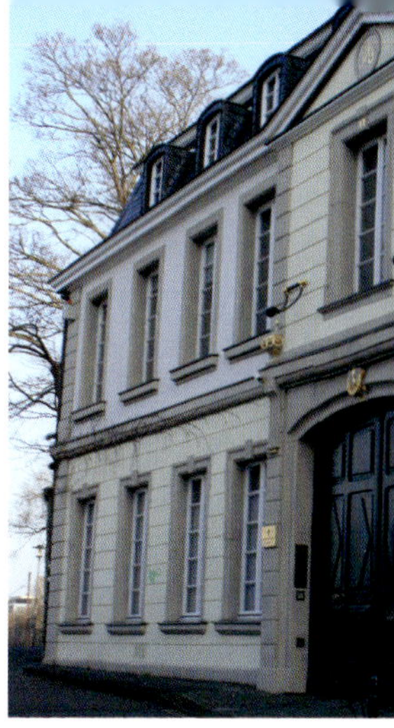

Das 1758 erbaute Haus Krahnenburg

eine Stadtmauer, die vor Überfällen schützte und wirtschaftlichen Erfolg sicherte. Den Bau einer solchen Wehranlage wussten die Kölner stets erfolgreich zu verhindern. Aber Mülheim – das erstmalig 1098 als Mulenheym erwähnt wird und seinen Namen von den zahlreichen Mühlen am Strunderbach erhielt – ließ sich nicht unterkriegen und nutzte seine wenigen Chancen. Schon im Mittelalter beispielsweise hatte die Lage am Rhein dazu geführt, dass das Kölner Stapelrecht umgangen wurde. 1259 verlieh Erzbischof Konrad von Hochstaden Köln dieses Recht, das durchreisende Kaufleute verpflichtete, ihre Waren für eine bestimmte Zeit auszuladen und den Einwohnern ein Vorkaufsrecht einzuräumen. Das hatte auch naturräumliche Gründe, denn die Strecke von Köln bis Mainz durch das enge Mittelrheintal konnten nur flachere Schiffe bewältigen im Gegensatz zu den mit mehr Tiefgang versehenen Frachtern, die im nördlichen Niederrhein verkehrten. In Köln musste umgeladen werden. Auf der schäl Sick ging das auch anders: In Porz und Zündorf beispielsweise – die wie Mülheim bis 1813 zum Herzogtum Berg gehörten – wurden die Schiffe entladen, die Waren über den Landweg bis nach Mülheim gebracht und dort wieder weiter verschifft. Damit wurde die Verpflichtung umgangen, alle Waren in Köln auszuladen. Mülheims Wirtschaft kam dieser Umweg sehr zugute. Ähnliche Wirkung hatte auch das seit 1609 im Bergischen Land geltende Recht auf freie Religionsausübung. Es führte 1714 dazu, dass neun wohlhabende protestantische Kaufleute – darunter auch Seiden- und Leinenfabrikanten –, vertrieben von der religiösen Intoleranz der Kölner, nach Mülheim übersiedelten – wieder ein Stachel im Auge des hilligen (katholischen) Köln. Sie legten den Grundstein für den wirtschaftlichen Aufschwung im 18. Jahrhundert. Einige barocke Häuser an der „Mülheimer Freiheit" und das 1758 erbaute Haus Krahnenburg in der Krahnenstraße am KÖLNPFAD gelegen, sind noch Zeugen dieser Blüte. Nicht weit entfernt von Haus Krahnen-

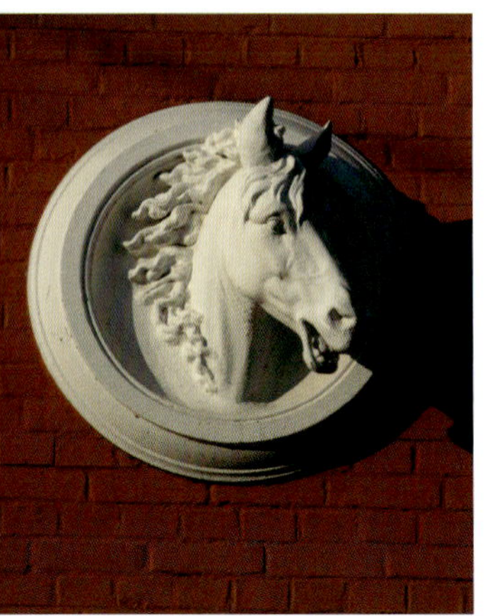

Erinnerung an die alte Pferde(straßen)bahn

burg steht der etwas kurios wirkende Stadtbrunnen „Mülheimia". Dessen Name soll zwar an die Stadtgöttin erinnern, klingt aber doch eher nach einer Fischfrau aus dem Hänneschentheater. Im Auftrag des Verschönerungsvereins entwarf der Kölner Bildhauer Wilhelm Albermann (von ihm stammen auch der Jan von Werth-Brunnen auf dem Altermarkt und die Statuen der Kölner Kunstmäzene Wallraf und Richartz) 1884 das Wasserspiel. Sicherlich beobachteten die frommen Kölner diesen „Götzendienst" im industriell aufblühenden Mülheim gewohnt argwöhnisch. Die „Pädsköpp" am Haus gegenüber erinnern daran, dass sich hier bis 1903 die Endstation der Pferdebahn von Deutz nach Mülheim befand.

Die „Mülheimer Freiheit" kreuzen wir, wenn wir vom „Wiener Platz" durch die „Buchheimer Straße" zur Clemenskirche am Rheinufer wandern – bis 2026 ist diese Wegführung wegen der Brückensanierung allerdings geändert – und auf dieser Seite der Brücke erleben wir noch einen kleinen Zipfel des alten Mülheims. Das mächtige Bauwerk zerteilt den Stadtteil in alt und neu, denn für den Bau der riesigen Rampen mussten 1927 zahlreiche alte Häuser am Rhein weichen. Zudem wurde Mülheim während des Zweiten Weltkriegs so häufig bombardiert wie keine andere Stadt außer Berlin.

Auch die weiße Clemenskirche erlitt zahlreiche Treffer und wurde erst 1952 bis 1960 vom bekannten Kölner Architekten Joachim Schürmann wieder aufgebaut. Bedingt durch eine bewegte Baugeschichte wirkt Mülheims älteste Kirche – ihre Ursprünge reichen immerhin bis ins 12. Jahrhundert zurück – recht unregelmäßig. Sie entstand als romanische Saalkirche und wurde 1692 und 1720 zu einer dreischiffigen, barock ausgestatteten Halle erweitert. 1754 kam die Vorhalle dazu, 1755 der Kirchturm mit der barocken Haube. Geweiht ist sie dem Schutzpatron der Seeleute. Das Innere des Sakralbaus überrascht heute durch seine Schlichtheit.

In den Blick rückt das Wahrzeichen von Mülheim einmal im Jahr zur großen Mülheimer Gottestracht, der Fronleichnamsprozession auf dem Rhein. Zu den Ursprüngen dieser schönen Tradition gibt es gleich drei Legenden – von einem Kirchenraub, einem toten Kind auf dem Rhein und einer Art „Erntedank" an Land und Fluss. Ebenfalls fehlen gesicherte Angaben darüber, wann der Umzug zu Lande und zu Wasser zum ersten Mal stattfand, nachgewiesen ist er seit dem 14. Jahrhundert. Nur der Weg ist klar: Nach einer Prozession durch die Straßen Mülheims geht das Allerheiligste an der Clemenskirche aufs geschmückte Schiff und weiter stromaufwärts bis zur alten Mülheimer Stadtgrenze – dort, wo heute die Zoobrücke verläuft. Hier schließen sich die Boote der Schützenbruderschaft an und der gesamte Tross mit großen und kleinen Beibooten lässt sich nach dem Segen über Stadt und Fluss zum Anleger an der Clemenskirche zurücktreiben. Seit 1935 werden sie hier vom heiligen Nepomuk begrüßt. Die erste Steinfigur des Schutzpatrons der Schiffer und Brücken stammte von Eduard Schmitz junior. Sie wurde 1992 durch eine neue Skulptur des Bildhauers Michael Pohlmann ersetzt.
Noch in Gedanken an das fröhlich-feierliche Spektakel wandern wir das Rheinufer stromabwärts (wenn die Kinder sich auf dem Spielplatz neben der Kirche ausgetobt haben), vorbei am Rhein-Gymnasium, das bereits 1830 gegründet wurde, an Gründerzeithäusern, die gewichtig über dem Rhein thro-

Clemenskirche am Rhein

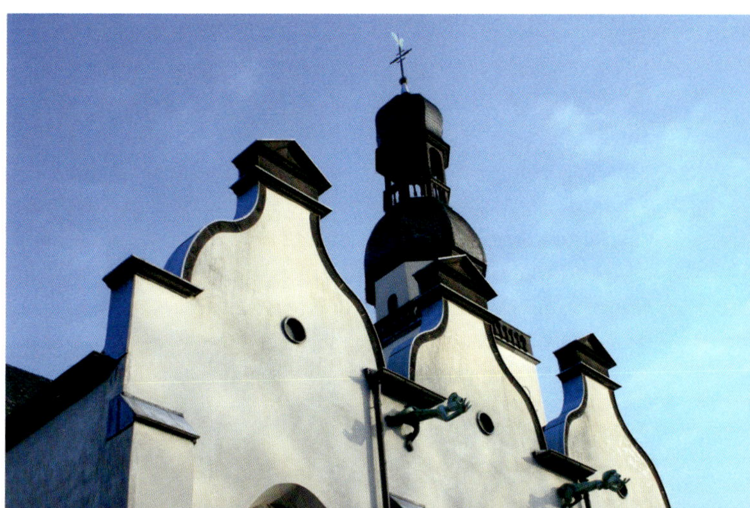

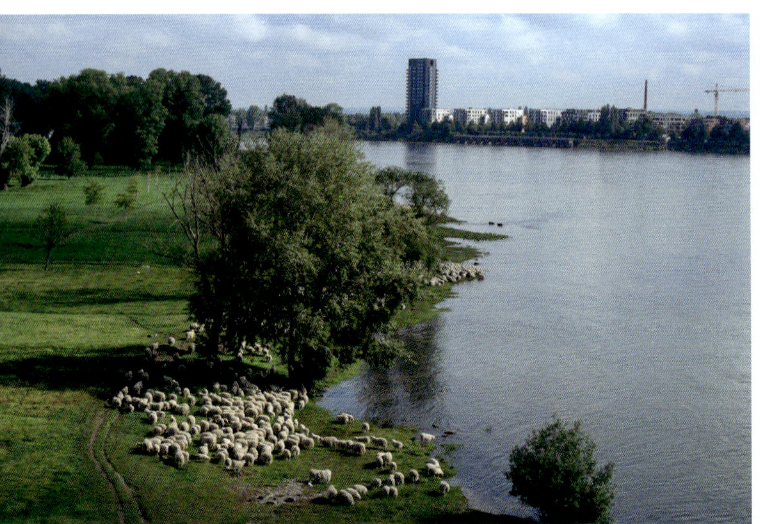

Wohnturm Opal am Rheinufer

nen, und neuen Wohnanlagen. Sie sind auf altem Industriegelände entstanden und machen den Strukturwandel Mülheims deutlich von der Maloche in die Moderne. Dazu zählt seit 2017 auch die neue Landmarke, der 67 Meter hohe Wohnturm „Opal" mit 21 Stockwerken und mehr als 100 Wohnungen. Das ist schon ungewöhnlich, denn lange Jahre wurde kein Hochhaus mehr in Köln gebaut. Es scheint, als gäben die Mächtigkeit des Doms und die Anlage der Stadt, die in Jahrhunderten gewachsen ist, Hochbauten nicht wirklich eine Chance. Nicht ungewöhnlich ist dagegen, dass das neue Wohnhaus auf der schäl Sick steht, die mehr und mehr von eingeborenen und zugereisten Kölnerinnen und Kölnern entdeckt wird. Mittlerweile gibt es auch schöne Cafés auf dieser Strecke.

Gar nicht weit entfernt vom neuen Hochhaus erinnert ein besonderes Denkmal am Rhein an die stürmische, aber nur gut 150 Jahre kurze Industriegeschichte Mülheims: die Schlackenbergwerft. Wo heute Bänke zum Ausruhen einladen und Möwen sich auf dem Geländer sonnen, standen bis zu den Zerstörungen durch den Zweiten Weltkrieg zwei Kräne, die die mächtigen Kabeltrommeln der Firma Felten & Guilleaume auf Schiffe hievten.

Die Schiffsanlegestelle mit den 14 markanten Rundbogenarkaden, die vom anderen Rheinufer ebenfalls gut zu erkennen ist, entstand 1922 auf einem Berg Schlacke. Jahrelang hatten Arbeiter des benachbarten Walzwerks Böcking (gegründet 1872) heiße Asche in den Rhein gekippt und damit einen mächtigen Berg aufgetürmt – Voraussetzung für die später firmeneigene Rheinwerft der Drahtseil- und Kabelfabrik Felten & Guilleaume (F&G). Die kaufte 1896 das Gelände der Firma Böcking. 70 Jahre vorher hatten Jakob Theodor Felten und sein Schwiegersohn Franz Carl Guilleaume die Seilerei in der Kölner Südstadt gegründet, 1874 wurde die Produktion nach Mülheim verlagert.
Heute gibt es weder Böcking noch F&G, die zu ihrer Blütezeit in den 1960er-Jahren mehr als 23.000 Arbeiter im In- und Ausland beschäftigten. Einer der fernseh-bekanntesten Malocher ist der Kölner Fred Fußbroich. Die Filmemacherin Ute Diehl drehte für den Westdeutschen Rundfunk von 1990 bis 2001 unter dem Titel „Die Fußbroichs“ über die Arbeiterfamilie eine der ersten Dokusoaps im deutschen Fernsehen – und dokumentierte damit gleichzeitig den schleichenden Untergang des einst blühenden Industrieunternehmens.

Schlackenbergwerft am Stammheimer Ufer

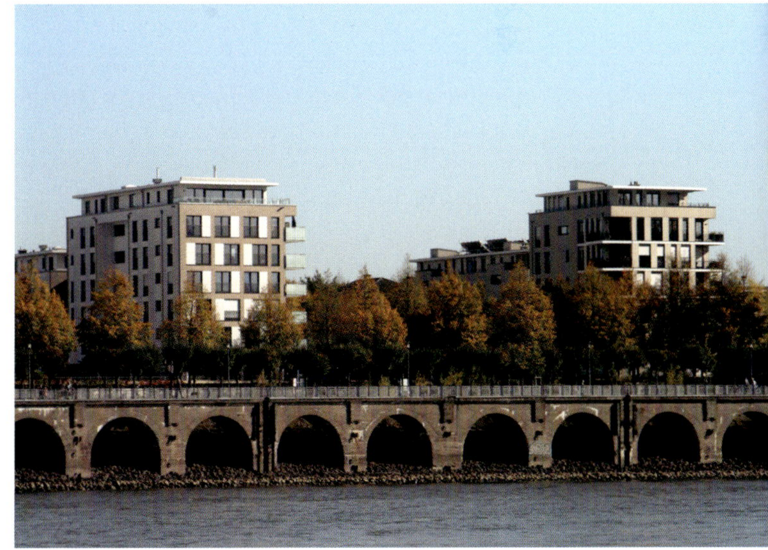

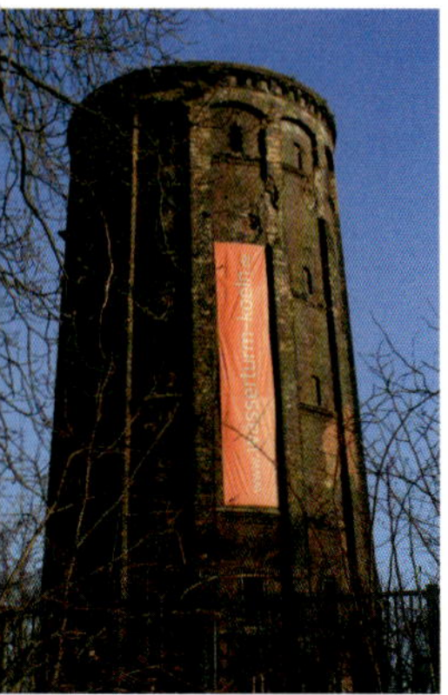

Ehemaliger Wasserturm der Rheinischen Wasserwerks-Gesellschaft

Mit jedem Schritt am Rhein entlang entfernen wir uns mehr und mehr von Mülheim und seiner Geschichte. Dazu gehört jedoch noch der in der Nähe der „Wiesdorfer Straße", schon in Stammheim stehende alte Wasserturm von 1881. Es ist der Rest eines Wasserwerks, das die Rheinische Wasserwerks-Gesellschaft am 1. Januar 1876 in Betrieb nahm und das Mülheim und Deutz, seit 1881 auch Kalk, mit Trinkwasser versorgte. Jahrzehntelang war der Backsteinbau von einer undurchdringlichen Hecke umgeben und verharrte im Dornröschenschlaf. Zwar versuchte zwischenzeitlich ein gemeinnütziger Verein das denkmalgeschützte Gebäude für ein Museum zu nutzen, doch aus den Plänen wurde nichts. Jetzt sollen hochwertige Wohnungen im und am Wasserturm entstehen. Doch auch für diese Pläne braucht es einen langen Atem.

Wir wandern weiter am „Stammheimer Ufer" entlang, das nicht erst seit der Stadtteilgrenze an der „Wiesdorfer Straße" so heißt, sondern schon seit dem Ende der „Krahnenstraße". Irgendwie ist Mülheim auch bei dieser Namensgebung zu kurz gekommen. Auf den Ursprung von Mulinheim, Mulenheim oder Molenheym als Ortschaft mit den vielen Mühlen stoßen wir noch einmal bei einem Stückchen eines Metallgeländers, das plötzlich am Rheinufer unvermittelt in der Nähe der „Hofstraße" im Wasser auftaucht, kurz bevor die „Stammheimer Hauptstraße" in den „Rheinuferweg" mündet.

Kleine Fische tummeln sich im seichten Strudel und Enten schnattern aufgeregt am Wasser. An dieser Stelle mündet – nein, nicht der Faulbach in den Rhein –, sondern ein rechtsrheinischer Randkanal aus Bergisch Gladbach. Der Faulbach mündet weiter flussabwärts in der Nähe des Rhein-Gymnasiums. Seinen Namen verdankt er nicht dem Geruch, wenn mal wieder zu wenig Wasser den Bach runterlief. Das passierte allerdings recht häufig, und der Faulbach war daher ungeeignet für Wassermühlen, was ihm den Namen „fauler Bach" einbrachte.

Die Idylle mit Fischen und Wasservögeln lässt schnell vergessen, wie gefährlich der Rhein für Mensch und Tier sein kann. Daran erinnert ein Stück der „Wiesdorfer Straße", das 2017 in „Ali-Kurt-Weg" umbenannt worden ist. Der Familienvater mit türkischen Wurzeln, der in einem der Mietshäuser am Rhein wohnte, versuchte spontan, zwei Mädchen aus dem Fluss zu retten, die beim Spielen am Ufer ins Wasser gefallen waren. Er selbst und eines der beiden Geschwister überlebten die Rettungsaktion nicht.

Nach und nach zieht sich die enge Wohnbebauung vom Rheinufer zurück und wir haben mehr Luft zum Atmen. Genau an dieser Stelle treffen sich Natur und Kultur, berührt der KÖLNPFAD den Stammheimer Schlosspark – mit Blick auf den Kölner Dom. Den von 1828 bis 1832 angelegten Park plante der königliche Gartenbauinspektor Maximilian Friedrich Weyhe für Franz Egon Graf von Fürstenberg-Stammheim. Das zugehörige Schloss gibt es seit dem Zweiten Weltkrieg leider nicht mehr.

Beim Gang durch den zwölf Hektar großen Park, auf den geschwungenen „Brezelwegen", unter alten Buchen, Eichen, Platanen, Ahorn- und Akazienbäumen, vorbei an den steinernen Wächtern – den Löwen am Parktor – scheint das 1944 durch einen Bombenangriff zerstörte Schloss noch allgegenwärtig zu sein. Wir spüren, dass der Park Bestandteil der Architektur ist, nie Parklandschaft pur war. Imaginäres Schloss mit Park, daneben der Rhein und der Blick über die Baumwipfel auf die Domspitzen vollenden sich zu einem ganz eigenen

Steinerne Löwen bewachen den Eingang zum Stammheimer Schlosspark.

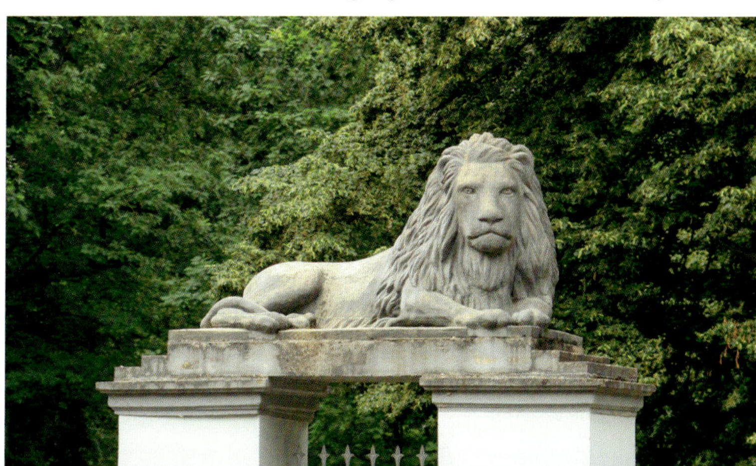

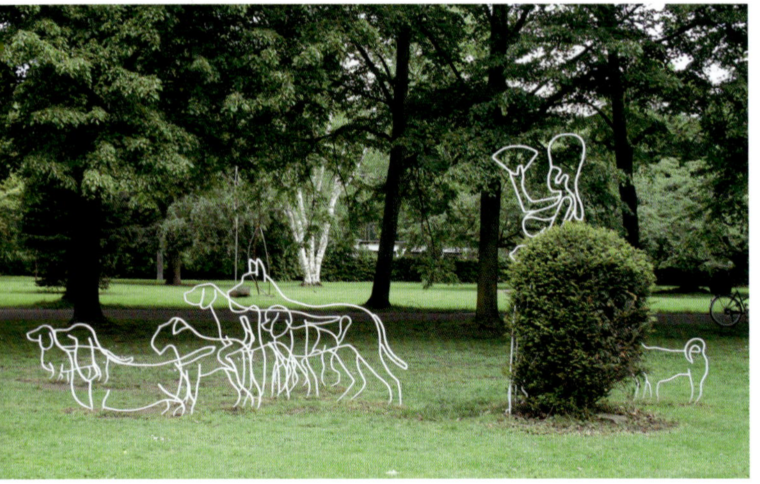

Madam mit Hunden

Panorama, von dem sich auch der Kölner Künstler Herbert Labusga inspirieren ließ. Er schuf 2002 die Skulptur „Tor mit Grafenpaar" und leistete auf künstlerischem Wege Erinnerungsarbeit an Kölns (!) ersten Ehrenbürger. 1856 erhielt Graf Fürstenberg (1797 bis 1859) diese Auszeichnung. Denn als kunstsinniger Mensch hatte er nicht nur Stammheim zu seinen Lebzeiten zum Zentrum zeitgenössischen Kunst- und Kulturlebens gemacht, sondern er engagierte sich auch im Dombauverein, der in der zweiten Hälfte des 19. Jahrhunderts die Vollendung der Kathedrale vorantrieb.

Labusgas Skulptur gehörte zur ersten Staffel der Kunstaktion „Rheinblicke-Einblicke", gegründet von der Initiative „Kultur Raum Rechtsrhein", die den Schlosspark in einen Skulpturenpark verwandelt. Seitdem sind jeweils zu Pfingsten, begleitet von einer großen Vernissage, neue Ausstellungsstücke zu sehen. Wer bereit ist, sich auf den Dialog zwischen Kunst und Parklandschaft einzulassen, dem öffnen sich immer wieder neue Ein- und Ausblicke in Natur und Kultur.

Am Rand des Parks, fast dort, wo früher das Schloss stand, befindet sich heute – verriegelt und verrammelt, beschmiert und überwuchert – der geschwungene Bau des „Ulrich-Haberland-Hauses", des ehemaligen Altenheims des Bayer-Konzerns. 1952 hatte die Bayer AG den Schlosspark erworben und das

Altenheim am Rand des Geländes gebaut. Seit 1983 ist die Stadt Eigentümerin von Park und Immobilie. Nach jahrelanger Nutzung als Studentenwohnheim und anschließendem politischen Gezerre über Um- oder Ausbau zu einem Alten- und Pflegeheim standen das denkmalgeschützte Haus und sein Grundstück sogar auf der Liste der „Regionale 2010", dem Strukturförderprogramm des Landes NRW. Doch auch aus diesen Plänen („Wohnen am Strom") wurde nichts. Das Haus, das seit 2001 leer steht, verfällt zusehends, obwohl Köln als wachsende Stadt Wohnraum braucht; auch für Studenten und ältere Menschen. Das haben die Bürgervereine von Stammheim und Flittard immer wieder, aber bisher vergeblich, versucht umzusetzen.

Den Schlosspark lassen wir hinter uns und wandern auf dem 2006 ertüchtigten Hochwasserdeich weiter flussabwärts. Sofort schieben sich fünf riesige graue Eier ins Blickfeld und verkünden eine Einrichtung, über die niemand gerne spricht, die aber alle brauchen: die Großkläranlage Köln-Stammheim. Graf Fürstenberg hatte noch nicht mit der gelegentlichen Geruchsbelästigung zu kämpfen, denn das zu den Stadtentwässerungsbetrieben gehörende Klärwerk gibt es erst seit 1953. Sein Vorläufer war eine viel zu kleine Anlage in Niehl. Trotz des neuen Klärwerks ging der meiste Driss der Kölner dennoch einfach ungeklärt in den Rhein. Die Abwässer wurden nur mechanisch gereinigt, den organischen „Rest" musste Vater Rhein schlucken. Das änderte sich erstaunlicherweise erst grundlegend 1976 mit der Inbetriebnahme der biologischen Abwasserreinigung. 1992 erfolgte der weitere Ausbau einer dritten Reinigungsstufe, die den Rhein von Phosphat und Stickstoff entlastet. Immerhin landen in der 3,6 Hektar großen Anlage (das entspricht der Größe von gut fünf Fußballfeldern) 85 Prozent der im Kölner Stadtgebiet anfallenden Abwässer. Der Rest wird in den Klärwerken Langel (Nord), Weiden, Rodenkirchen und Wahn gesäubert.

Betreten „streng unerwünscht" im Naturschutzgebiet

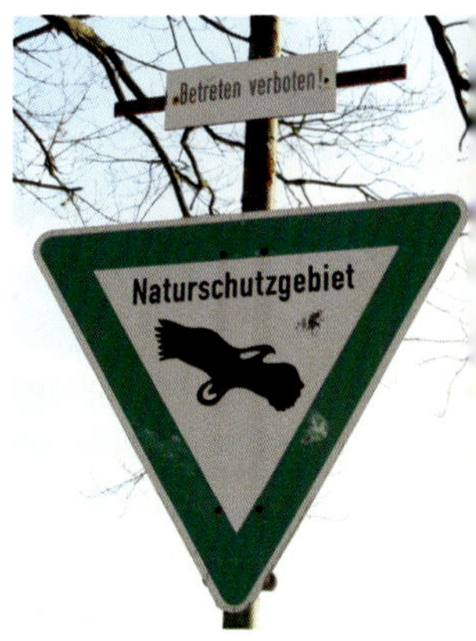

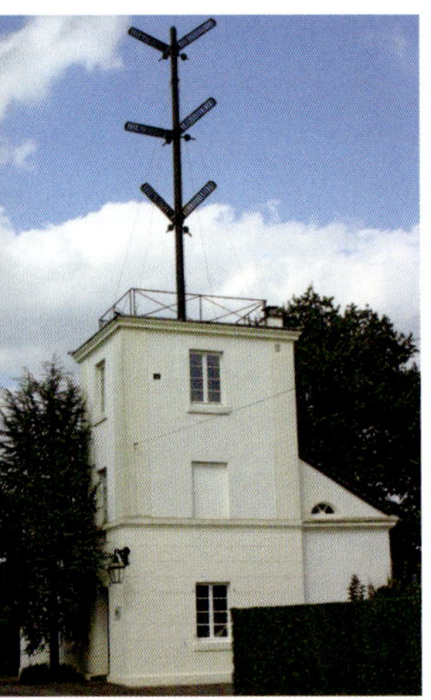

Optischer Telegraf an der Egonstraße

Wenn wir am Zaun entlangwandern, bemerken wir kaum etwas vom Schwimmschlamm-Pumpwerk, sechs Voreindickern, vier Nacheindickern, der Schlammfaulung in den grauen „Eiern" und dem ausgeklügelten Hochwasserschutzsystem, das dafür sorgt, dass unsere alten Bekannten auch in Krisenzeiten nicht wieder ungeklärt im Rhein landen. Rabenkrähen sitzen gemütlich am Rand der runden Wasserbecken, wo schon die Endreinigung unserer Abwässer stattfindet. Sie finden die Klärwerksumgebung offensichtlich interessanter als das gegenüberliegende Naturschutzgebiet „Flittarder Rheinaue", das sich vom Deich bis zum Rhein erstreckt und vom Schlosspark fast vier Kilometer rheinabwärts bis zur Leverkusener Stadtgrenze. 180 Hektar umfasst die geschützte Natur auf dieser Rheinseite und übertrifft damit um 30 Hektar das Industriegebiet der Fordwerke auf dem gegenüberliegenden Ufer. Hier darf sich bei Hochwasser der Rhein richtig ausdehnen und der Wechsel von Flut, Feucht- und Trockengebieten lässt ständig neue
Lebensräume für Tiere und Pflanzen entstehen. Der Röhrichtsaum bietet Haubentauchern, Stock-, Schell-, Löffel- und Krickenten Unterschlupf, Falken kreisen über den Auenwäldern, die zum Wasser hin durch Weiden und Erlen bestimmt sind, weiter entfernt dominieren Esche und Eiche. Diese typische Auenlandschaft macht das Gebiet so wertvoll und der Flittarder Manfred Hebborn weiß das auf seinen naturkundlichen Führungen ganz hervorragend zu erklären.

Der KÖLNPFAD führt nicht durch das Naturschutzgebiet, sondern wir dürfen die Natur nur aus der Entfernung auf dem Rheindamm beobachten – um die majestätisch einschwebenden Graureiher nicht zu stören, aber auch nicht die „Entwicklung einer strukturreichen Rheinauen-Kulturlandschaft unter Erhalt und Ausdehnung der natürlichen und naturnahen Elemente", wie es das städtische Grünflächenamt im schönsten Verwaltungsdeutsch in seinem „Pflege- und Entwicklungsplan" formuliert hat. So lassen sich auch die Obstbäume auf den ehemaligen Ackerflächen erklären und die Kühe, die im Naturschutzgebiet grasen dürfen. Denn die Grünlandnutzung hat in der Flittarder Rheinaue eine lange Tradition. 1894/95, beim Bau des Rheindamms, wurde die Aue zwar auf die Hälfte ihrer Breite reduziert, was aber einen Segen für die Flittarder bedeutete, die bis dahin ungeschützt den regelmäßig wiederkehrenden Rheinfluten ausgeliefert waren. Dieser Umstand spiegelt sich auch im Namen Flittard, Flithard oder Flithert wider, der „fließende Erde" bedeutet. An den Bau des Rheindamms erinnert die vom Bürgerverein 1995 errichtete Pegelsäule direkt hinter dem Deich in der „Hubertusstraße". An dieser Stelle verlassen wir den Rhein, wandern vom Fluss weg die „Hubertusstraße" entlang und erreichen den alten Ortskern mit der katholischen Kirche St. Hubertus. Deren Ursprung reicht bis ins Jahr 989 zurück. Die alte Schule nebenan ist bedeutend jünger, sie wurde 1876 erbaut. Den Schulhof ziert seit der 1.000-Jahrfeier 1989 eine Säule des Stammheimer Künstlers Fritz Schmitz, die auf Steintafeln die Geschichte Flittards erzählt. Schräg gegenüber der Schule steht noch der alte Bongartzhof, der schon im Mittelalter existierte. Das jetzige Gebäude trägt allerdings die Zahl 1715. Damals wurde der Hof wieder aufgebaut, nachdem plündernde Soldaten Ende des 17. Jahrhunderts die Hofanlage angezündet hatten.

Der alte Bongartzhof

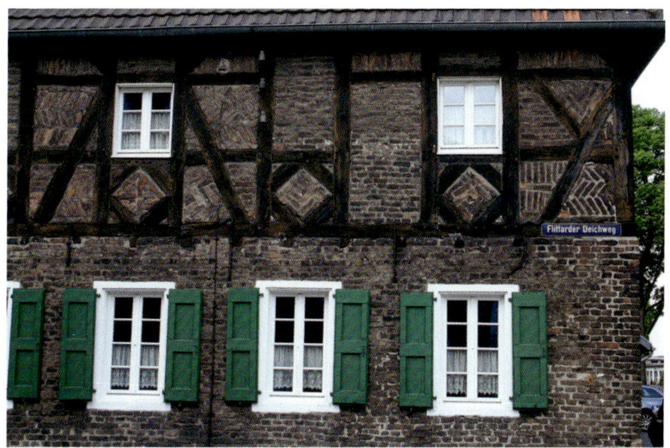

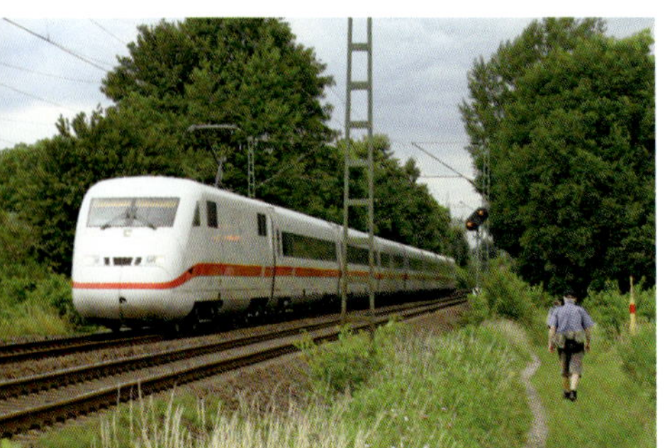

Wandern entlang der Eisenbahnschienen

Schon seit vielen Jahren betreibt das Ehepaar Dammann, das die Felder rund um Flittard bewirtschaftet, seinen Hofladen mit Produkten aus eigenem Anbau.
Wir wandern weiter gen Osten und überqueren die Schienen der Bayerbahn. Kurz dahinter steht ein alter Bildstock aus dem 15. Jahrhundert. Das „Hillijehüüsje" markiert die Stelle, an der bis vor wenigen Jahrzehnten das Rheindörfchen Flittard zu Ende war. An diesem Punkt lässt sich der KÖLNPFAD per Bus abkürzen.
Allerdings muss hier noch unbedingt auf eine Sehenswürdigkeit hingewiesen werden, die sich jedoch 500 Meter vom KÖLNPFAD entfernt befindet, dort, wo die „Edelhofstraße" zur „Egonstraße" wird. Der Ausflug zum blütenweiß gestrichenen Haus mit dem optischen Telegraf auf dem Dach lohnt allemal. 1832 errichtet, bis 1848 in Betrieb, 1973 rekonstruiert, gehörten die „Holzlatten" zu einem ausgeklügelten System der Nachrichtenübermittlung quer durchs Königreich Preußen. Innerhalb von zwei Stunden ließen sich mithilfe der Signalmasten und einer codierten Zeichensprache von Koblenz nach Berlin Staatsdepeschen verschicken. Auf dieser Strecke von knapp 550 Kilometern gab es insgesamt 61 Stationen, Nummer 50 in Flittard stand zwischen dem Telegraf in Schlebusch und dem auf dem Hauptturm der Kirche St. Pantaleon in der Kölner Südstadt. Früher gehörte der Flittarder Telegraf als Außenstelle zum Stadtmuseum, inklusive einer kleinen Ausstellung. Doch die Stadt hat die Immobilie verkauft und der Telegraf wird als Privathaus genutzt, das leider nur noch von außen besichtigt werden kann.
Beim langen (Pflaster-)Weg über die „Roggendorfstraße" durch den neuen Teil von Flittard kommen wir an zahlreichen Häusern vorbei, die die Bayer AG in den 1950er- und -60er-Jahren für ihre Mitarbeiter bauen ließ. Das Hotel „Friends" an der „Düsseldorfer Straße" war früher ein Gästehaus der Bayerwerke.

Wir merken schon: Für den unaufhaltsamen Aufstieg des Chemie-Riesen aus dem benachbarten Leverkusen bedeuteten Gemeindegrenzen keine wirklichen Barrieren. Schon 1909 erhielt die Gemeinde Wiesdorf (heute ein Stadtteil von Leverkusen) ein 27 Hektar großes Grundstück von den Gemeinden Flittard und Stammheim, die beide erst 1914 nach Köln eingemeindet wurden. Das Gelände war zuerst nur zum Bau von Wohnungen für die Arbeiter und Angestellten der Bayer AG gedacht, die 1912 endgültig von Wuppertal nach Leverkusen übergesiedelt war. 1925 fusionierte das Unternehmen mit BASF und den Farbwerken Hoechst zur „I. G. Farbenindustrie AG“. Ab 1951 hieß es dann wieder Bayer AG und setzte zum wirtschaftlichen Höhenflug an. Heute ist das Gebiet entlang der „Düsseldorfer Straße“ Teil des „Chemparks“ und der Konzern produziert längst nicht mehr selbst dort, sondern vermarktet seit 2001 als Dienstleister Grundstück und Einrichtungen an andere Unternehmen der Chemieindustrie.
Wir überqueren die „Düsseldorfer Straße“ und starten zum zweiten Teil der Etappe. Der führt zwar durch viel Grün, aber ein richtiger Wanderrhythmus will sich nicht einstellen. Denn der Weg wird von drei Schienensträngen und der wichtigen Autobahnverbindung ins Ruhrgebiet durchschnitten. Köln wird eben nicht umsonst als (Verkehrs-)Drehkreuz des Westens bezeichnet und das lässt sich lautstark am KÖLNPFAD erleben.

Brückchen über den Mutzbach

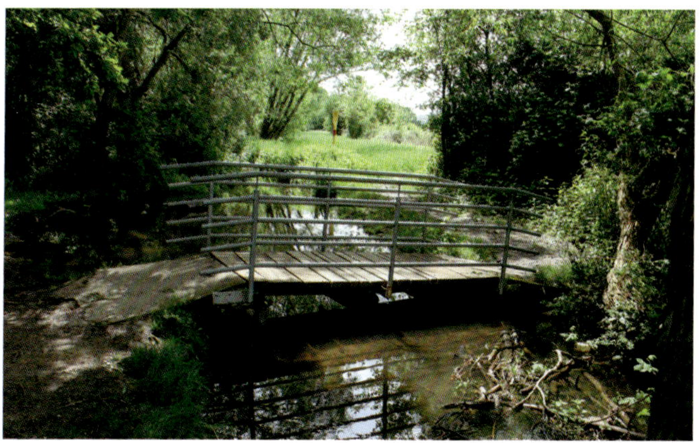

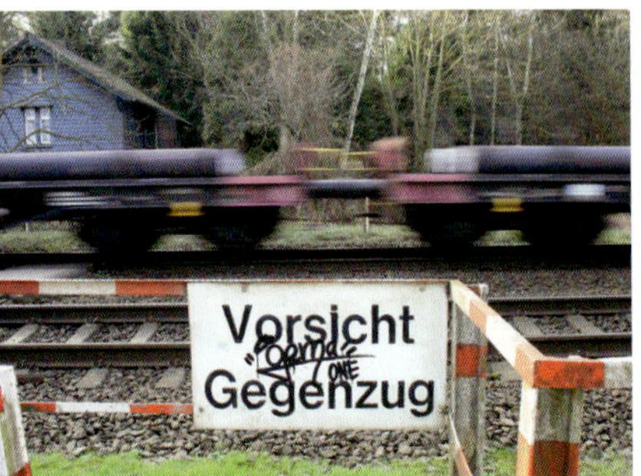

Vorsicht an den Bahngleisen

Dafür werden wir gleich mit zwei Naturschutzgebieten belohnt. Denn zwölf der 21 Schutzzonen auf Kölner Stadtgebiet liegen im Rechtsrheinischen.

Doch kurz hinter der „Düsseldorfer Straße", nachdem wir gerade die ersten Bahngleise (der Strecke Köln–Leverkusen) überquert haben, gibt es noch einen bemerkenswerten, wenn auch unsichtbaren Punkt am KÖLNPFAD, der deutschlandweit einmalig ist: Hier kreuzen sich Längengrad (7° östlicher Länge von Greenwich) und Breitengrad (51° nördlicher Breite) auf (Kölner) Stadtgebiet. Alle übrigen, derartigen Kreuzungspunkte liegen irgendwo in der deutschen Walachei. Zur (kölschen) Orientierung: Genau 111 Kilometer weiter nördlich berührt der 52. Breitengrad gerade den Stadtrand von Bielefeld und 111 Kilometer weiter südlich reicht der 50. Breitengrad an das Stadtgebiet von Mainz heran.

Aber es gibt noch eine Kuriosität mehr am Etappenrand: Wir wandern quer über den 18-Loch-Golfplatz des „Golfclub Leverkusen", der allerdings auf Kölner Grund und Boden liegt. Unterwegs (leider ohne Hinweistafel erster Weg nach den Schienen) zweigt ein circa zwei Kilometer langer Wanderweg ab zum „Japanischen Garten" in Leverkusen – der auch noch auf Kölner Stadtgebiet liegt. Die 15.000 Quadratmeter große Gartenlandschaft hatte Carl Duisberg, Aufsichtsratsvorsitzender der IG Farben, Mitte der 1920er-Jahre als Erweiterung seines Privatgartens anlegen lassen. Der Bau des Bayer-Hochhauses führte 1960 zur Verlagerung dieser Gartenanlage auf Kölner Stadtgebiet – ein klarer Fall von „Man muss auch jünne künne" (also gönnen können).

Nach der Unterquerung der Autobahn führt der KÖLNPFAD am 27 Hektar großen Naturschutzgebiet „Grüner Kuhweg" vorbei, das eingeklemmt zwischen Autobahn und Eisenbahnstrecke nach Wuppertal (es ist die zweite Eisenbahnstrecke, die wir überqueren) liegt. Es ist eingezäunt und so wunderbar

zugewachsen, dass kein Mensch mehr auf die Idee kommt, das Gewässer der alten Kiesgrube zu betreten, das insbesondere im Winter Rast- und Ruheplatz für durchziehende Wat- und Entenvögel ist. Das zweite Naturschutzgebiet „Am Hornpottweg" erreichen wir am Schluss der Etappe.
Weiter führt der Weg über den Mutzbach, dem im späteren Verlauf des KÖLNPFADs sogar ein eigenes kleines Naturschutzgebiet gewidmet ist, zum nächsten Gewässer, dem Von-Diergardt-See, einem ehemaligen Baggerloch. Schwimmsachen benötigen wir für ein Bad im See mit dem sandigen, teils steilen Ufer nicht unbedingt, denn an seiner südöstlichen Ecke ist textilfreies Baden und Sonnen angesagt.
Und hier, in der Nähe des Sees, treffen wir wieder auf Spuren des Nachbarn Leverkusen, denn der KÖLNPFAD und der 60 Kilometer lange Wanderweg „Rund um Leverkusen" verlaufen jetzt gemeinsam bis zum Ende unserer Etappe in Dünnwald. Wenige Schritte vom Baggersee entfernt haben wir endlich die dritte und letzte, allerdings unbeschrankte Eisenbahnstrecke vorsichtig überquert und erreichen End- und Höhepunkt der sechsten Etappe, das Naturschutzgebiet „Am Hornpottweg", ein Vorzeigeobjekt des NABU in Köln. Wer mag, kann sich zuvor noch im Gasthaus „Waldschenke" stärken, das nur einen kurzen Fußweg entfernt von den Gleisen liegt, mitten in der ältesten Arbeitersiedlung im Rheinland, der Kunstfeldsiedlung. Mittlerweile ist der Stacheldraht, der jahrelang die 17 Hektar große Kernzone des wertvollen, seit 1983 bestehenden Naturschutzgebiets umgab, einem Elektrozaun gewichen. Er hält die beiden Wasserbüffel im Zaum, die sich seit Frühjahr 2020 um den Landschaftsschutz kümmern. Fritz und Pudding sind Abkömmlinge einer Herde aus der Wahner Heide und helfen mit ihrer Fresslust dabei, insbesondere auch die Feuchtgebiete von unerwünschten Bäumen und Sträuchern frei zu halten, sodass nicht nur im und am Wasser, sondern auch auf den Inseln und am Rand der ehemaligen Kiesgrube die verschiedenen Biotope wie Feuchtgebiete, Trockenrasen, Heckensäume und Wälder erhalten bleiben. Wie schön, dass das Naturschutzgebiet so nah an der Endhaltestelle „Schlebusch" der KVB-Linie 4 liegt, dem Ende der sechsten Etappe. So ist auch eine interessante Stippvisite ohne lange KÖLNPFAD-Wanderung möglich.

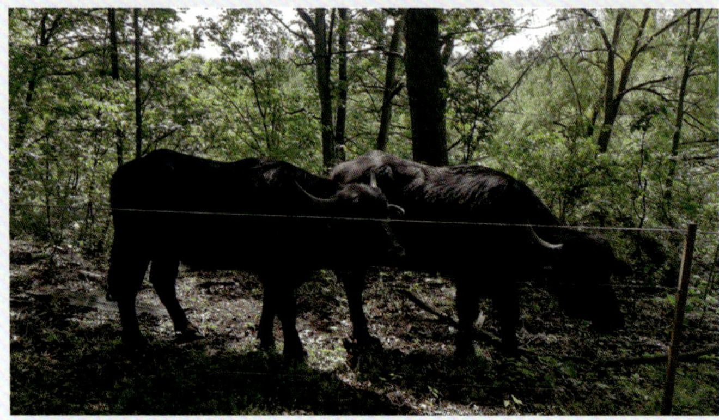

Wasserbüffel pflegen das Naturschutzgebiet am Hornpottweg

Länge: 14 Kilometer

Dauer: 3 Stunden,
30 Minuten

Profil: Flach, der größte Teil der Strecke führt allerdings über asphaltierte Wege. Geeignet für Kinderwagen.

Anfahrt: mit den KVB-Linien 4, 13 oder 18 bis Haltestelle „Wiener Platz“

Abkürzung:
Kilometer 7,5: In Flittard die Haltestelle „Edelhofstraße“ der Buslinien 151 und 152, die 21 Minuten benötigen bis zum „Wiener Platz“ in Mülheim.

Einkehrmöglichkeiten:

Kaffeebud am Bootshaus der Wassersportfreunde Neptun
www.barcarrosse.de
Stammheimer Ufer, 51063 Köln

Komm Rhein www.ssm-koeln.org
Düsseldorfer Straße 74, 51063 Köln, Tel. 02 21-6 40 31 52

Bootshaus Gastronomie www.rthc.de
Am Stammheimer Schlosspark 20, 51061 Köln, Tel. 02 21-6 64 03 31

Waldschenke www.waldschenke-koeln-duennwald.de
Am Kunstfeld 41, 51069 Köln, Tel. 02 21-97 77 16 99

Stadtgrenzschänke
Mülheimer Straße 140, 51375 Leverkusen, Tel. 0 15 73-5 26 49 49

Allgemeine Informationen:

Clemenskirche, Mülheimer Ufer 3, 51063 Köln
Die Clemenskirche ist nur sonntagsabends um 18.30 Uhr zur Messe geöffnet oder im Rahmen der Kunstausstellungen, die das „Kunstforum St. Clemens" regelmäßig im Gotteshaus veranstaltet. Informationen gibt es über die Homepage **www.kunstforum-st-clemens.de**.

Naturkundliche Wanderungen durch die Rheinaue und den Schlosspark veranstaltet der Bürgerverein Köln-Flittard **www.koeln-flittard.de** gemeinsam mit Manfred Hebborn. Mehr Informationen zur Kunst im Stammheimer Schlosspark gibt es auf der Homepage **www.schlosspark-stammheim.koeln**.

Führungen durch die Großkläranlage (Egonstraße, 51061 Köln) werden nur auf Anfrage durchgeführt. Bitte das Kontaktformular auf der Homepage nutzen **www.steb-koeln.de/service/formulare/formulare.jsp**.

Das Wasserforum **www.wasserforum-koeln.de** ist ein gemeinnütziger Verein, der die Bedeutung der lebenswichtigen Ressource Wasser vermitteln will und mit der Umweltschule „Villa Öki" einen außerschulischen Lernort auf dem Gelände des Großklärwerks bietet. Auskünfte darüber gibt es bei Dr. Elke Schlepütz, der Geschäftsführerin des Abwasserforums, unter der Telefonnummer 02 21-2 21-2 42 07.

Golfclub Leverkusen **www.golfclub-leverkusen.de**
Am Hirschfuß 2–4, 51061 Köln, Tel. 02 14-5 00 47 50-0

Japanischer Garten, Kaiser-Wilhelm-Allee, 51368 Leverkusen
Öffnungszeiten: April–Oktober Mo–Fr 9–20 Uhr, November–März Mo–Fr 9–16.30 Uhr, Sa/So/Feiertage 9.30–17 Uhr, Eintritt: frei

Die kleine Broschüre „Rund um Leverkusen" mit dem Wanderweg und einer Karte ist leider vergriffen. Der Herausgeber, der Verein „Leverkusen – ein starkes Stück Rheinland" **www.vereinlev.de**, plant eine Neuauflage.

Wiesenkerbel beherrscht im Frühjahr Wiesen und Wegränder

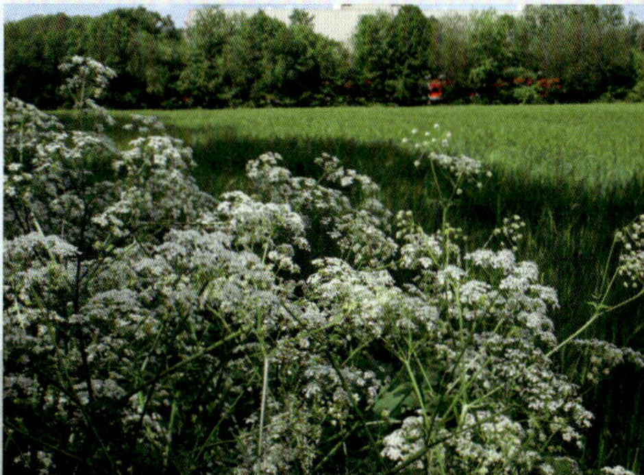

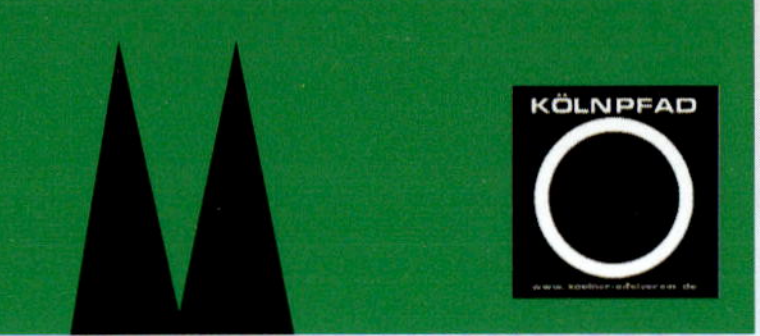

Etappe 7

Durch Wälder

und über Bäche

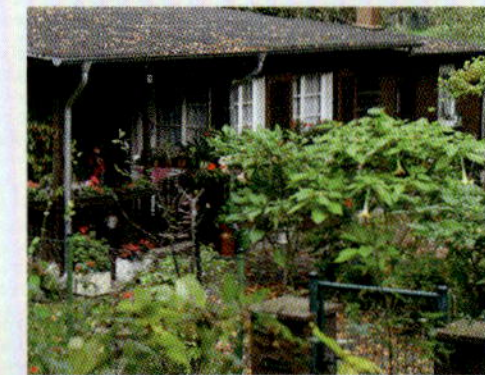

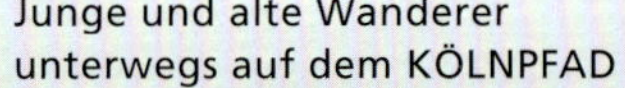
Junge und alte Wanderer
unterwegs auf dem KÖLNPFAD

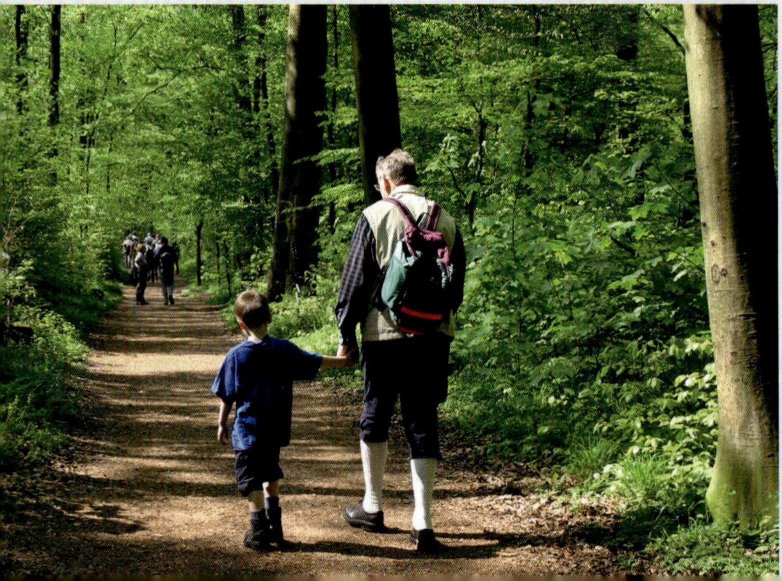

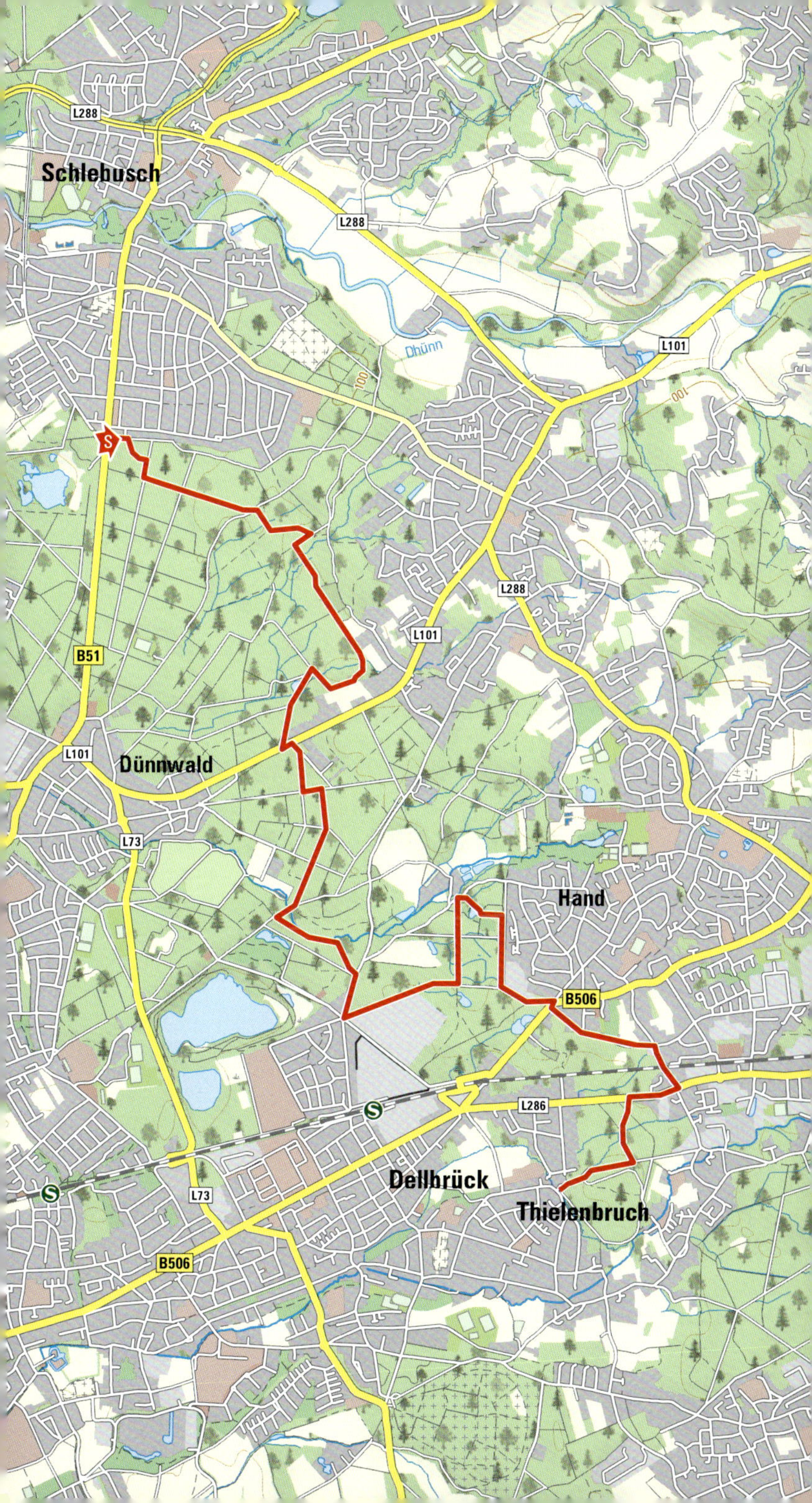

L288
Schlebusch
L288
Dhünn
L101
100
100
S
L288
L101
B51
L101
Dünnwald
L73
Hand
B506
L286
Dellbrück
L73
Thielenbruch
B506

WEGBESCHREIBUNG 7

Die Straßenbahnhaltestelle „Schlebusch" im Rücken gehen Sie in den „Nittumer Weg" und zweigen nach wenigen Metern am Schild „Landschaftsschutzgebiet" rechts ab in den Wald. Sie folgen dem schmalen Weg, bis er auf einen breiten stößt. Diesen gehen Sie nach rechts. Nach 50 Metern biegen Sie links ab, wandern geradeaus, bis Sie eine große Kreuzung erreichen. Hier folgen Sie dem breiten Weg halb rechts. Am Ende des Wegs (kleine Holzpflöcke gegenüber) gehen Sie rechts und nach 100 Metern an der nächsten Kreuzung links.

Sie folgen dem Weg am Naturschutzgebiet „Nittum-Hoppersheider Bruch" entlang, am Bretterzaun der Familiensportgemeinschaft, an Gärten und Pferdekoppeln vorbei bis zur nächsten Gabelung. Hier gehen Sie scharf nach links (links fließt jetzt der Katterbach) und erreichen einen eingezäunten Fischteich.

Sie wandern den breiten Weg bis zur „Odenthaler Straße". Hier gehen Sie nach links, etwa 50 Meter die Straße entlang, überqueren diese und gehen geradeaus in den Teerweg. Nach 20 Metern biegen Sie rechts ab in den Wald, am Ende des Wegs gehen Sie links und nach 100 Metern wieder rechts.

An der nächsten Kreuzung (mit schöner Rasthütte) wandern Sie geradeaus, an der darauf folgenden ebenfalls geradeaus und an der nächsten Gabelung gehen Sie rechts. Hier schimmert schon das Dünnwalder Waldbad durch den Wald. Sie überqueren den Mutzbach und wandern an der nächsten Kreuzung links. (Gehen Sie hier rechts, kommen Sie zum Waldbad und zum Wildpark).

Achtung: Hier wächst Köln ökologisch und vielfältig

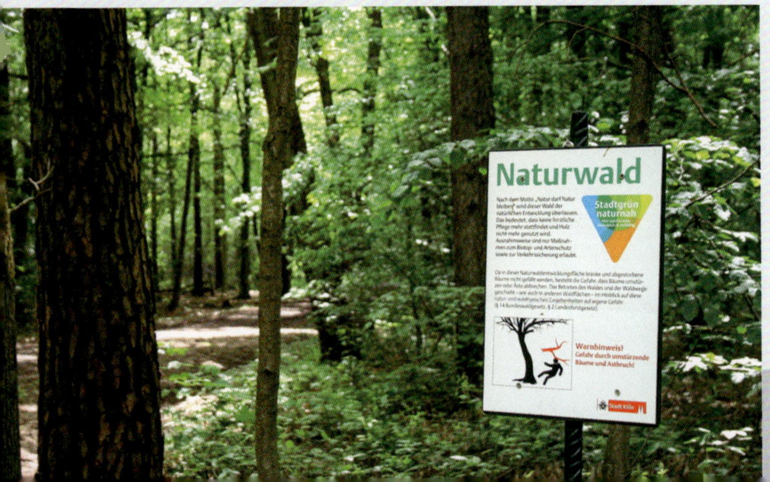

An der nächsten Kreuzung wandern Sie geradeaus und gehen jetzt parallel zum Mutzbach stromaufwärts. An der nächsten Gabelung halten Sie sich rechts, die folgende Gabelung müssen Sie links gehen bis zur „Diepeschrather Straße". Sie wandern rechts circa 100 Meter die Straße entlang bis zum Kreisverkehr (hier befindet sich die Bushaltestelle der Linie 154), dann links in den Wald hinein.

Den breiten Weg mit der gestutzten Hainbuchenhecke als Abgrenzung zum Pferdeweg gehen Sie geradeaus, bis Sie die Infotafel zum Naturschutzgebiet erreichen. Hier gehen Sie links, an einem kleinen Rastplatz vorbei, leicht abwärts und an der nächsten Kreuzung (mit Rasthütte) geradeaus. Sie erreichen nach wenigen Metern die Naherholungsanlage „Diepeschrather Mühle". An der Straße „Diepeschrather Weg" gehen Sie rechts und den nächsten Weg gleich wieder rechts hinein. Sie wandern zwischen Spielplatz und Weiher entlang durch ein kleines Wäldchen und dann rechts parallel zur Gasleitung.

Am Ende des Wegs gehen Sie nach links und am Zaun mit dem Schild „Naturschutzgebiet" folgen Sie dem Teerweg („Heinrich-Strünker-Straße") an einer Kartoffelhandlung vorbei bis zur „Paffrather Straße", die Sie überqueren. Rechts neben dem Haus Nummer 150 gehen Sie weiter den Teerweg, folgen der Straße „An der Kittelburg" bis zum „Katharinenkammerweg", in den Sie einbiegen.

Sie wandern entlang des Naturschutzgebiets „Thielenbruch und Thurner Wald" bis zum „Duckterather Weg". Hier gehen Sie rechts, auf dem Bürgersteig überqueren Sie die Brücke über die S-Bahngleise und gehen weiter bis zur „Mülheimer Straße". Diese überqueren Sie an der Ampel und wandern rechts 200 Meter die Straße entlang, bis die Bebauung endet.

Hinter dem letzten Haus gehen Sie links in den Wald hinein. An der nächsten Kreuzung gehen Sie rechts (hier treffen Sie auf den Waldlehrpfad) und weiter geradeaus, bis Sie zu einer kleinen Freifläche mit einem Baumstumpf kommen. Sie überqueren den Rasenplatz und gelangen zum Parkplatz der Straßenbahnhaltestelle „Thielenbruch".

Von Schlebusch nach Thielenbruch

Diese Etappe gehört den Kindern. Wälder, Bäche, ein Waldbad, ein Wildpark und der Riesenspielplatz „Diepeschrather Mühle" erlauben keine stramme Wanderung. Zu verlockend sind die Angebote für den Wandernachwuchs am KÖLNPFAD, der auf der zweiten rechtsrheinischen Etappe noch dazu einer Gratwanderung gleicht. Der Weg ist zwar wieder eine Flachstrecke, die jedoch überwiegend hart an der Grenze zur Nachbargemeinde Bergisch Gladbach entlangführt und am Straßenbahnmuseum in Thielenbruch endet.

Der Startplatz, die Endhaltestelle der KVB-Linie 4 – schon in Leverkusen, im Stadtteil Schlebusch gelegen – ist im Dünnwalder Wald eingebettet. Zu Beginn schlängelt sich unser schmaler Wanderweg noch durch relativ jungen Buchenwald und wird dort breiter, wo die Bäume schon älter, die Räume klar verteilt sind.

Nach weniger als zwei Kilometern durch den Wald erreichen wir das erste Naturschutzgebiet auf dieser Etappe, den „Nittum-Hoppersheider Bruch", eine zwölf Hektar kleine Schutzfläche, die schon zu Bergisch Gladbach gehört. Auf einer Hinweistafel steht zwar fälschlicherweise Hoppersheider Busch und Büsche gibt es auch im Bruch, nur schützenswert ist der

Und noch ein Bachlauf im Dünnwalder Wald

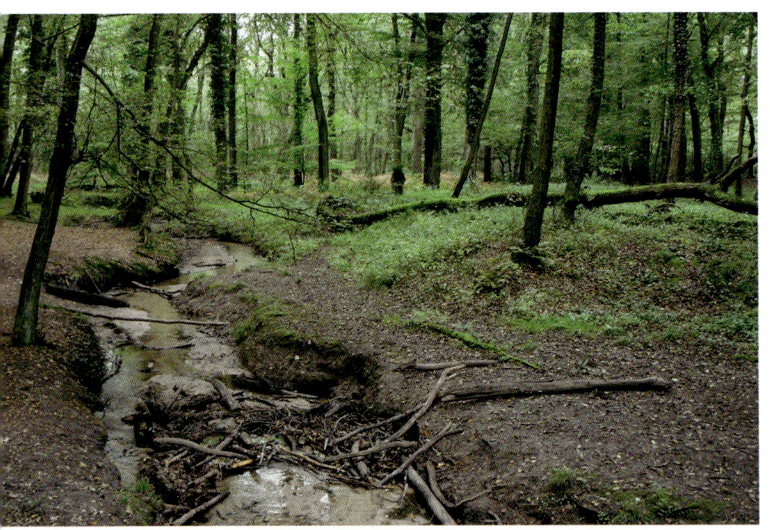

Sumpf wegen seiner Erlenbruchwälder und der alten Buchen und Eichen. Der breite Weg trennt deutlich das Naturschutzgebiet vom nicht geschützten Teil im Wald, denn links vom Weg wuchert es üppig, während auf der rechten Seite alles ein wenig aufgeräumter aussieht. Dafür lockt der Hoppersheider Bach und seine diversen Zuflüsse als natürlicher Wasserspielplatz am KÖLNPFAD – mit für Eltern beruhigend flachen Ufern.

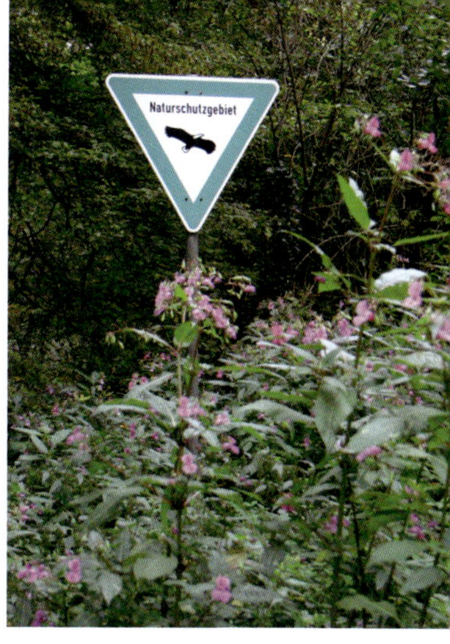

Ungeliebt – das stark wuchernde Indische Springkraut

Baumriesen kennzeichnen die gesamte siebte Etappe, aber der Kölner Wald in allen seinen Ausprägungen ist auf der Strecke präsent: Es beginnt mit den jüngeren Buchen, die die ersten Durchforstungen und den ersten Konkurrenzkampf nach der einzigen Lichtquelle überstanden haben, und ändert sich schon nach wenigen Metern. Plötzlich tut sich ein bunter Mischwald auf. Da wächst Birke neben Eiche, die Sonne lässt insbesondere im Herbst die Blätter der Buchen goldgelb erstrahlen, Farne und Brombeersträucher bedecken den Boden, hier und da steht noch eine Fichte, die den Stürmen der vergangenen Jahre getrotzt hat. Zwischendurch ragen einzelne Kiefern auf, die für den in Kölner Wäldern häufig vorkommenden Sandboden typisch sind: Zehn bis 15 Meter hoch, der hellbraune, astlose Stamm endet in schirmförmigen Kronen. An dieser Stelle hatte kein Förster seine durchforstende Hand im Spiel; hier findet der Buntspecht noch seinen abgestorbenen Ast zum Hacken und Meisen inspizieren eifrig die Baumrinden – so sieht es jedenfalls aus. Das ist geschmeichelt, denn außerhalb der Naturschutzgebiete wird der Kölner Wald natürlich gehegt, gepflegt und kommerziell genutzt. Immerhin 15 Prozent des Stadtgebiets, nämlich 6.000 Hektar, sind von Wald bedeckt und machen die Domstadt damit zu Nordrhein-Westfalens waldreichster Großstadt.

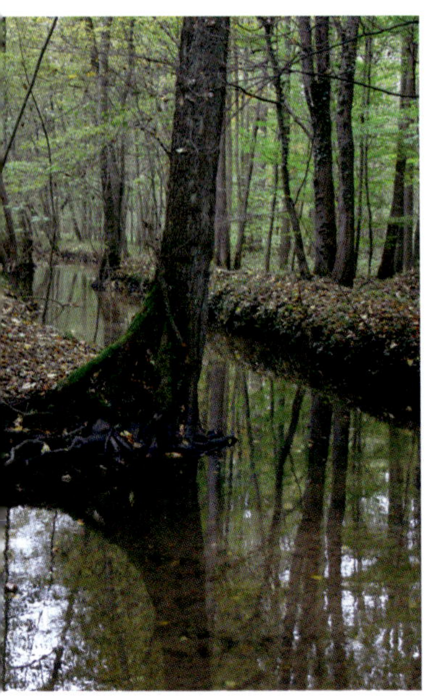

Hat zu Recht ein eigenes Naturschutzgebiet: der idyllische Mutzbach

Begonnen hat das erfolgreiche forstliche Aufbauwerk im 19. Jahrhundert genau hier, im Dünnwalder Wald. Schon seit der Römerzeit rodeten die Kölner nämlich ihren Wald, um den fruchtbaren Boden auf Stadtgebiet für die Landwirtschaft zu nutzen. Köln war kahl. Das änderte sich erst vor gut 120 Jahren, als das Heidegebiet in Dünnwald aufgeforstet und damit die Keimzelle für die erfolgreiche städtische Grünpolitik gelegt wurde. 1925 war der Dünnwalder Wald immerhin schon 700 Hektar groß, die restlichen 5.300 Hektar auf dem Stadtgebiet kamen erst in den vergangenen 80 Jahren hinzu. Das beeindruckende Zahlenwerk belegt, wie wichtig den Stadtvätern der Wald für das städtische Klima ist. Und der zeigt uns rechts und links des Wegs entlang des Naturschutzgebiets nochmals beispielhaft seine zwei Gesichter: hier aufgeräumt, der Boden nur bedeckt von braunen Buchenblättern, dort verwildert, verwachsen, verwunschen.

Denn der Wald ist natürlich auch zum Verstecken da und ein verstecktes Plätzchen am Waldrand hat sich die „Familiensportgemeinschaft Bergisch Gladbach" ausgesucht. Das hat seinen Grund, denn der Sportverein – „familienfreundlich, vielseitig, naturverbunden" – gehört der Naturismus-Bewegung an, das heißt hier wird Sport gerne unbekleidet ausgeübt. Deshalb ist das lauschige Plätzchen am Rand von Bergisch Gladbach mit einem Zaun vor neugierigen Blicken ordentlich geschützt, aber dennoch offen für jeden und versteht sich als Breitensportverein. Zwar wirbt der Verband der 30 nordrhein-westfälischen Familiensportvereine mit dem Slogan „Wer kommt, der bleibt", aber wir wandern dennoch weiter.

Der Weg führt jetzt direkt an den großen Grundstücken der Häuser vorbei, die schon zum Bergisch Gladbacher Stadtteil Katterbach gehören. Hier ist Platz für Pferdekoppeln, und mancher Garten ist so schön verwildert, dass sich Wald und Flur vor und hinter dem Zaun kaum noch voneinander unterscheiden.

Mehrfach überqueren wir auch den namensgebenden Katterbach; später begegnen uns noch der Mutzbach und der Kemperbach. Von Mülheim kennen wir die fleißige Strunde mit ihren ehemals vielen Mühlen und den faulen Faulbach. Und aus Sülz den Duffesbach, dessen Wasser Färber und Gerber nutzten. Köln hat also nicht nur den großen Vater Rhein zu bieten, sondern auch viele kleine Bäche, die in der Vergangenheit wichtige wirtschaftliche Aufgaben erfüllten. Mittlerweile sind die Bachläufe aus dem Stadtbild verschwunden, kanalisierte Opfer einer autogerechten Stadt. Aber an der städtischen Peripherie, insbesondere im Rechtsrheinischen, gibt es noch mehr als 80 Kilometer liebliche Bachläufe, versteckte Gewässer im Wald oder kleine Kanäle am Gehölzrand, die vom Bergischen Land zum Rhein strömen. Doch nicht alle kommen dort an, manche versickern unterwegs im groben Geröll der ehemaligen Mittelterrasse des Rheins. Vielleicht wollen sie auch einfach nicht so elend enden wie der liebliche Mutzbach, den es in Leverkusen-Manfort erwischt. Hier muss auch er un-

Rasten und den Wald genießen

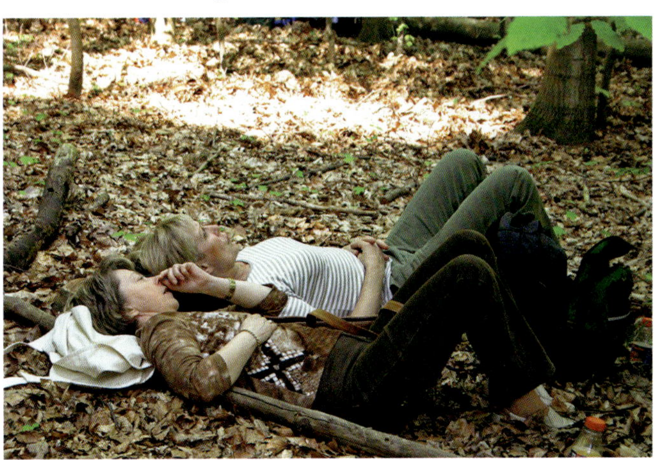

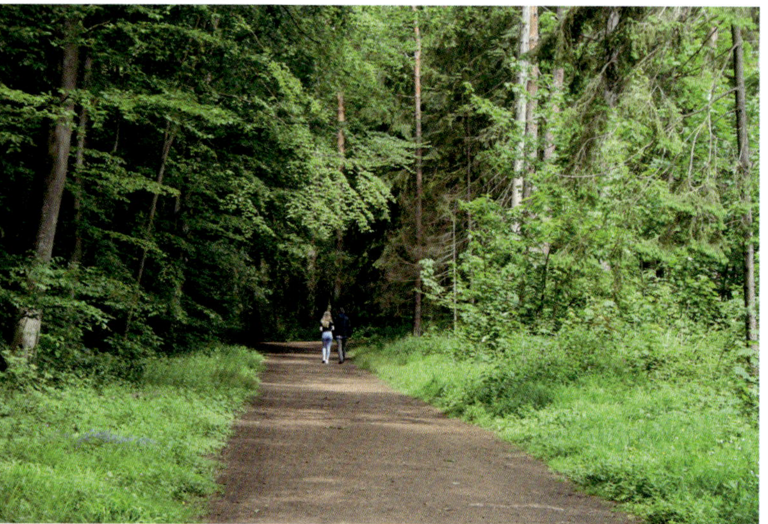

Spazieren und den Wald genießen

ter die Erde, überwindet die letzten Meter bis zur Dhünn im dunklen Rohr und wird dann mit dem Wupperwasser in den Rhein gespült.

Dem Mutzbach wird vorher wenigstens noch ein eigenes Naturschutzgebiet („Oberer Mutzbach") gewidmet, an dessen Rand der KÖLNPFAD entlangführt. Hier gibt es einen herrlichen Auenwald mit Erlen und Eschen zu bestaunen, und ebenfalls hier lagert der beständig gluckernde Mutzbach seinen Lehm ab, den er aus den Kalklehmböden seines Quellgebiets, der Bergisch Gladbach-Paffrather Mulde (entstanden im Erdaltertum vor 350 Millionen Jahren) mitgenommen hat. Dieser Lehm sorgt dafür, dass es der Bach bis Leverkusen schafft, denn mit der feinen Erde dichtet er sein Bett auf dem kiesigen Untergrund der ehemaligen Rhein-Mittelterrasse ab.

Das „clevere" Gewässer machten sich Dünnwalder Arbeitervereine und andere Organisationen zunutze, die sich in den Jahren 1923 bis 1926 zum „Freien Ortskartell" zusammengeschlossen hatten, dem der Sozialdemokrat Peter Baum vorstand. Sie wollten ihren Mitgliedern neben Bildungs- auch Freizeitangebote machen und verwandelten deshalb eine natürliche Senke des Mutzbachs im Wald in ein Schwimmbad, das sie „Strandbad Loreley" tauften – schließlich gehörte auch der

„Volkschor Loreley" zum Kartell. Im Volksmund wurde das Gewässer auch „Schlammbad Loreley" genannt. Die Dünnwalder fanden dennoch Gefallen an ihrem schlammig-sommerlichen Badevergnügen, gossen aber später das natürliche Becken mit Beton aus. Pfingsten 1928 fand die große offizielle Einweihungsfeier des ersten rechtsrheinischen Freibads statt, das fünf Jahre später von den Nazis vereinnahmt wurde. 1933 enteigneten sie das Bad und benannten es in „Norkus-Bad" um. Der Name erinnert an den Hitlerjungen Herbert Norkus, der bei einer Propaganda-Aktion in Berlin ums Leben gekommen war und anschließend als „Blutzeuge der Bewegung" dargestellt wurde. Der Sozialdemokrat Peter Baum wurde 1933 Stadtverordneter in Köln und in den folgenden Jahren mehrfach von der Gestapo verhaftet. Er starb 1944 im Konzentrationslager Sachsenhausen.
Noch heute existiert das „Freie Ortskartell" – in dieser Form einzigartig in Deutschland – und betreibt das wunderbare Waldbad, das nach dem Krieg von den Briten rückübertragen wurde. Das Wasser stammt allerdings nicht mehr aus dem Mutzbach, sondern wird aus Brunnen gespeist und beheizt. Ein angeschlossener Campingplatz (inklusive zweier Apartments mit vier Betten für müde Wanderer!) nebst Minigolfplatz helfen zudem dabei, das Bad finanziell über Wasser zu halten. Denn die Stadt zahlt keinen Cent für den Unterhalt des idyllischen und stadtweit einzigartigen Freibads. Immer-

Freibad mit langer Tradition: das Dünnwalder Waldbad

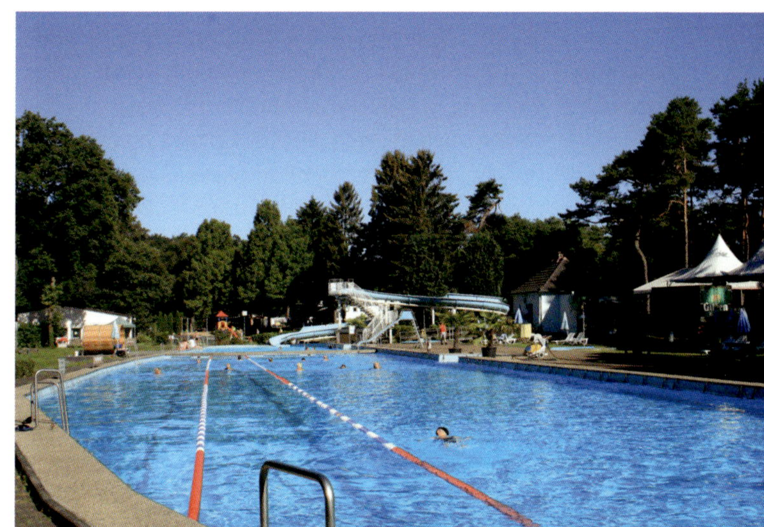

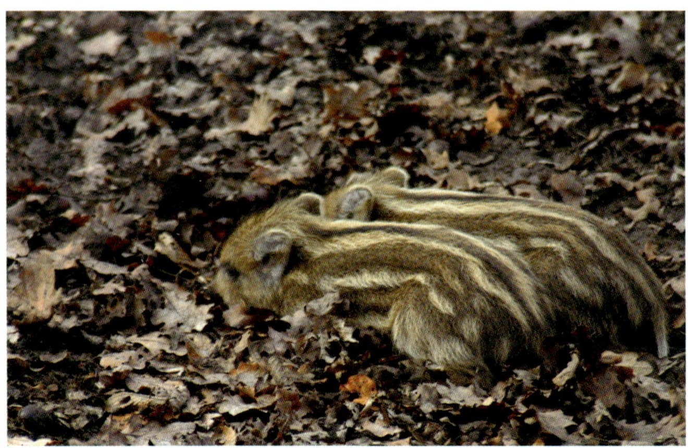

Niedliche Frischlinge im Wildpark Dünnwald

hin führte die finanzielle Ebbe zur schönen Tradition, dass Kölner Bands wie „Brings" oder „Köbes Underground" regelmäßig im Waldbad Konzerte geben und mit ihren Auftritten Geld in die Kasse des Kartells spülen.
Im Winter ist das Bad natürlich geschlossen, das zugehörige Gasthaus „Wildwechsel" ist das ganze Jahr geöffnet, genau wie der angrenzende Wildpark. Damhirsche, Wildschweine, Mufflons und Wisente freuen sich stets über einen Besuch der großen und kleinen KÖLNPFAD-Wanderer. Seit 1957 gibt es das mehr als 20 Hektar große städtische Wildgehege. Zwei weitere Wildparks in städtischer Obhut existieren noch in Brück und Lindenthal. Köln ist eine wachsende Großstadt mit vielen Kindern, und eine Tour in den urwüchsigen Park neben dem Freibad, der ganz unspektakulär die Pflanzen und Tiere zeigt, die typisch sind für unsere heimischen Wälder, ist zu jeder Jahreszeit ein lohnender Ausflug aus dem Alltag. Eher untypische Bäume für den deutschen Wald wie Magnolie, Mammutbaum oder Zeder und mächtige Rhododendronhecken gibt es dagegen im „Arboretum" zu bestaunen, nicht weit vom Eingang des Wildparks entfernt. Hier nutzt die „Schutzgemeinschaft Deutscher Wald" seit 1961 ein vier Hektar großes städtisches Gelände als „Anschauungsgarten" und pflanzte spezielle Bäume der gemäßigten Klimazonen, die mittlerweile zu teilweise stattlichen Exemplaren herangewachsen sind. Am Wildpark lässt sich die Etappe natürlich auch beenden oder einen

guten Kilometer weiter am Kreisverkehr von „Diepeschrather Straße“, „Kalkweg“ und „Dellbrücker Steinweg“. Dem Mutzbach bleiben wir treu und begegnen dem Bachlauf kurze Zeit später wieder am Spielgelände „Diepeschrather Mühle“. Die Kinderattraktion mit Klettertürmen für große und kleine Pänz, Schaukeln in allen Variationen, Bobbycar- und Inlineparcours nebst Verkehrsübungsplatz, einem Teich und natürlich einer Grillhütte für die „Großen“ lässt keine Wünsche offen. Ein Familienausflug zur „Diepeschrather Mühle“ muss auch nicht auf die eigene mitgebrachte Verpflegung beschränkt bleiben, denn gleich nebenan liegt das traditionsreiche Ausflugslokal „Diepeschrather Mühle“ mit Restaurant und Biergarten. Wer es ein wenig uriger mag, folgt einfach an der Straße dem Schild „Teichanlage Angelpark Diepeschrath“. Am Angelteich gibt es im kleinen Kiosk eine Tasse Kaffee oder ein Kaltgetränk und auch frische und geräucherte Fische.
Die Route führt nach kurzem Intermezzo im Wald am Rand des Bergisch Gladbacher Ortsteils Hand vorbei und wir wundern uns auf dem Weg zur betriebsamen „Paffrather Straße“ über das Schild „Naturschutzgebiet“. Denn dieser Siedlungsrand mit dem Kartoffelhandel hat so gar nichts Schützenswertes an sich. Und doch befinden wir uns hier an der Kante des immerhin 58 Hektar großen Schutzgebiets „Thielenbruch und Thurner Wald“, einer an dieser Stelle kaum vermuteten Oase für Tiere und Pflanzen. Sie behauptet sich zwischen S-Bahnlinie und Gasleitungen, zwischen Stadtgrenze und „Bergisch Gladbacher-Straße“. Beim Blick von außen auf das Gebiet, das sogar als europaweit bedeutsames „Flora-Fauna-Habitat“ gilt, wirkt der Wald nicht besonders wertvoll, aber wie so häufig im Leben liegen die wahren Werte innen drin: ein wertvolles Kalk-Niedermoor in der Nähe des „Katharinenkammerwegs“ und ein Niedermoor weiter

Natur pur im Naturschutzgebiet Thielenbruch

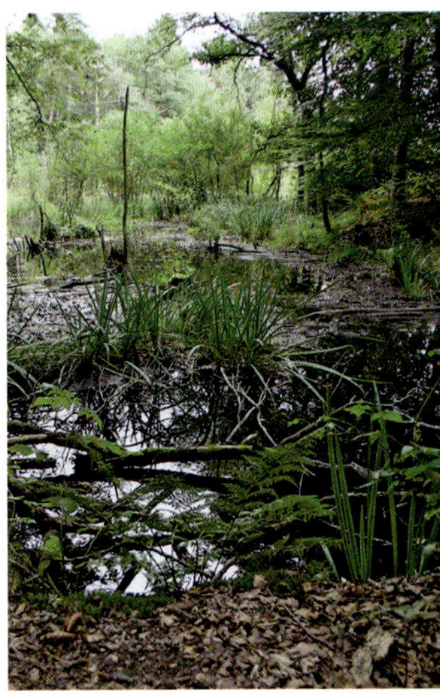

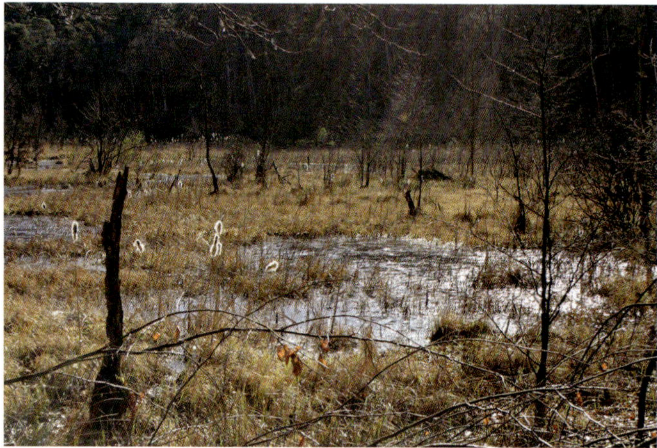

Feuchte Wiesen mit Wollgras

westlich im Thurner Wald. Hier leben in einer außergewöhnlichen Vielfalt Pflanzen dicht nebeneinander, die eigentlich Welten voneinander trennen: Gewächse, die feucht-basische Böden lieben, wie das Wollgras mit seinen auffälligen weißen Flockenköpfchen, stehen nicht weit entfernt von denen, die trockenen-sauren Untergrund bevorzugen wie der Englische Ginster. Geologisch ist diese einmalige Konstellation der Bergisch Gladbach-Paffrather Kalkmulde zu verdanken, die bis an das Naturschutzgebiet heranreicht, und der ehe-maligen Mittelterrasse des Rheins auf der anderen Seite der Schutzzone. Zwischen dem Paffrather Kalkgestein und den Sand- und Kiesfrachten des ehemaligen Rheinbettes befinden sich tonhaltige, also wasserstauende Schichten, die mit ihren Quellen das Kalkflachmoor entstehen ließen. Immerhin drei Wege (am „Katharinenkammerweg", an der „Heinrich-Strünker-Straße" und dem „Dellbrücker Steinweg") führen durchs Naturschutzgebiet und im Frühjahr begleiten ausgiebige Froschkonzerte den KÖLNPFAD-Wanderer. Sogar eine Jungfer ist hier heimisch, die Helm-Azurjungfer, eine seltene Kleinlibelle.

Der weitere Weg führt durch den schönen alten und abwechslungsreichen Thielenbrucher Wald, wo der Kemperbach fließt und dem Lebensbäume an manchen Stellen einen parkähnlichen Charakter verleihen. Der Wald fügt sich nahtlos an das Naturschutzgebiet an, obwohl das 60 Hektar große Gebiet

„nur“ als Landschaftsschutzgebiet gilt. Das Thielenbruch ist ein Restbestand des Naturraums „Bergische Heideterrasse“ und seine Artenvielfalt profitiert ebenfalls von der Lage am Rand der Paffrather Kalkmulde und der Mittelterrasse des Rheins.

Zu diesem natürlichen Ensemble passt wie gemalt das Ziel unserer Etappe, der Bahnhof „Thielenbruch“. 1906 als Depot der Vorortbahn Köln – Bergisch Gladbach in Betrieb genommen, wurde dieses schon 1926 um eine Wagenhalle mit sechs Gleisen erweitert. Erst 1994 gaben die Kölner Verkehrsbetriebe den Bahnhof endgültig auf zugunsten eines neuen Depots in Merheim. Seit 1997 beherbergt das im Stil der Gründerzeit gebaute Backsteingebäude das Straßenbahn-Museum Thielenbruch. Es wird ehrenamtlich vom Verein „Historische Straßenbahn Köln“ betreut – ist deshalb nur einmal im Monat geöffnet – und dokumentiert 125 Jahre Straßenbahngeschichte in Köln. Immer mal wieder wechselt der Pächter der Gaststätte im Museum und nicht jeder Wirt bietet eine wanderfreundliche Gastronomie mit den entsprechenden Öffnungszeiten an. Dafür gibt es einen Kiosk am Ausgang für die kleine Belohnung nach der Wanderung. Und die Wartezeit auf die Straßenbahn Richtung Innenstadt vergeht in der liebevoll restaurierten alten Bahnhofshalle mit Holzfußboden wie im Fluge.

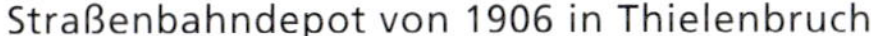

Straßenbahndepot von 1906 in Thielenbruch

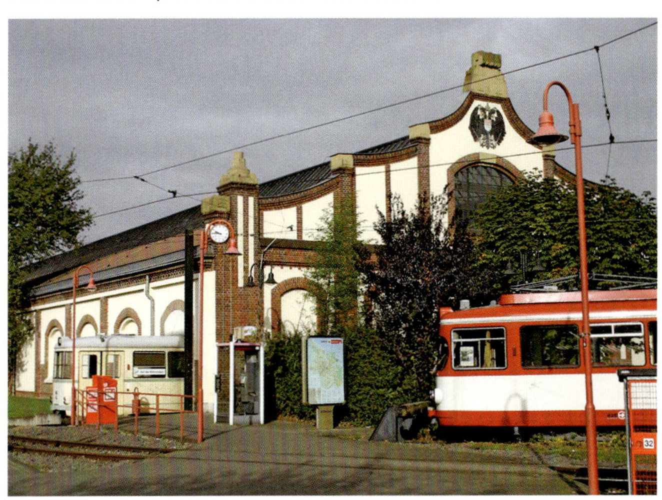

Länge: 12 Kilometer

Dauer: 3 Stunden

Profil: flach, geeignet für Kinderwagen

Anfahrt: mit der KVB-Linie 4 bis Endhaltestelle „Schlebusch“

Abkürzungen:

Kilometer 4: Am Wildpark liegt die Haltestelle „Wildpark“ der Buslinie 154, die in sieben Minuten die S-Bahnhaltestelle „Dellbrück“ erreicht und in elf Minuten die KVB-Haltestelle „Dellbrück-Hauptstraße“.
Kilometer 5: Am Kreisverkehr („Diepeschrather Straße“) liegt die Haltestelle „Diepeschrather Straße“ der Buslinie 154. Von hier sind es noch drei Minuten bis zur S-Bahnhaltestelle „Dellbrück“ und sieben Minuten bis zur KVB-Haltestelle „Dellbrück-Hauptstraße“.

Einkehrmöglichkeiten:

Wildwechsel – Gasthaus am Waldbad
www.wildwechsel-koeln.de
Peter-Baum-Weg 25, 51069 Köln, Tel. 02 21-96 81 26 38

Diepeschrather Mühle www.diepeschrather-muehle.net
Diepeschrather Weg 80, 51469 Bergisch Gladbach,
Tel. 0 22 02-1 88 63 38

Angelpark/Imkerei Dipeschrather Mühle
www.angeln-in-diepeschrath.de
Diepeschrath 3, 51469 Bergisch Gladbach, Tel. 01 76-23 38 39 06

Grenzklause
Paffrather Straße 150, 51069 Köln, Tel. 0 22 02-5 46 37

Aubeles Restaurant www.aubeles-restaurant.de
Gemarkenstraße 173, 51069 Köln, Tel. 02 21-63 07 10 00

Allgemeine Informationen:

Die **Grillhütte auf dem Spielplatz Diepeschrath** kann bei der Bergisch Gladbacher Stadtverwaltung (Tel. 0 22 02-14 13 78) von April bis Oktober gemietet werden.

FSG – Familien-Sport-Gemeinschaft Bergisch Gladbach
www.fsg-nw.de
Am Klutstein 55, 51467 Bergisch Gladbach

Waldbad und Campingplatz www.waldbad-camping.de
Peter-Baum-Weg 20, 51069 Köln, Tel. 02 21-6 00 15 88
Öffnungszeiten: im Sommer täglich 9–20 Uhr
Die Anmietung der beiden Apartments übernimmt die Rezeption am Campingplatz.

Wildpark Dünnwald
Forstrevier Dünnwald, Dünnwalder Mauspfad (Wildpark), 51069 Köln, Tel. 02 21-60 13 07 (Die beste Anrufzeit ist morgens zwischen 7.30 und 8 Uhr.)
Der Eintritt ist kostenlos, denn der Wildpark ist stets frei zugänglich. Führungen durch den Wildpark finden jeden zweiten Mittwoch im Monat ab 14 Uhr statt und nach Vereinbarung. Treffpunkt ist Ecke „Dünnwalder Mauspfad"/„Kalkweg".

Straßenbahn-Museum Thielenbruch www.hsk-koeln.de
Gemarkenstraße 139, 51069 Köln, Tel. 02 21-2 83 47 71
Öffnungszeiten: jeden zweiten So im Monat 11–17 Uhr, Winterpause Januar/Februar.
An den Öffnungstagen werden stündlich kostenlose Führungen angeboten. Für interessierte Gruppen, insbesondere Schulklassen, gibt es Sonderführungen außerhalb der regulären Öffnungszeiten. Dafür ist Beate Dehmel von der KVB zuständig: Tel. 02 21-5 47 38 18.

Stille Waldidylle am Wegesrand

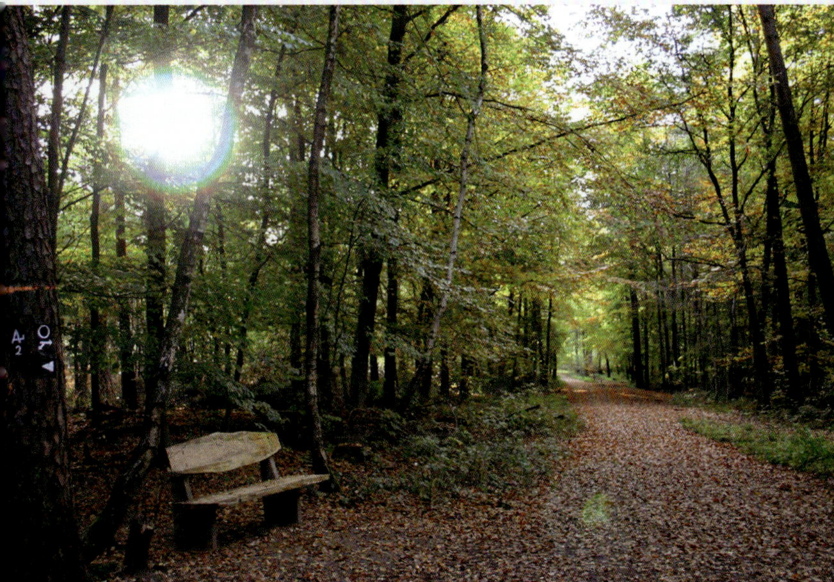

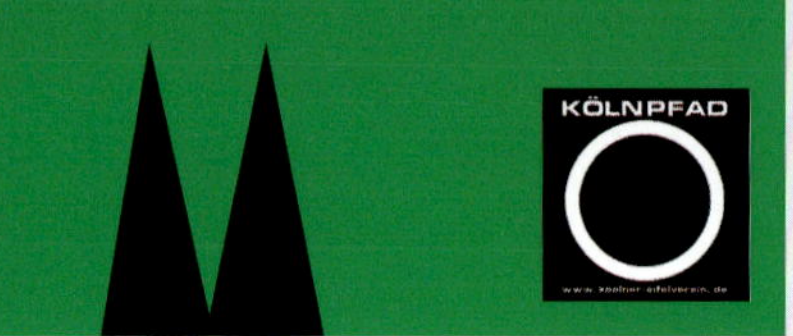

Etappe 8

Vom Bergischen Land

auf Köln geschaut

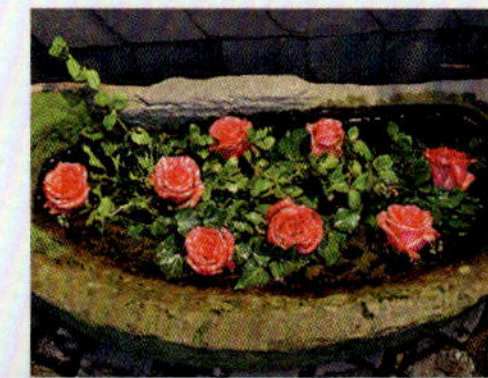

Der Weg zur Rochuskapelle bei Herkenrath

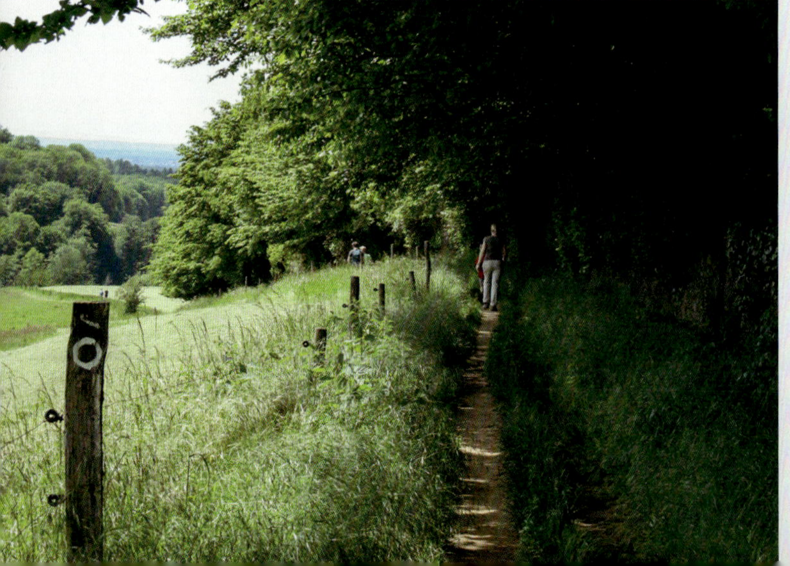

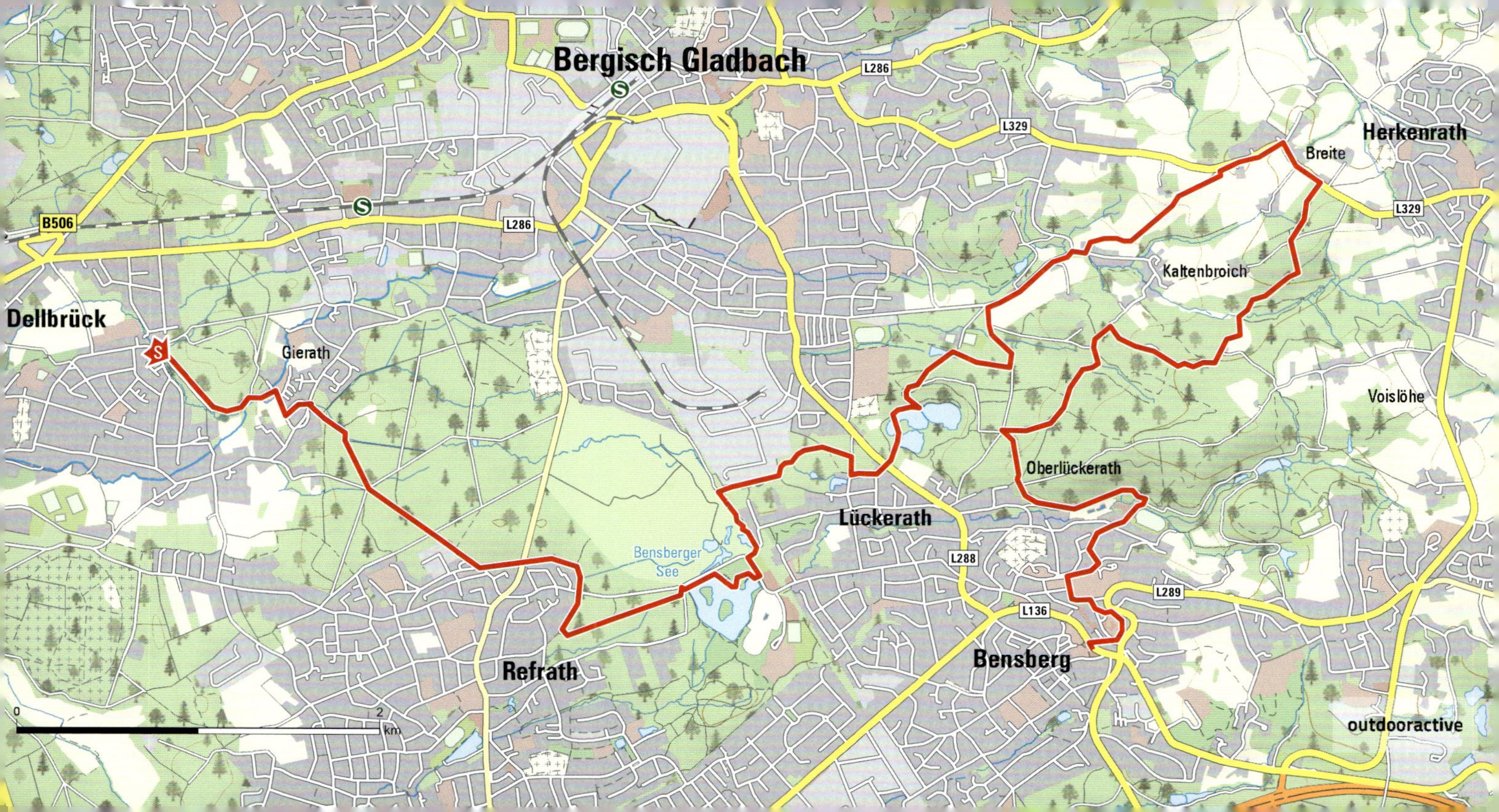

Bergisch Gladbach
L286
Herkenrath
Breite
L329
L329
B506
L286
Dellbrück
S
Gierath
Kaltenbroich
Voislöhe
Oberlückerath
Lückerath
L288
Bensberger See
L289
L136
Refrath
Bensberg
0
2
km
outdooractive

WEGBESCHREIBUNG 8

Den Bahnhof „Thielenbruch" im Rücken gehen Sie entlang des P+R-Parkplatzes bis zum Ende und rechts zur kleinen Lichtung. Hier halten Sie sich rechts und folgen dem Hauptweg, der leicht nach links führt. Sie wandern am Waldrand entlang parallel zum Umbach und den Häusern von Dellbrück. Nach 700 Metern knickt der KÖLNPFAD nach rechts ab und verläuft an der Rückseite von Einfamilienhäusern entlang. Nach kurzer Strecke treffen Sie auf den „Gierather Mühlenweg", überqueren kurz darauf die „Gierather Wiese" und wandern weiter geradeaus bis zur Straße „Rosenhag", in die Sie links einbiegen.

Am Ende des „Rosenhag" überqueren Sie die „Gierather Straße", gehen circa 50 Meter im Wald (Naturschutzgebiet) geradeaus und biegen bei der Gabelung, nachdem Sie den Bach überquert haben, links ab. An der nächsten Gabelung gehen Sie rechts und nach 20 Metern an der folgenden Gabelung geradeaus. An der großen Wegspinne wandern Sie wieder geradeaus und leicht bergauf. Bald erscheinen rechts große Lagerhallen.

Der Waldweg endet an der Straße „Auf der Kaule". Sie gehen nach links, 100 Meter die Straße entlang bis zur „Dolmanstraße", die Sie überqueren. Sie wandern weiter geradeaus hinter den Häusern des Bergisch Gladbacher Stadtteils Refrath durch eine grün-weiße Schranke. An der nächsten rot-weißen Schranke gehen Sie rechts und überqueren kurz danach die „Golfplatzstraße". Sie wandern geradeaus weiter entlang der Straße „Sandbüchel".

Freie Sicht auf das KÖLNPFAD-Wanderzeichen

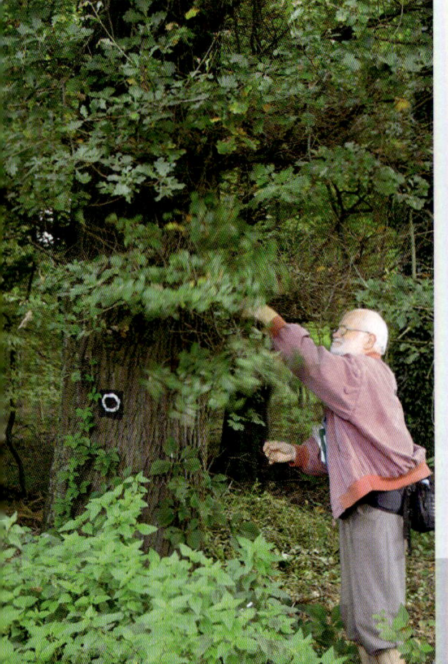

Der Weg führt an der Rückseite von Wohnhäusern entlang und knickt vor rot-weißen Pollern nach links ab. Sie folgen dem Weg durch den Wald, bis Sie die Erholungsanlage „Saaler Mühle" erreichen. Am Gewässer angekommen, dem Bensberger See, gehen Sie nach links am Spielplatz vorbei bis zur großen Schutzhütte.

An der Schutzhütte gehen Sie rechts vorbei bis zur „Saaler Straße", die Sie überqueren. Sie stehen vor der Eissporthalle und gehen nach links wenige Meter bis zur Straße „Obersaal", in die Sie rechts einbiegen. Sie folgen den Schildern „Golfplatz", gehen aber am Eingang des Golfplatzes vorbei und biegen vor den rot-weißen Pollern rechts ab.

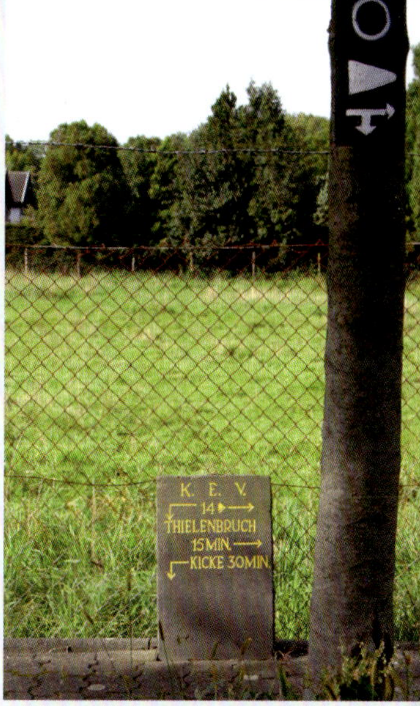

Verschiedene Wanderzeichen des Kölner Eifelvereins

Die ehemalige Bahntrasse von Bergisch Gladbach nach Rösrath überqueren Sie und wandern weiter an den Industriehallen vorbei. An der zweiten Holzbrücke biegen Sie nach links ab, überqueren die Brücke und gehen danach gleich rechts und weiter den schmalen Weg durch den Wald. An der nächsten Gabelung wandern Sie rechts, bis Sie einen Teerweg, den „Lückerather Weg", erreichen. Hier gehen Sie nach rechts ein kurzes Stück durch den Wald, bis Sie die „Berzeliusstraße" (kein Straßenschild) erreichen, der Sie nach links folgen bis zur „Bensberger Straße". Diese überqueren Sie an der Ampel und wandern geradeaus in das Naturschutzgebiet „Grube Cox".

Sie wandern weiter geradeaus und abwärts in die ehemalige Grube. Am Wasser gehen Sie nach links und immer am Ufer entlang bis zum Ende dieses Wegs (Schautafel). Hier wandern Sie nach links, wieder aus der Grube hinaus. Nach kurzer Wegstrecke erreichen Sie einen breiten Waldweg. Sie gehen nach rechts und nach 100 Metern, an der nächsten Kreuzung, nach links und wandern weiter geradeaus, bis Sie die Fischteiche erreichen. Hier gehen Sie rechts in einen Sandweg hinein, der leicht bergauf führt, bis Sie zu einer Gabelung mit einer markanten Buche kommen.

An der Gabelung gehen Sie links und folgen weiter dem Hauptweg, bis Sie die Straße „Lerbacher Weg" erreichen. Die Straße gehen Sie rechts circa 600 Meter (links liegt Schloss Lerbach)

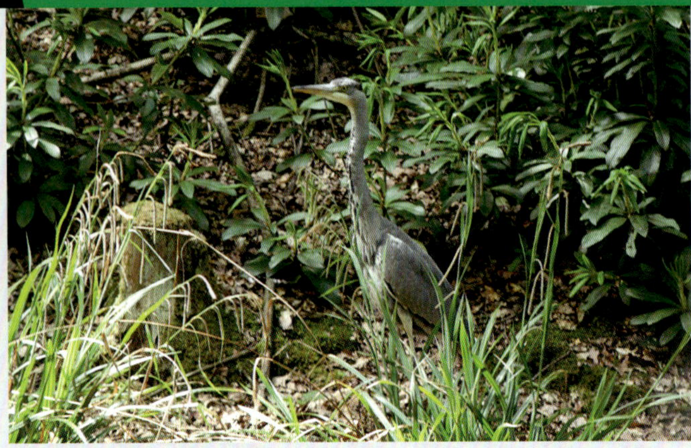

Graureiher am Fischweiher

entlang und biegen dann rechts Richtung Kaltenbroich in die Straße „Oberlerbach“ ab. Nach wenigen Metern gehen Sie am Bauernhof (Gut Lerbach) links und erreichen einen schmalen Hohlweg, den Sie bergauf wandern.

Zwischen Natursteinmauer und Wiese wandern Sie einen Kilometer bis zur Rochuskapelle. An der Kapelle gehen Sie rechts ungefähr einen Kilometer die viel befahrene „Herkenrather Straße“/ „Kierdorf“ entlang. Kurz nach dem Haus mit der Nummer 6 überqueren Sie die Straße und gehen in den Wald hinein. (Von hier aus lohnt ein Abstecher zur Kirche in Herkenrath: Gehen Sie weitere 100 Meter die Straße entlang. Hinter dem Haus mit der Nummer 1 knickt der Weg links ab und führt gleich wieder rechts durch die Wiese – Wanderweg Nr. 13 oder N). An der nächsten Kreuzung wandern Sie geradeaus (Achtung, hier ist ein stets nasser Graben zu überwinden) und den Berg hinab. Sie durchqueren die ehemalige Grube Blücher (mit dem Amphitheater) und gehen auf der gegenüberliegenden Seite wieder hoch.

Nach wenigen Metern erreichen Sie das „Naturfreundehaus“. Das Haus im Rücken folgen Sie den KÖLNPFAD-Zeichen und wandern sanft bergab. An der nächsten Weggabelung links, am Wegedreieck geradeaus, an einem Waldhaus vorbei, dann an der nächsten Gabelung rechts und an der Wegspinne links (geradeaus Grube Cox). Nach circa 500 Metern erreichen Sie den Franzosenfriedhof und können von hier noch zum kaiserlichen Friedhof gehen. (Beim Denkmal nehmen Sie an der

Gabelung den rechten Pfad und erreichen nach kurzem Weg den kaiserlichen Friedhof.)

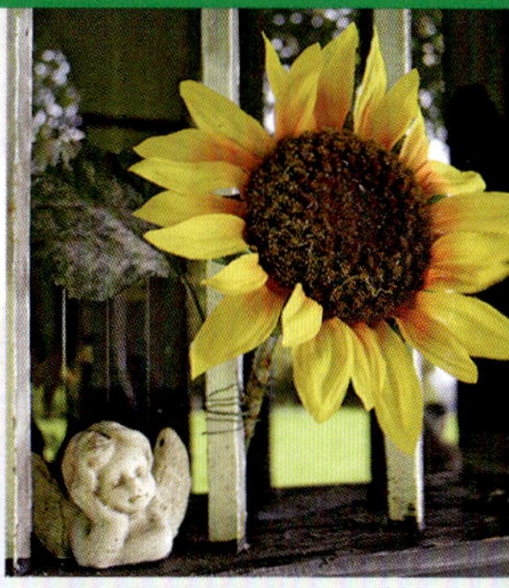

Fensterschmuck an der Rochuskapelle

Am Franzosenfriedhof wandern Sie weiter geradeaus durch das Milchborntal, entlang des Freibads und verlassen den Wald in Höhe des Parkplatzes am Waldstadion. Sie überqueren den Platz und gehen rechts am „Haus der Vereine" vorbei und in die Straße „Hardtweg" hinein. Sie gehen weiter den „Hardtweg" bergauf, biegen links in die Straße „Zur Hardt" ein. Nach 20 Metern gehen Sie eine Treppe hoch, folgen danach weiter der Straße, bis Sie unterhalb des Schlosses die „Jan-Wellem-Straße" erreichen.

Die „Jan-Wellem-Straße" gehen Sie rechts entlang, um das Schloss herum, am Haupteingang vorbei („Kadettenstraße") und danach die Straße „Markt" wieder bergab. Sie überqueren den Marktplatz und gehen die Straße „Burggraben" (mit dem Bergwerksmuseum) bergab. Rechts stehen das alte Schloss und das neue Rathaus. Am Restaurant „Fachwerkhaus" geht der „Burggraben" nochmals steil bergab, Sie überqueren die Einkaufsstraße „Schlossstraße" und gehen weiter geradeaus durch die „Gartenstraße" zur Endhaltestelle der KVB-Linie 1.

Bizarres Wurzelwerk im Milchborntal

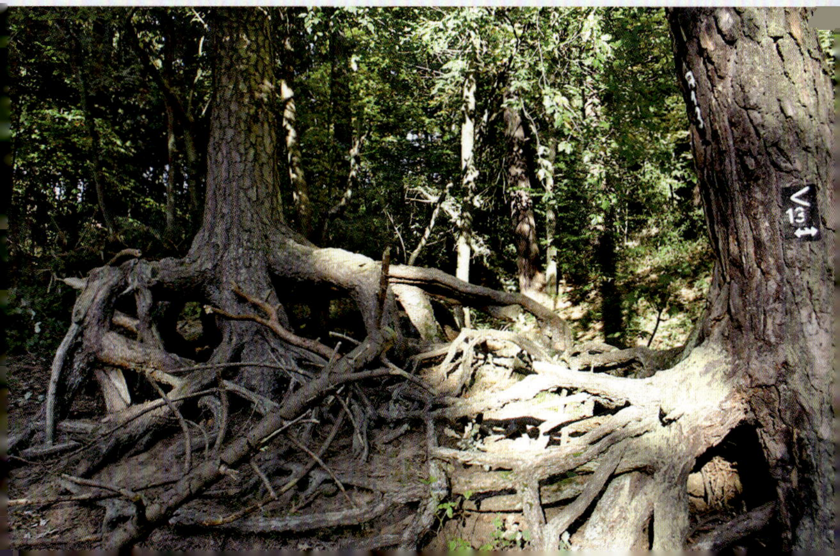

Von Thielenbruch nach Bensberg

„Schloss und Dorf Bensberg liegen auf einem hohen Berge, von dem man viele Meilen voll Wälder, Äcker und Heiden, in der Ferne eine Strecke Rhein und die berühmten sieben Berge sieht. Wir speisten in einer schönen Laube, dicht an einem Gärtchen voll Blumen, hinter dem Gärtchen öffnete sich ein Teil der großen Aussicht. Ich glaube, dass die Götter dann und wann auf einer silbernen Wolke so ihren Nektar trinken, und die Hälfte der Erde übersehen."
Na ja, göttergleich müssen sich die KÖLNPFAD-Wanderer nicht unbedingt fühlen, aber die prächtige Aussicht vom Bensberger Schloss auf die Kölner Bucht hat auch im 21. Jahrhundert nichts von ihrem Reiz verloren. Die schwämerischen Sätze stammen von Johann Georg Jacobi, der zusammen mit dem jungen Goethe im Sommer 1774 Bensberg besuchte und schon damals das Panorama von Bonn bis Düsseldorf (!) zu schätzen wusste. Leider mussten im Laufe der Jahrhunderte die Heide und viele Äcker großen und kleinen Häusern weichen und heutzutage schweben Flugzeuge majestätisch durchs Bild. Dafür haben die KÖLNPFAD-Wanderer – im Gegensatz zu Goethe und seinen Freunden – das Privileg, den fertiggebauten Dom in 14 Kilometern Entfernung zu sehen.

Das neue Schloss in Bensberg

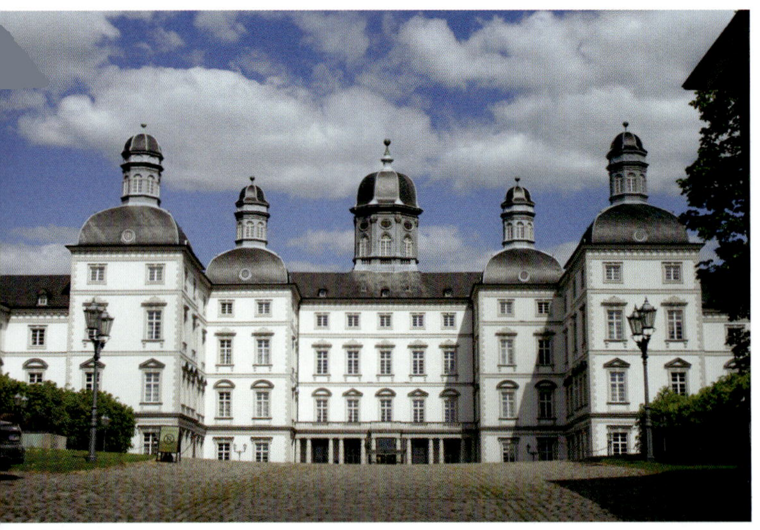

Aber wieso endet die achte Etappe des KÖLNPFADs in Bensberg? Schließlich lag die Stadt, die seit der Gemeindereform von 1975 zu Bergisch Gladbach gehört, zu keiner Zeit auf Kölner Stadtgebiet. Diesen Schwenker des KÖLNPFADs ins Bergische Land hat sich Fritz Hoepfner ausgedacht. Der hat nun gar nichts mit Goethe oder Jacobi zu tun, sondern Hoepfner ist langjähriger und erfahrener Wanderführer im „Kölner Eifelverein". Ihm gebührt ein besonderer Dank, denn er hat in stundenlanger Kleinarbeit den Verlauf des KÖLNPFADs ausgearbeitet und anschließend im praktischen Selbstversuch die Domstadt mehrfach umrundet.

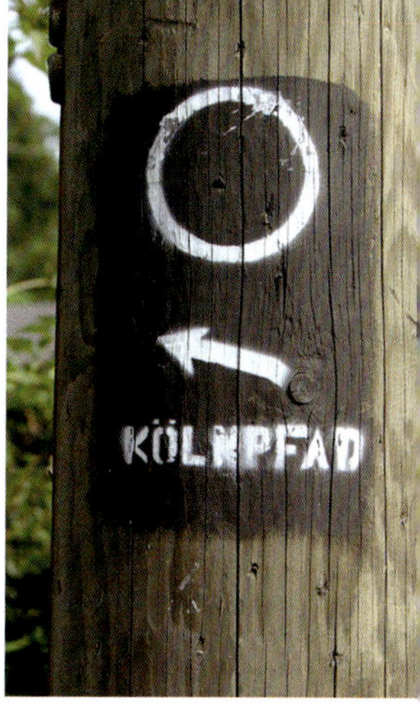

Eindeutiger Wegweiser

Für Hoepfner ist diese achte Etappe – die erstaunlich viele Bezüge zu Köln aufweist – die Königsetappe: wegen der Wälder, die wir durchwandern, wegen der einzigen Steigung auf den gesamten 171 Kilometern, die wir bewältigen müssen, um danach den höchsten Punkt der Strecke zu erreichen – ganze 215 Meter über Normalnull im Wald bei Herkenrath – und wegen des Finales auf dem Bensberger Schlossplatz mit dem besten Domblick auf dem gesamten KÖLNPFAD.

Dafür ist der Bauherr verantwortlich, Johann Wilhelm II. von der Pfalz-Neuburg (genannt Jan Wellem), der Anfang des 18. Jahrhunderts bestimmte, dass die Bensberger Dreiflügelanlage auf den Dom auszurichten sei.

Mit dieser Etappe verbindet sich auch gleichzeitig ein Dank an die KÖLNPFAD-Paten. Die Gruppe von rund 20 Personen kümmert sich seit der Einrichtung des Wegs ehrenamtlich um seine Instandhaltung. Sie kontrollieren ein- bis zweimal im Jahr, ob kein Wegzeichen fehlt, erneuern gegebenenfalls die Zeichen und schneiden bei Bedarf den Blick auf die Markierungen frei.

Wir starten in Thielenbruch am denkmalgeschützten ehemaligen Straßenbahndepot der KVB und gehen durch das Heckteil eines ausgemusterten achtachsigen Straßenbahnwagens auf den Vorplatz. Hier eröffnete am 27. September 2008 der da-

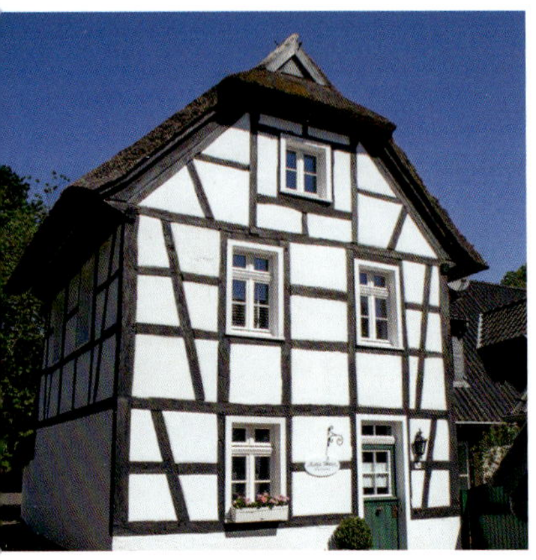

Fachwerkhaus in Gierath

malige Kölner Oberbürgermeister Fritz Schramma als Schirmherr offiziell den KÖLNPFAD.

Die achte Etappe verläuft jetzt so weiter, wie die siebte endete: im Wald und am Wasser. Wir wandern am Rand der kleinen Lichtung mit dem dikken Baumstumpf entlang und folgen dem breiten Hauptweg, der noch dicht an den Häusern von Dellbrück vorbeiführt und deshalb von Joggern und Spaziergängern rege genutzt wird. Uns begleitet rechts der Umbach, eine uralte Verbindung zwischen dem Kemperbach weiter nördlich und dem Strunder Bach, den wir wenig später am „Gierather Mühlenweg“ überqueren. Diese Bach-umleitung diente dazu, die Wassermühlen entlang der Strunde zu regulieren und den Bachlauf zu reinigen.

Die hübschen alten Häuser im Bergisch Gladbacher Ortsteil Gierath erinnern daran, dass die Strunde als Deutschlands fleißigster Bach galt. Sie trieb in Mülheim und anderswo bis zu 51 Mühlen an, und ihr Wasser, das in Herrenstrunden aus der Erden sprudelt oder strudelt – daher der Name –, ließ die Papierindustrie in Bergisch Gladbach erblühen. Aber auch die Bauern in Dellbrück und Holweide vor Wut rot werden, wenn ihre Wiesen mit Zelluloserückständen bedeckt waren und abgespült werden mussten.

Wir haben jetzt schon das Kölner Stadtgebiet verlassen und der weitere Weg – entlang an Wohnhäusern, riesigen Gewerbehallen, durch alte Weiler bis auf die Höhe nach Herkenrath – zeigt das typische Gesicht des Bergischen Landes: Hier verbindet sich das Landschaftsbild der sanften Hügel mit der kulturhistorischen Entwicklung der Region. Alte Kirchdörfer liegen auf der Höhe an uralten Wegen, Weiler oder einzelne Höfe wurden im Tal gebaut, stehen heute nah an ausufernden Industriestandorten, die sich ebenfalls in den Flusstälern ausgebreitet haben. Seit den 1960er-Jahren kamen „Schlaf“städte

wie Refrath oder Moitzfeld dazu, deren Siedlungen an die Großstadt Köln grenzen und die dennoch schon im Grünen liegen.
Hier, am Rand des Bergischen Landes, begegnen uns auch die ersten steinernen Wegzeichen des „Kölner Eifelvereins" (KEV). Er gründete sich am 18. Oktober 1888 als „Kölner Eifelclub", einer Ortsgruppe des im Mai desselben Jahres von Adolf Dronke aus der Taufe gehobenen „Eifelvereins" – und spaltete sich in zwei Phasen (1909 und 1994) vom großen Bruder ab. Bei der Gründung ging es den Mitgliedern nicht vorrangig ums Wandern, sondern der „Eifelverein" wollte dem verarmten Landstrich – „Preußisch Sibirien" – wirtschaftlich helfen, unter anderem auch durch die Förderung des Fremdenverkehrs. Bis 1901 verzeichnet die Chronik daher nur eine Wanderung mit drei Mitgliedern.
Der „Kölner Eifelclub", der sich 1903 in „Kölner Eifelverein" umbenannte, kümmerte sich erst ab 1905 um die Pflege bestimmter Wanderstrecken. Das rührige Mitglied Hans Hoitz richtete damals entlang dieser Strecken Schülerherbergen ein, die Vorgänger der heutigen Jugendherbergen. Da diese aber nur männlichen Gymnasiasten und Studenten vorbehalten waren, begannen sozial eingestellte Mitglieder des KEV damit, auch Herbergen für Lehrlinge einzurichten. Dieses eigenmächtige Vorgehen ärgerte den übergeordneten „Eifelver-

Idylle am Umbach

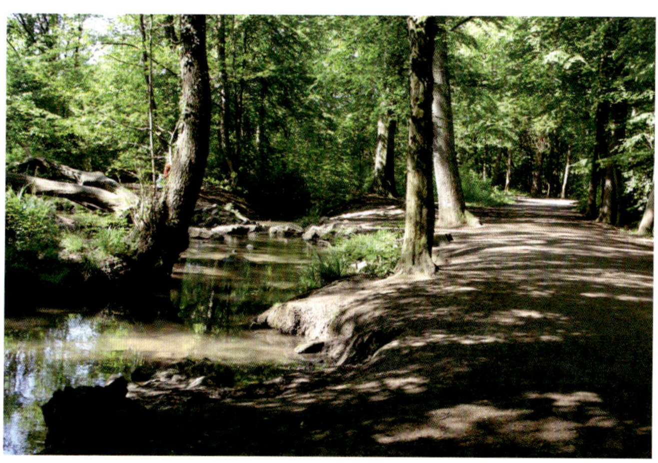

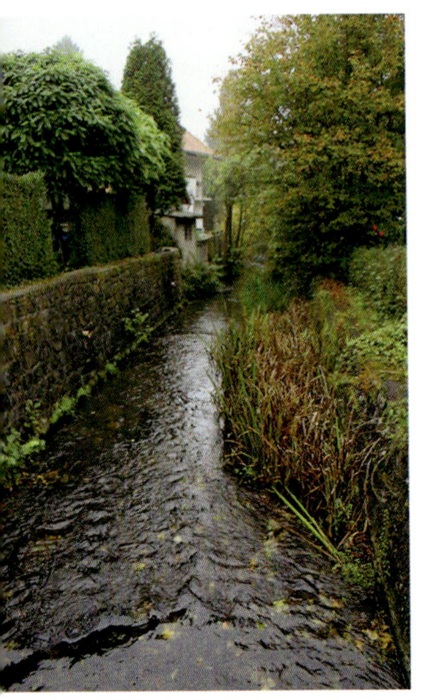

Der Strunder Bach am Gierather Mühlenweg

ein" und Hoitz. Er gründete daraufhin 1909 eine eigene Ortsgruppe „Köln" des „Eifelvereins", die heute noch existiert. Der KEV konterte mit einer Satzungsänderung und 85 Jahre später – schließlich ging es nur noch ums Geld – etablierte sich der KEV endgültig als selbstständiger Verein. Heute betreut der „Kölner Eifelverein" (der aus den geschilderten historischen Gründen auf das „Kölner" im Vereinsnamen besteht) Wanderwege mit einer Länge von rund 800 Kilometern, überwiegend außerhalb Kölns, im Bergischen Land (Kennzeichen: weißer Winkel) und insbesondere Rundwanderwege durch den Königsforst (Kennzeichen: A). Mit dem KÖLNPFAD kam nach 120 Jahren eine erste linksrheinische Wegstrecke hinzu, die nahezu komplett auf Kölner Stadtgebiet liegt.

Aber zurück zum Weg, der jetzt durch einen schönen Mischwald führt, der zum Naturschutzgebiet „Gierather Wald" gehört. Es ist sehr groß, knapp 189 Hektar – umgerechnet 264 Fußballfelder – und es ist relativ jung, steht erst seit 2002 unter Schutz. Landkarten weisen hier auch die Bezeichnung „Schluchter Heide" auf, obwohl im Naturschutzgebiet mit seinen „standortgerechten Laubwaldbeständen und den naturnah mäandrierenden Bächen" nichts mehr an eine typische Heide erinnert. Es liegt aber auf der rechtsrheinischen Heideterrasse, einem zwei bis drei Kilometer breiten und 50 Kilometer langen Landschaftsband zwischen Solingen und Siegburg, der ehemaligen Mittelterrasse des Rheins. Durch die Zersiedelung wirkt das Band allerdings wie von Motten zerfressen und nur der Königsforst und die südlich angrenzende Wahner Heide bilden noch größere, zusammenhängende Flächen.

Hinter dem Wald geht es wieder am Siedlungsrand entlang, diesmal berühren wir Refrath. Nachdem wir die „Golfplatzstraße" überquert haben, kommen wir an einem schönen

alten Garten mit einem merkwürdig anmutenden steinernem Turm vorbei. Dieses mit Efeu bewachsene Bauwerk, das an den Rapunzelturm aus dem Grimm'schen Märchen erinnert, gehört zum privaten Anwesen der Familie Hehn. Der Bauunternehmer Jakob Hehn errichtete 1941 den Turm und das ungewöhnliche Baumaterial – verschiedene Steinquader, die er um eine vorhandene Treppe platzierte – stammt aus Köln. Denn Hehn war mit Otto Doppelfeld (1907 bis 1979) befreundet, dem Kölner Archäologen und Altertumswissenschaftler, der seit 1941 die Fundamente des Doms und seiner Umgebung wie kein zweiter umgegraben hat. Dabei förderte er bahnbrechende Funde zutage wie das Dionysos-Mosaik und das Praetorium sowie den römischen Statthalterpalast, die wichtige neue Einblicke in die römische und fränkische Geschichte der Stadt gewährten. Heute unvorstellbar, aber einige Fundstücke, Steine und Skulpturen überließ Doppelfeld damals großzügig dem Bauunternehmer, der ihn bei seiner Arbeit unterstützt hat.
Nach kurzer Wegstrecke durch den Wald erreichen wir die Naherholungsanlage „Saaler Mühle" mit dem Bensberger See in der Mitte, einem großen Spielplatz am Rand und einer Grillhütte, die offiziell angemietet werden kann. Der Park entstand in den 1970er-Jahren an historischer Stelle, denn in dieser ehemaligen Grube stand der älteste nachgewiesene Kalkofen in Bergisch Gladbach, erstmals erwähnt 1622 im

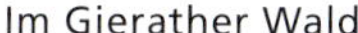
Im Gierather Wald

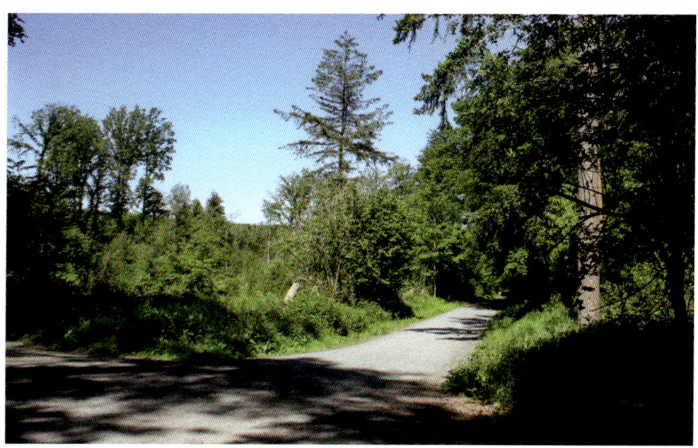

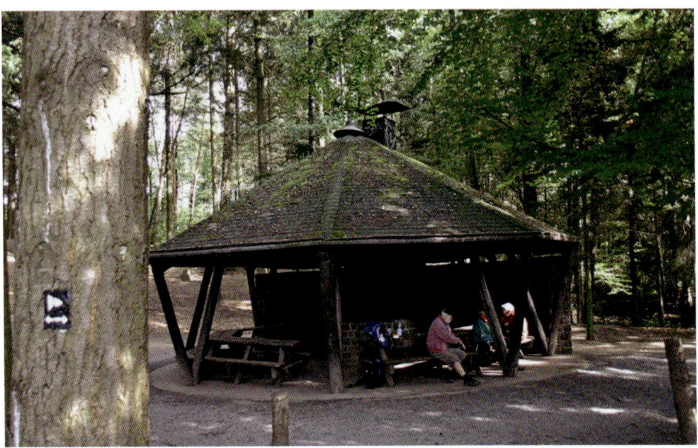

Rasthaus an der Saaler Mühle

Testament des Kaspar von Zweiffel. Aber nicht nur Kalk wurde hier abgebaut und gebrannt, sondern gleichzeitig Braunkohle als Brennmaterial, im Volksmund Trass genannt. Vermutlich seit dem 15. Jahrhundert wurde in zahlreichen Weilern, die heute zur Stadt Bergisch Gladbach gehören, Kalk zum Bauen, Düngen, zur Eisenverhüttung und Glasherstellung gewonnen, den die Bergisch Gladbach-Paffrather Mulde reichlich zu bieten hatte. Entstanden sind diese Kalkablagerungen vor 350 Millionen Jahren im Erdaltertum, dem Devon, aus den Korallenriffen eines flachen, warmen Meeres.
Warmes Wasser gibt es wieder seit dem Jahr 2000 an dieser Stelle. Damals wurde das Wellnessbad „Mediterana" eröffnet, das dicht an den Mühlenpark heranreicht. Die Bauten im mediterranen Stil ragen über die Baumwipfel hinaus und wirken an dieser Stelle im rauen bergischen Klima doch ein wenig fremd. Wasser in gefrorener Form begegnet uns auf der anderen Seite der „Saaler Straße", in der seit 1979 bestehenden Eissporthalle. An dieser Stelle lässt sich die Etappe vorzeitig beenden. Gleich zwei Straßenbahnhaltestellen sind schnell zu erreichen.
Der KÖLNPFAD verläuft weiter am Grundstück des „Golf- und Land-Club Köln" entlang. Wie der Name schon vermuten lässt, wurde der Club – heute satte 80 Hektar schön gepflegte Wald- und Parklandschaft – 1906 in Köln als „Kölner Golf-Club" gegründet und befand sich im Innenraum der Pferde-

rennbahn. Diese liegt im Kölner Norden, im Stadtteil Weidenpesch, der bis 1952 Merheim linksrheinisch hieß.
Wenige Meter vom eisernen Eingangstor des Golfclubs entfernt, überqueren wir die ehemalige Bahntrasse von Bergisch Gladbach nach Rösrath, die schon seit 1961 nicht mehr in Betrieb ist. Doch noch immer sind streckenweise die alten Schienen zu erkennen, die mehr und mehr von Gräsern und Büschen überwuchert werden. Bis vor wenigen Jahren lag hier immer mal wieder der feine Duft von Schokolade in der Luft. Das war keine Einbildung aufgrund von Unterzuckerung, sondern die hohen Industriehallen links des KÖLNPFADs gehören zur Firma Krüger, die seit 1971 in Bergisch Gladbach Kakao, Kaffee, Tee und Vitamintabletten in Pulverform produziert. Mittlerweile gehören rund 5.000 Mitarbeiterinnen und Mitarbeiter an 20 Standorten in zehn Ländern zum Konzern, der neben Instantprodukten immer mehr auf den Markt für gesunde Ernährung setzt. Deshalb hat sich der Geruch von Schokolade an dieser Stelle des KÖLNPFADs leider verflüchtigt. Neben Krüger war bis 2010, bis zu seinem Umzug nach Köln-Mülheim, noch ein bekanntes Unternehmen im Ortsteil Gronau beheimatet, der Bastei Lübbe Verlag. Dessen Verleger Gustav Lübbe machte ab 1953 im Wirtschaftswunderland Deutschland die Groschenhefte von Jerry Cotton bis zum Bergdoktor und Rätselhefte sehr populär. Heute ist Bastei Lübbe der größte deutsche Publikumsverlag, der noch selbstständig ist und nicht Teil eines Konzerns.
Nach kurzer Wegstrecke über schmale Pfade durch den „Neuborner Busch" überqueren wir die „Bensberger Straße" und

Rastplatz an der alten Bahnlinie von Bergisch Gladbach nach Rösrath

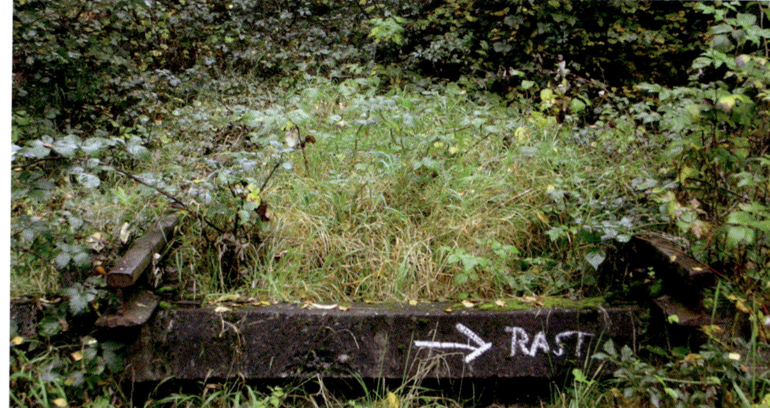

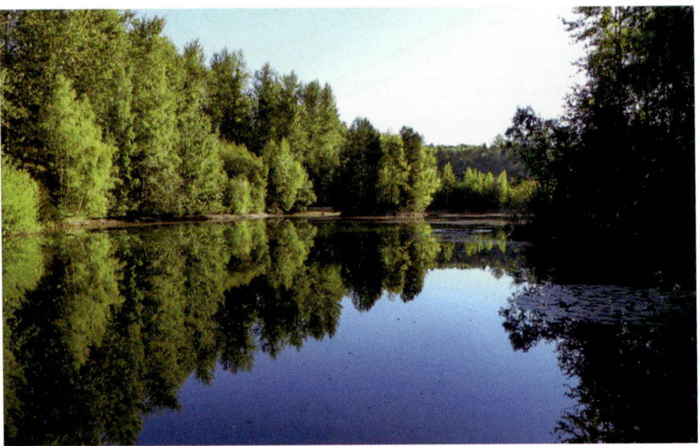

Paradies für Tiere und Pflanzen: Naturschutzgebiet Grube Cox

erreichen das kleine, aber feine Naturschutzgebiet Grube Cox. Die ursprüngliche Route des KÖLNPFADs führte in den ersten Jahren an dieser Stelle ein wenig kurios durch den katholischen Friedhof von Heidkamp. Jetzt verläuft der KÖLNPFAD auf einer deutlich attraktiveren Strecke durch das knapp 22 Hektar kleine Naturschutzgebiet mit den vier Tümpeln. Von 1969 bis 1985 wurde in der Grube Cox Dolomit abgebaut. An dieser Stelle war das Gestein der Bergisch Gladbach-Paffrather Mulde zudem noch besonders eisenarm und eignete sich hervorragend für die Herstellung von hochwertigem Spiegelglas, das in Porzer Glaswerken geschmolzen wurde. Eigentlich sollte die Grube nach dem Ende des Abbaus verfüllt werden, aber die trockenen, sandigen Hänge und im Gegensatz dazu die feuchten Flächen rund um die Tümpel lockten nach Stilllegung der Grube gefährdete Tiere wie die Ringelnatter und die Zauneidechse an, aber auch Kröten, Haubentaucher und Sandbienen fühlten sich in der Brache wohl – und leider auch der Mensch, der das seit 1996 unter Schutz stehende Gebiet im Sommer gerne zum Schwimmen, Grillen und Mountainbike fahren nutzt. Dabei stört er die empfindliche Fauna und Flora erheblich. Dieser Konflikt lässt sich nicht mit der Verhängung von Bußgeldern lösen, sondern die obersten Naturschützer des Rheinisch-Bergischen Kreises sind dazu übergegangen, mit natürlichen Barrieren aus umgestürzten Bäumen die sensiblen Bereiche unzugänglich zu gestalten. Ein Rundweg mit Informationstafeln erschließt das kleine-feine Schutzgebiet. Denn reizvoll ist das ehemalige Grubengelände zu allen Jahreszeiten, und selbst im Winter, wenn die Sonne scheint und der Himmel sich im kalten Blau präsentiert, erinnert die kleine Insel mit Birken und Kiefern in einem der vier Seen an die Taiga in Skandinavien.

Kurz vor der Straße „Lerbacher Weg" treten wir aus dem Wald heraus, und vor unseren Füßen breitet sich das Bergische Land in seiner bescheidenen Schönheit aus: Sanften Wellen gleich neigen sich mächtige Laubbäume über die kräftig grünen Wiesen am Hang, die im Sommer von den Schwarzbunten klein gehalten werden. Zaunpfähle sind von Wind und Regen zwar gebeugt, stehen dennoch unverrückbar und fest in der Erde an ihrem Platz. Auffällig sind an dieser Stelle die zahlreichen Hinweise und Zeichen auf diverse Wanderwege. Wandern liegt im Trend, das war auch während der Corona-Pandemie immer noch möglich, und immer mehr Menschen machen sich auf den Weg in die Natur. Das haben auch die Tourismusverbände entdeckt, die mit ihren Steigen und Panoramawegen mehr und mehr farbige Wegmarken in die Landschaft setzen. Der KÖLNPFAD ist da nur einer unter zahlreichen Angeboten, den aber im Laufe der Jahre viele Menschen aus Köln für sich entdeckt haben und

Altes Wegekreuz am Rand der Straße

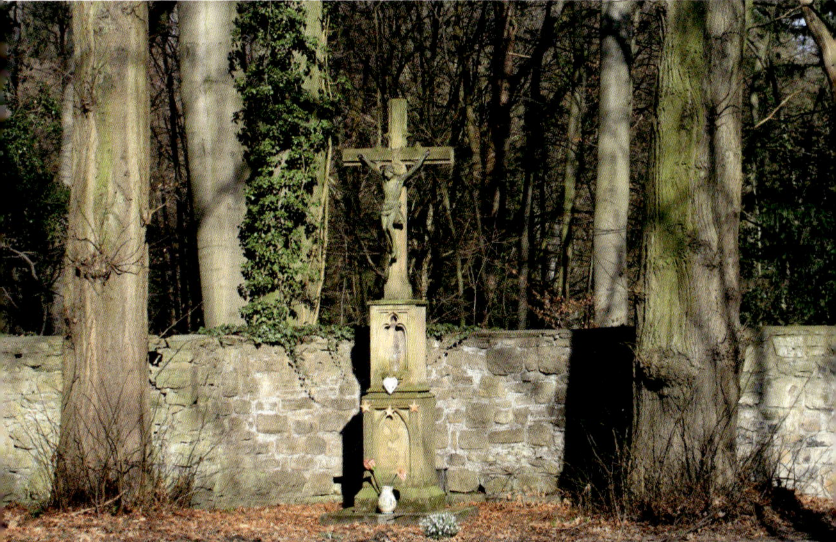

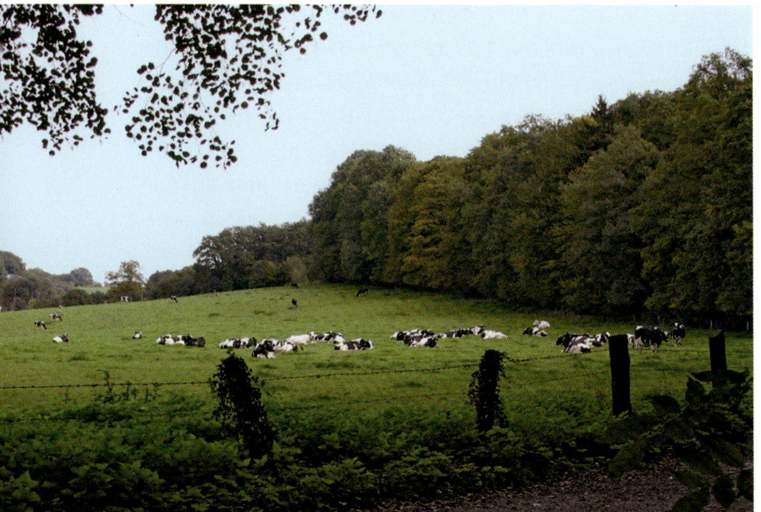

Bergisches Land mit schwarz-bunten Kühen

der 2014 beim Wettbewerb „Deutschlands schönste Wanderwege“ des „Wandermagazins“ den dritten Platz in der Kategorie „Routen um Metropolen“ belegte. Die Jury begründete ihre Entscheidung unter anderem damit, dass er ein Stück Kölngeschichte per pedes sei, „ein Kennenlern-Stück zwischen Gestern, Heute und Morgen, aber auch ein Stück Erholung abseits der pulsierenden Zentren dieser lebendigen Metropole am Rhein“.

Wir wandern weiter durch das Tal des Lerbachs und hier hat auch Haus Lerbach seinen Platz, 1900 von den Eheleuten Richard Zanders und Anna von Siemens im englischen Landhausstil gebaut, mit Anleihen an die bergische Bautradition. Die Geschichte von Haus und Grundstück – heute ein 28 Hektar großer Park – ist wesentlich älter, reicht bis ins 13. Jahrhundert zurück. 1992 wurde aus Haus Lerbach – das immer noch im Besitz der Familie Siemens ist – bis 2015 das Schlosshotel Lerbach inklusive eines mit Sternen gekrönten Restaurants. Seit der Schließung scheint die gesamte Anlage in einem Dornröschenschlaf zu ruhen.

Bevor wir uns auf den einen Kilometer langen und einzigen „Aufstieg“ auf dem KÖLNPFAD, zur Rochuskappelle oben auf der Höhe in „Breite“, machen, lohnen noch zwei kurze Aus-

flüge im Tal: 400 Meter vom Bauernhof „Gut Lerbach" entfernt in Kaltenbroich entspringt der Lerbach in einer Karstquelle, die als Naturdenkmal ausgewiesen ist. Bis 1955 war diese Stelle öffentlicher Waschplatz der Kaltenbroicherinnen. Und im Bauernhof steht Bergisch Gladbachs erste Milchtankstelle. Dort kann Rohmilch gezapft werden – centgenau abgerechnet. Aber auch Bergkäse, Eier von glücklichen Hühnern und Honig können aus den Automaten gezogen werden.
Auf halbem Weg zur Kapelle bietet sich eine Bank für einen kurzen Zwischenstopp an. Ungefähr zehn Meter unterhalb dieser Stelle lohnt sich ein Blick zurück in die Kölner Bucht, denn genau von hier aus ist der Kölner Dom zu sehen. Am Ende des Aufstiegs ist die Rochuskapelle und der von mächtigen Linden und Eichen beschirmte Platz der richtige Ort für eine ausgiebige Rast. 1684 ließ Johann Philipp Theodor Freiherr Leers von Lerbach das Fachwerkkirchlein errichten. Es ist dem Schutzpatron der Pestkranken geweiht, weil auch in seiner Familie die Seuche gewütet hatte.
Jetzt müssen wir leider einen Kilometer lang an der viel befahrenen Straße nach Herkenrath wandern (hier lässt sich die Etappe auch beenden), bevor wir – kurz vor dem Wiesenweg zur Herkenrather Kirche – in den Wald abbiegen, um durch die ehemalige Grube Blücher zum Naturfreundehaus zu wandern. Natürlich darf an dieser Stelle nicht der Hinweis auf den Besuch der Pfarrkirche St. Antonius Abbas in Herkenrath fehlen,

Die Rochuskapelle auf der Höhe bei „Breite"

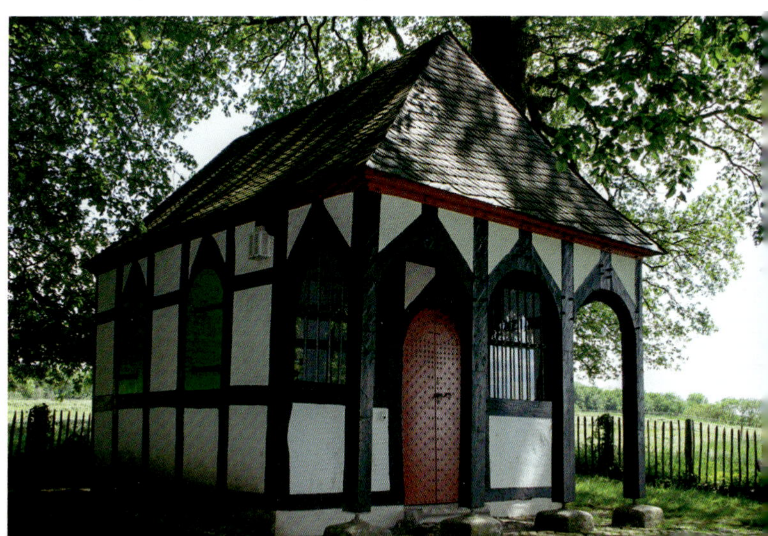

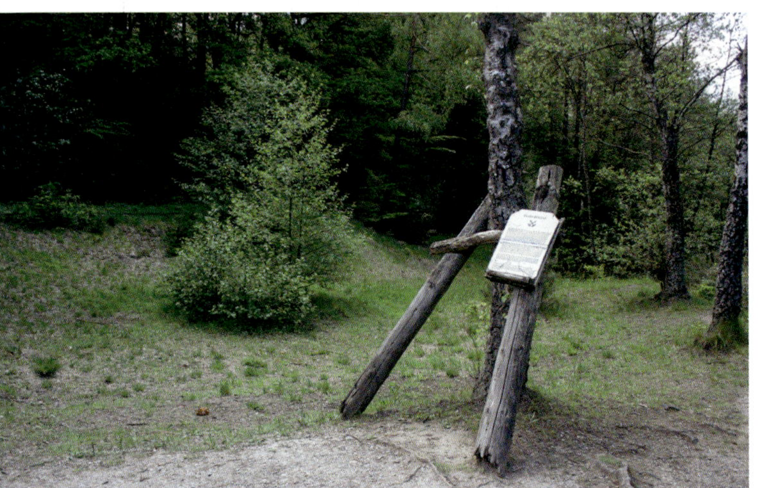

Die ehemalige Grube Blücher

die immerhin seit mehr als 1.000 Jahren auf einem kleinen Bergsporn thront. Zuerst gab es jedoch nur eine kleine Saalkirche. Im 12. Jahrhundert – damals war die Herkenrather Kirchengemeinschaft gegenüber der Benediktinerabtei in Deutz abgabepflichtig – errichteten die Lehnsherren von Dorendorp über den alten Fundamenten eine romanische Gewölbebasilika, die von 1892 bis 1896 und nochmals von 1962 bis 1964 erweitert wurde. Heute besticht das Gotteshaus durch die gelungene Verbindung von Alt und Neu und insbesondere durch die farbigen Kirchenfenster der isländischen Künstlerin Gerdur Helgadottir.

Aber noch ein Künstler hat seine Handschrift hinterlassen, der später auch in Köln wirkte: Der gebürtige Dürener Hermann Gottfried malte 1977 den neuen Kirchenteil aus. Von 1988 bis 1993 gestaltete er auch die Konchen und das Gewölbe um den Altar der romanischen Kirche St. Aposteln in Köln am Neumarkt.

Aber Herkenrath hat nicht nur eine schöne Kirche zu bieten, sondern auch einen wunderbaren Buchenwald, der bis an die ehemalige Grube Blücher reicht. Auf dem Weg dorthin überschreiten wir den höchsten Punkt des KÖLNPFADs – besagte 215 Meter über Normalnull.

Kurz vor dem ehemaligen Steigerhaus der Grube fällt der rote Bach auf, der mitten auf dem Weg entspringt. „Der verletzte

Berg blutet" nannten die Einheimischen dieses Phänomen beim Bergbau. Wasserläufe kommen unterirdisch mit Eisenerz in Berührung, dem „Eisernen Hut", einer Schicht, die kleinere Spuren von Eisenerz enthält und über dem eigentlichen Zink- und Bleierzvorkommen liegt. Tritt das Wasser aus dem Berg, verbindet es sich an der Erdoberfläche mit Sauerstoff, oxidiert, verrostet sozusagen. Das Wasser färbt sich rötlich.

Im Berg befinden sich immer noch Reste von Eisen-, Blei- und Zinkerz, die im 19. Jahrhundert im großen Stil hier abgebaut wurden. Denn so wie Bergisch Gladbach seine Kalkvorkommen ausbeutete, gruben die Bensberger schon seit dem Mittelalter nach Metallerzen, zuerst nach Eisen, Kupfer, Blei und Quecksilber, später boomte Zinkerz. Seine Blütezeit erlebte das Montangewerbe im 19. Jahrhundert. Um 1880 gab es im Bensberger Erzrevier immerhin 28 Gruben mit rund 3.000 Beschäftigten, mit den Gewerken rundherum hatten mehr als 10.000 Menschen ihr Auskommen im Bergbau. Zu den bekanntesten zählen die Gruben Weiß und Berzelius bei Moitzfeld und die Grube auf dem Lüderich.

Die Grube Blücher beispielsweise existierte von 1847 bis 1893. Aus insgesamt 13 Grubenfeldern im Waldgebiet der Hardt beförderten zu Hochzeiten 280 Arbeiter die Zink-, Blei- und Kupfererze zutage. Bis in die 1950er-Jahre wurden die Abraumhalden sogar nochmals nach Resten von Zinkerz durchsucht. Seit 1960 ist das ehemalige Verwaltungsgebäude (das Steigerhaus) der Grube Blücher unter dem Namen „Haus Hardt" ein Naturfreundehaus, das sich mit seinen erlebnispädagogischen Angeboten besonders an Familien mit Kindern wendet. Aufgrund seiner Lage mitten im Wald ist das Haus mit seinem Biergarten immer für eine gemütliche Einkehr zu empfehlen.

Willkommen im Naturfreundehaus Hardt

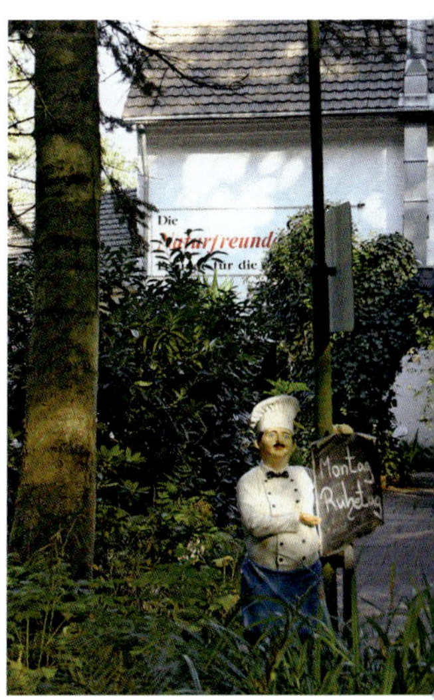

Von Haus Hardt geht es die beiden letzten Kilometer durch den Wald

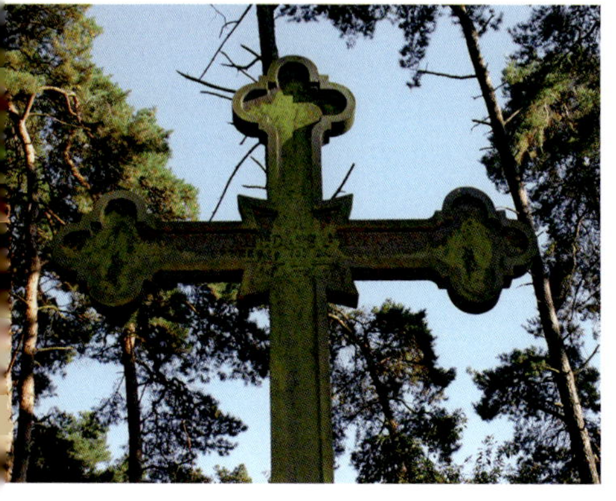
Eisernes Kreuz am Franzosenfriedhof

weiter durchs Milchborntal (mit Freibad und Waldhotel) und hoch zum Schloss. Bevor der prächtige Barockbau und die Pfarrkirche St. Nikolaus durch die Bäume schimmern, führt der KÖLNPFAD noch zum „Franzosenfriedhof" und der „Ruhestaette österreichischer Krieger" mitten im Wald. Ein schlichtes Eisenkreuz – 1861 von A. Müller errichtet, einem französischen („un Compatriote") Ingenieur und Besitzer einer Zinkhütte – erinnert an die Soldaten Napoleons, die nach dem gescheiterten Russlandfeldzug schließlich in Bensberg im Lazarett starben, das im Frühjahr 1813 – wieder einmal – im Schloss aufgeschlagen worden war. Bereits 19 Jahre vorher, während der Revolutionskriege 1794, diente das prächtige Gebäude erstmals als Soldatenkrankenhaus, in dem 3.000 Österreicher fern der Heimat an Typhus starben. 1854 stiftete Kaiser Franz Joseph die Stele aus Sandstein, die an seine toten Landsleute erinnert.

Das traurige Schicksal als Lazarett hätte Jan Wellem seinem Jagd- und Lustschloss sicherlich nicht gewünscht. Denn der Kurfürst hatte die Residenz des Sonnenkönigs Ludwig XIV. in Versailles im Sinn, als er den italienischen Baumeister Matteo Alberti beauftragte, ein neues Schloss in Bensberg zu bauen.

Die Arbeiten begannen 1703, aber als Jan Wellem 1716 starb, war das barocke Schloss noch nicht fertiggestellt. Seine Nachfolger hatten jedoch weder Interesse am Weiterbau noch an der Nutzung des Gebäudes. Die wertvollen Ausstattungsstücke und die Kunstsammlungen von Jan Wellem und seiner zweiten Frau Anna Maria Luisa de Medici wurden auseinandergerissen – oder auch einfach verheizt. So war der imposante Gebäudekomplex mal Lazarett, mal Kadettenanstalt der Preußen, mal Obdachlosenheim und nationalsozialistische

Erziehungsanstalt, nach dem Zweiten Weltkrieg Kaserne und später Schule der belgischen Streitkräfte. Seit 2000 hat das Barockschloss allerdings wieder etwas von seiner alten Pracht zurückerhalten. Seitdem beherbergt es das Grandhotel „Schloss Bensberg" mit fünf Sternen – der genussfreudige Jan Wellem hätte sich dort sicherlich wohl gefühlt.

Nachdem wir uns satt gesehen haben am Panorama der Kölner Bucht, gehen wir das letzte Stück der Etappe gemächlich durch den Burggraben zur Endhaltestelle der Straßenbahnlinie 1. Schöne alte bergische Häuser mit Fachwerk und Schiefer säumen die Straße, die uns auch an den Resten des alten Schlosses vorbeiführt und dem 1971 eingeweihten neuen Rathaus aus Beton direkt daneben. Der Entwurf stammt von dem Kölner Architekten Gottfried Böhm, der mutig und gekonnt Alt mit Neu verknüpfte.

Gegenüber vom Rathaus befindet sich das kleine, aber feine „Bergische Museum für Bergbau, Handwerk und Gewerbe" im Türmchenhaus, einem spätgotischen Bruchsteinhaus mit angrenzendem Fachwerkanbau. Es ist ein Freilichtmuseum, das nicht nur ein kleines Bergwerk zu bieten hat, sondern alte Gewerke bei interessanten Vorführungen lebendig werden lässt. Lohnender Abschluss einer abwechslungsreichen Etappe.

Altes Schloss und neues Rathaus

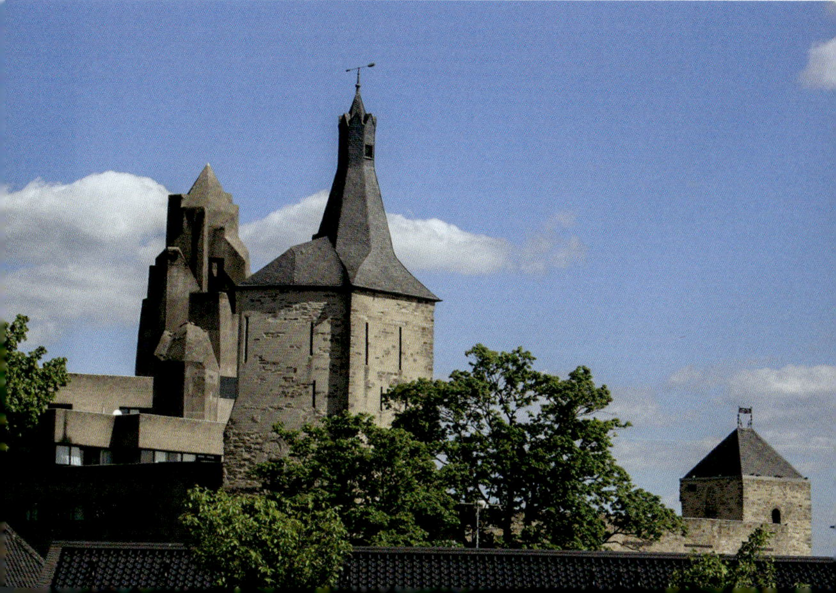

Länge: 18 Kilometer

Dauer: 5 Stunden, 30 Minuten

Profil: überwiegend flach mit einer Steigung im engen Wiesenweg, daher nicht geeignet für Kinderwagen

Anfahrt: mit den KVB-Linien 3 und 18 bis Endhaltestelle „Thielenbruch"

Abkürzungen:

Kilometer 4: Von der „Saaler Mühle" können Sie entweder die „Saaler Straße" nehmen bis zur „Ferdinand-Schmitz-Straße", in die Sie rechts einbiegen. Dann erreichen Sie die KVB-Haltestelle „Neuenweg". Oder Sie gehen weiter am See entlang, noch am Mediterana vorbei und am Wegedreieck links. Sie wandern weiter geradeaus, passieren den Skaterpark und kommen zur Haltestelle „Frankenforst".

Kilometer 12: In „Breite" liegt die gleichnamige Haltestelle der Buslinie 453 des RVK in Richtung Oberkühlem. Der Bus ist in 15 Minuten am S-Bahnhof in Bergisch Gladbach.

Einkehrmöglichkeiten:

Restaurant „Am Fürstenbrünnchen" www.fuerstenbruennchen.de
Alt Lückerath 1, 51429 Bergisch Gladbach Tel. 0 22 02-3 53 41

Restaurant KÜHLHAUS www.restaurant-kuehlhaus.business.site
in der Eissportarena, Saaler Straße 100, 51429 Bergisch Gladbach
Tel. 0 22 04-9 87 39 47

Haus Hardt www.haushardt.de
Hardt 44, 51429 Bergisch Gladbach, Tel. 0 22 04-3 00 75 41

Romantik Waldhotel Mangold www.waldhotel.de
Am Milchborntal 39–43, 51429 Bergisch Gladbach,
Tel. 0 22 04-9 55 50

Gasthaus Wermelskirchen www.gasthaus-wermelskirchen.de
Burggraben 8, 51429 Bergisch Gladbach, Tel. 0 22 04-5 25 64

Allgemeine Informationen:

Die **Grillhütte** der „Saaler Mühle" kann bei der Bergisch Gladbacher Stadtverwaltung unter der Telefonnummer 0 22 02-14 13 78 von April bis Oktober gemietet werden.

Mediterana www.mediterana.de
Saaler Mühle 1, 51429 Bergisch Gladbach, Tel. 0 22 04-20 20
Öffnungszeiten: Sauna- und Wellnessbereich täglich 9–24 Uhr, Badebereich Mo–Fr 6.30–22 Uhr, Sa/So/Feiertage 8–22 Uhr

Eissportarena Bergisch Gladbach www.eissportarena.gl
Saaler Straße 100, 51429 Bergisch Gladbach, Tel. 0 22 04-6 47 48
Öffnungszeiten: September–April, Mo–Fr 10–12 Uhr und 15–17 Uhr, So 11.30–15.30 Uhr

Golf und Land-Club Köln www.glckoeln.de
Golfplatz 2, 51429 Bergisch Gladbach, Tel. 0 22 04-9 27 60
Der Zutritt ist nur Mitgliedern erlaubt.

Die **Rochuskapelle** an der Verbindungsstraße (L 329) zwischen Bergisch Gladbach und Herkenrath ist nur von außen zugänglich.

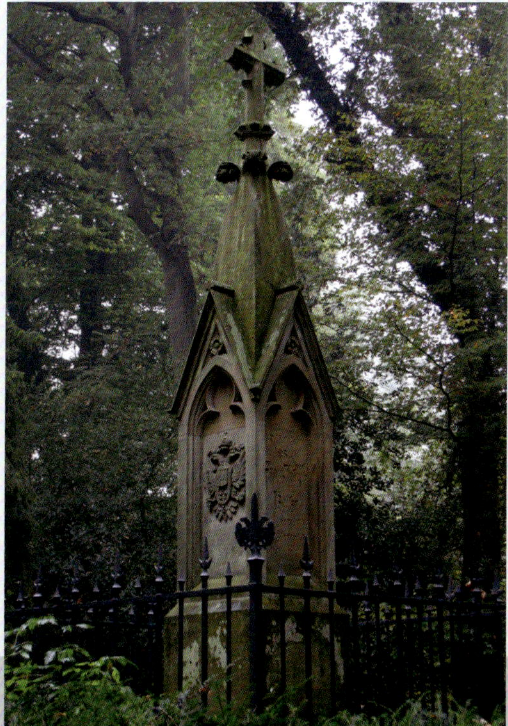

Denkmal auf dem österreichischen Friedhof

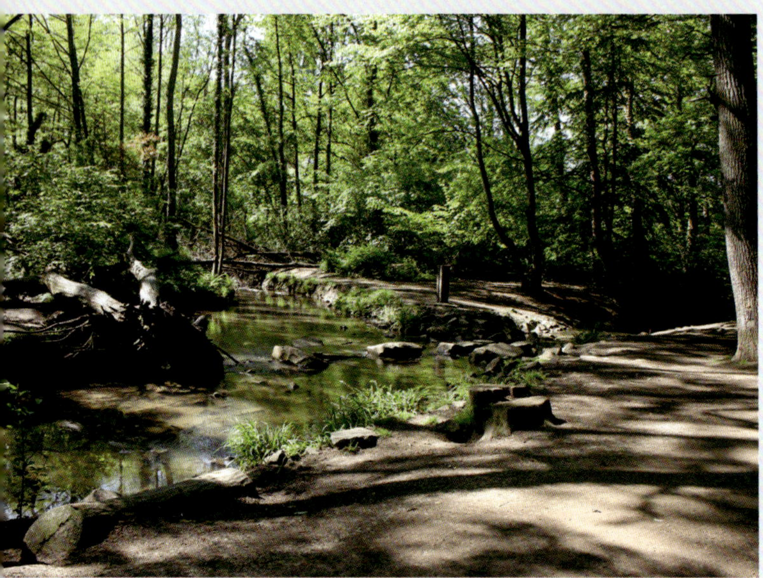

Der Umbach bei Dellbrück

Katholische Kirche St. Antonius Abbas
Im Frohnhof 28, 51429 Bergisch Gladbach, Tel. 0 22 02-29 30 70
Die Kirche ist tagsüber geöffnet und kann außerhalb der Gottesdienste besichtigt werden.

Freibad Milchborntal www.freibad-milchborntal.de
Milchborntalweg 69, 51429 Bergisch Gladbach,
Tel. 0 22 04-5 39 55
Öffnungszeiten: in der Sommersaison täglich 10–20 Uhr

Grandhotel Schloss Bensberg www.schlossbensberg.de
Kadettenweg, 51429 Bergisch Gladbach, Tel. 0 22 04-4 20

Bergisches Museum für Bergbau, Handwerk und Gewerbe
www.bergischesmuseum.de
Burggraben 9–21, 51429 Bergisch Gladbach,
Tel. 0 22 04-5 55 59
Öffnungszeiten: Di–Fr 10–13.30 Uhr, Sa/So 11–17 Uhr,
Mo geschlossen

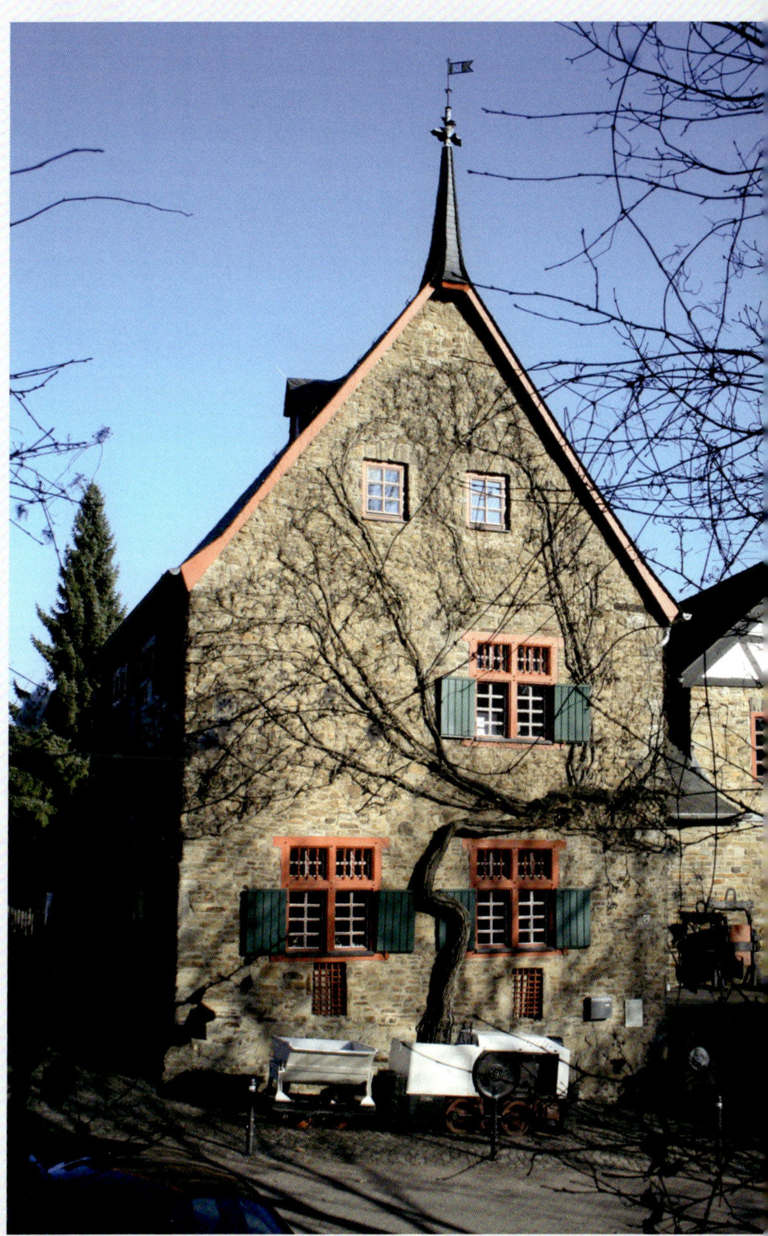

Das alte Bruchsteinhaus beherbergt das Bergbaumuseum.

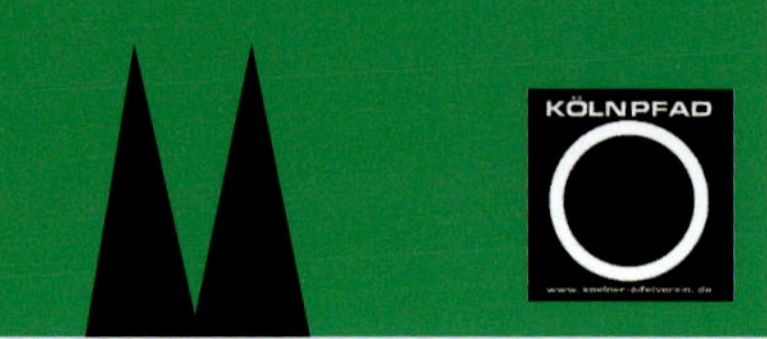

Etappe 9

Der königliche Forst

und ein Stückchen Wahner Heide

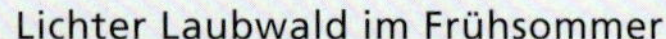

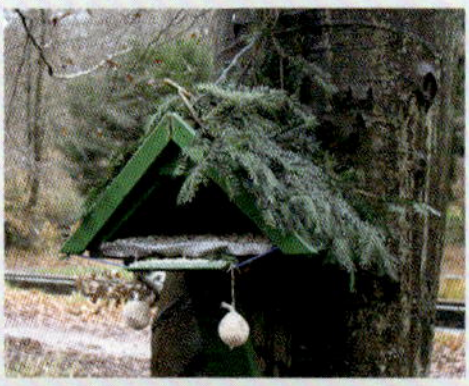

Lichter Laubwald im Frühsommer

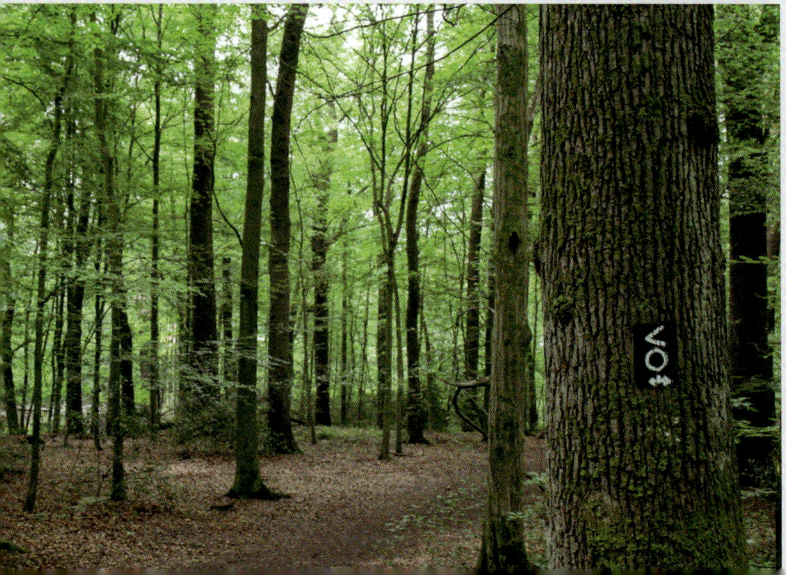

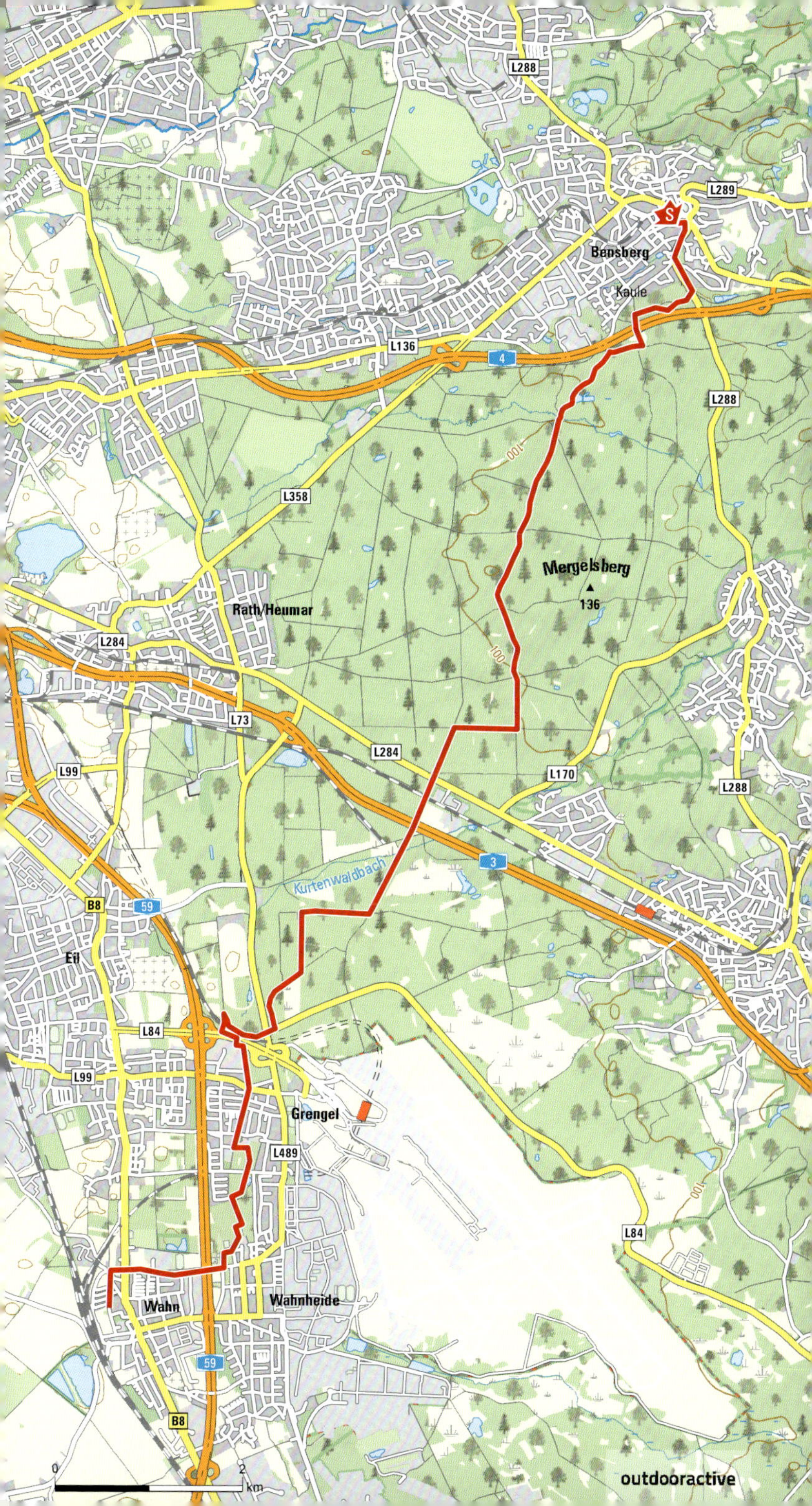

L288
L289
S
Bensberg
Kaule
L136
4
L288
L358
Mergelsberg
136
100
Rath/Heumar
L284
L73
L284
L170
L288
L99
3
Kurtenwaldbach
B8
59
Eil
L84
L99
Grengel
L489
L84
Wahn
Wahnheide
59
B8
0
2
km
outdooractive

WEGBESCHREIBUNG 9

Nachdem Sie die Endhaltestelle der Linie 1 verlassen haben, gehen Sie nach links ein kurzes Stück auf einem gepflasterten Weg auf der Rückseite des Busbahnhofs entlang bis zur „Kauler Straße". Sie gehen links in die „Kauler Straße" bis zur viel befahrenen „Steinstraße". Hier gehen Sie rechts und gleich wieder rechts in die Straße „Gerberloh". Am Ende der Straße gehen Sie rechts in die „Friedrich-Offermann-Straße" und folgen dieser bis zum Ortsausgang von Bensberg.

50 Meter hinter dem Ortsausgangsschild biegen Sie in den ersten Weg nach rechts ein, in den Königsforst. Sie folgen dem Hauptweg bis zur ersten Gabelung und gehen hier links. Sie gehen unter der A4 durch und nach circa 200 Metern, an der nächsten Gabelung, wenden Sie sich nach rechts.

Am nächsten Wegedreieck, nach circa 200 Metern, gehen Sie nach links. (Wenn Sie hier rechts und etwa 400 Meter parallel zur Autobahn gehen, erreichen Sie das Stiftergrab.) Der Weg führt Sie rechts an Kettners Weiher vorbei. An der folgenden Kreuzung gehen Sie geradeaus, überqueren im Verlauf des Wegs einen Bach und am Ende der sich anschließenden Rechtskurve biegen Sie nach links in einen schmalen Waldweg ein und wandern ein wenig aufwärts.

Nach 50 Metern erreichen Sie eine Schutzhütte und gelangen hier wieder auf den Hauptweg. Sie gehen geradeaus und kommen nach weiteren 50 Metern an die Kreuzung von „Wolfs-

Winter im Königsforst

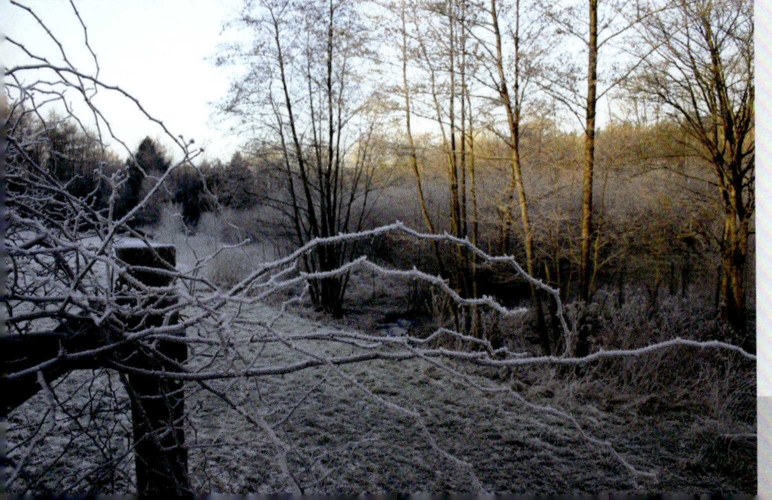

weg" und „Pionierhüttenweg". Sie gehen geradeaus in den „Wolfsweg" und weiter leicht bergauf bis zum „Monte Troodelöh".

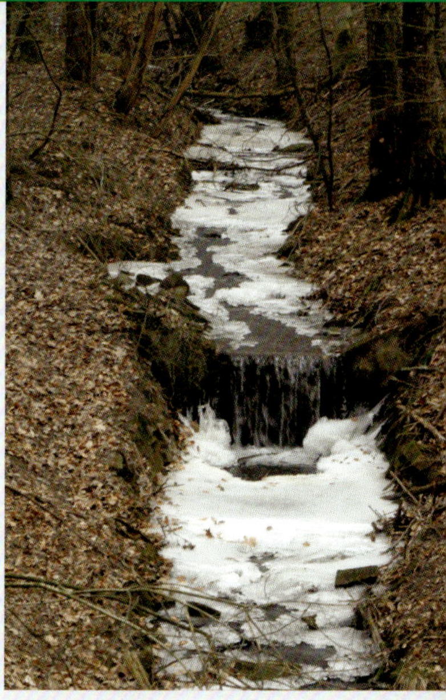

Beeindruckend – Eistreppe auf dem Böttcherbach

Sie gehen weiter geradeaus, an der nun folgenden Kreuzung wiederum geradeaus, ebenso an der nächsten Kreuzung, die nach 200 Metern kommt, und auch an der dritten Kreuzung. Bald gelangen Sie an eine große Schutzhütte mit Wassertretbecken, der „Carstens"-Eiche und einer Wegspinne.

An dieser Wegspinne gehen Sie geradeaus in den „Lützelerweg" bis zur Kreuzung mit der „Schnacke Linie". Hier gehen Sie rechts die „Schnacke Linie". (Zum „Landgasthof Heidenblick" führt der „Lützelerweg" 700 Meter geradeaus.) Sie folgen der „Schnacke Linie" bis zum geteerten „Rennweg". Hier gehen Sie nach links bis zur „Rös-rather Straße". (Wenn Sie hier rechts gehen und dem KEV-Weg 4 folgen, gelangen Sie in 30 Minuten zur Endhaltestelle „Königsforst" der KVB-Linie 9, die bis zum Neumarkt fährt).

Sie überqueren die „Rösrather Straße" (Achtung: stark befahren!) und gehen geradeaus in den „Baumschulenweg". Sie überqueren am Ende des Wegs das einspurige Bahngleis und gehen weiter geradeaus über die Brücke, die über die A 3 führt. Am Ende der Brücke, bei der ersten Gabelung, gehen Sie rechts und gleich links in den Weg, der mit einer gelben Libelle auf schwarzem Grund gekennzeichnet ist. An der nächsten Gabelung wandern Sie nach links.

Sie folgen dem Weg, der am Pionierbecken vorbeiführt. An der nächsten Kreuzung gehen Sie rechts in den „Mühlenweg". An der folgenden Kreuzung (mit Schild „Wasserschutzgebiet")

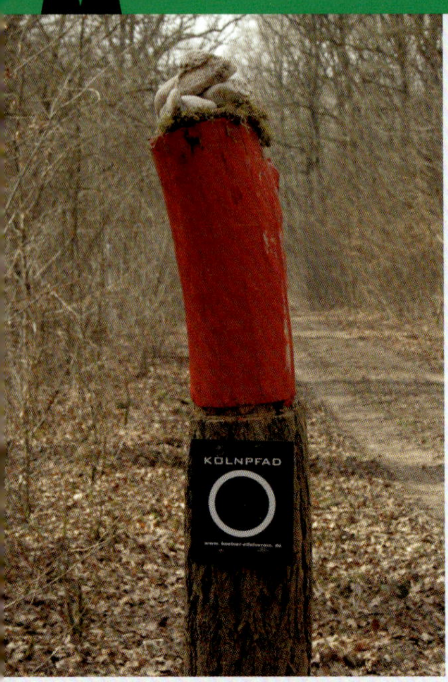

Kaum zu übersehen: auffällige Wegmarkierung in der Wahner Heide

wandern Sie links, circa einen Kilometer, bis zu einer Kreuzung mit einer großen Eiche.

An dieser Kreuzung gehen Sie rechts und an der nächsten kleinen Kreuzung geradeaus. Jetzt heißt der Weg „Am Bähnchen". Am Ende des Wegs erreichen Sie die „Alte Kölner Straße", die Sie überqueren. Sie gehen rechts 30 Meter bis zur Kreuzung mit dem „Grengeler Mauspfad", den Sie an der Ampel überqueren, und wandern weiter geradeaus durch das Drängelgitter.

Sie wandern parallel zu den Bahngleisen, bis Sie die Fußgängerbrücke über die Gleise erreichen, und gehen links über die Brücke. (Wenn Sie an dieser Stelle rechts gehen, kommen Sie nach einem Kilometer zu Gut Leidenhausen.) Am Ende der Brücke wandern Sie geradeaus, parallel zum „Grengeler Mauspfad". Nach 150 Metern, am Ende des asphaltierten Wegs, gehen Sie rechts unter der Straße durch.

Sie folgen weiter dem Weg „Am Wildzaun" entlang der Lagerhallen, später an Wohnhäusern vorbei bis zur „Waldstraße", die Sie überqueren. Sie wandern weiter geradeaus im „Wiesenweg", überqueren die „Friedensstraße" und gehen am Ende der Wohnstraße, auf Höhe des „Mörikewegs", nach links in den Grengeler Stadtpark.

Am Weiher gehen sie nach rechts, passieren einen Picknickpilz und gehen geradeaus am Kanal entlang zur „Hermann-Löns-Straße". Sie überqueren die Straße, wandern geradeaus und danach rechts am nächsten Weiher entlang. An der Abzweigung am Ende des Weihers gehen Sie rechts, nach 100 Metern an der nächsten Kreuzung links und nach weiteren knapp 100 Metern wieder rechts.

Nach 50 Metern gehen Sie links und weiter geradeaus bis zum Sportplatz. Hier gehen Sie rechts am Zaun entlang bis zur nächsten Ecke des Sportplatzes. Dort gehen Sie links und weiter am Zaun des Sportplatzes entlang. Fast am Ende des Sportplatzes zweigt der Trampelpfad rechts ab und führt weiter durch den Wald (stets rechts halten) bis zum Reiterhof an der „Schützenstraße".

Sie gehen die „Schützenstraße" nach links circa 100 Meter, bis Sie die „Nachtigallenstraße" erreichen. Hier wandern Sie nach rechts und folgen der „Nachtigallenstraße" etwa einen Kilometer durch den Stadtteil Wahnheide bis zur „Frankfurter Straße". Sie überqueren die „Frankfurter Straße" am Kreisverkehr und gehen geradeaus in die Straße „Am Bahnhof".

Nach 100 Metern erreichen Sie die „Poststraße", der Sie nach links folgen. Nach 50 Metern gehen Sie halb rechts in die Straße „Auf dem Düppel". Sie wandern weiter geradeaus und kommen automatisch in die „Burgallee". Nach 200 Metern geht rechts der Weg ab zum S-Bahnhof „Wahn". Nach weiteren 100 Metern geradeaus geht es links zur Burg Wahn.

Idyllischer Weiher im Grengeler Stadtpark

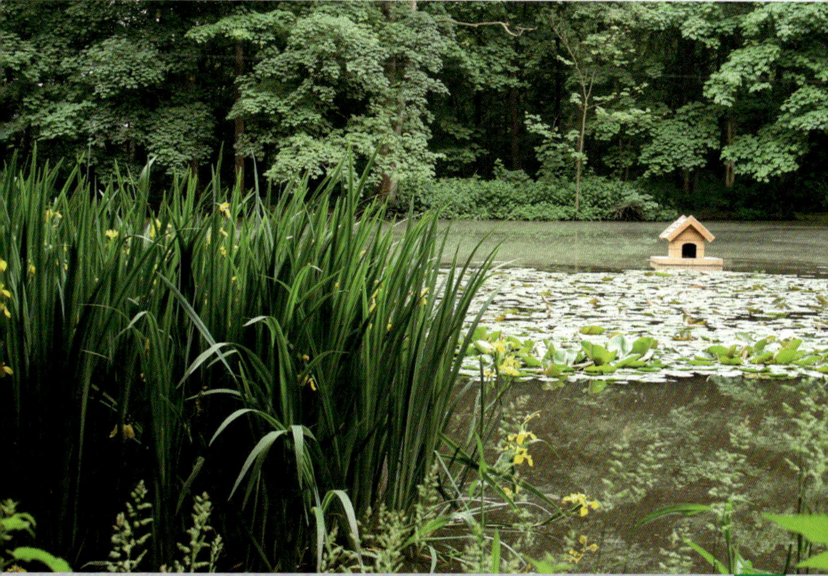

Von Bensberg nach Wahn

Mitten im Beton befindet sich die ganze Prominenz der Wanderwege: Der „Westerwald-Verein“, der „Sauerländische Gebirgsverein“ und der „Kölner Eifelverein“ haben sich am Ausgang der etwas überdimensionierten Endhaltestelle der Linie 1 in Bensberg verewigt. Unübersehbar prangen die weißen Wanderzeichen auf dem silbernen Metall der Laternenpfähle. Sie verweisen darauf, dass nicht weit von dieser neuzeitlichen Betonorgie entfernt der Königsforst beginnt, das grüne Wohnzimmer der Kölner. Die neunte Etappe durch das beliebte Naherholungsgebiet ergibt zusammen mit der Wegstrecke durch den nördlichen Zipfel der Wahner Heide eine schöne Waldwanderung – inklusive der Gipfelbesteigung des „Monte Troodelöh“, der höchsten Höhe auf Kölner Stadtgebiet. Die letzten Kilometer drängelt sich der KÖLNPFAD durch Grengel und an Wahn entlang. Das liegt daran, dass sich der „Köln Bonn Airport“ zu sehr in der Wahner Heide ausgebreitet hat und einen Durchmarsch unmöglich macht. Dafür gibt's zum Schluss als Schmankerl das Ensemble von Schloss Wahn mit der Einkehr im Eltzhof.

Über die „Friedrich-Offermann-Straße“ (genau: der mit der Lederwarenfabrik) gelangen wir recht zügig an den Rand von Bensberg. Unterwegs prangt – wie eine Trutzburg auf dem Hügel – das „Kardinal-Schulte-Haus“ über uns. Das ehemalige Priesterseminar wurde von 1926 bis 1929 erbaut. Ein Groß-

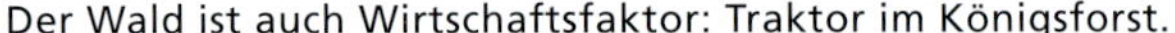

Der Wald ist auch Wirtschaftsfaktor: Traktor im Königsforst.

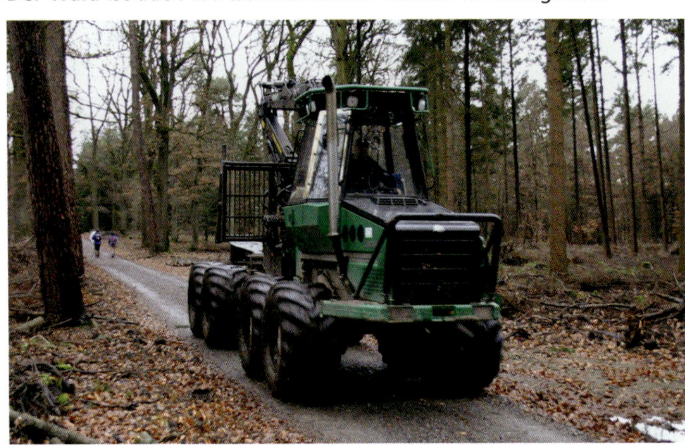

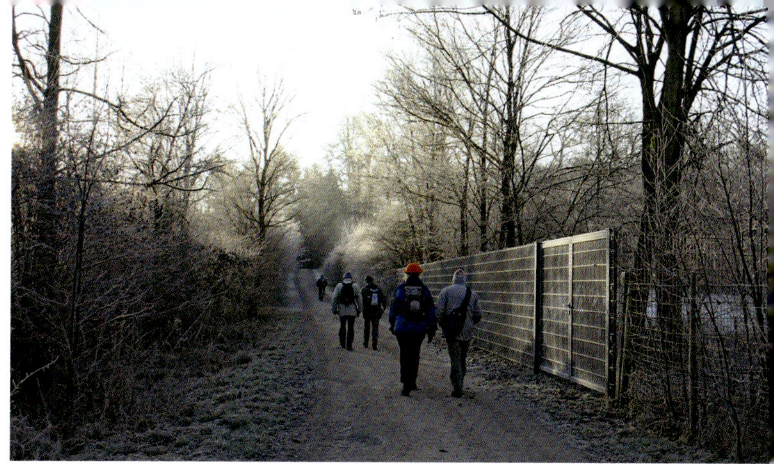

Winterwanderung im Königsforst

feuer beschädigte im Februar 1980 erhebliche Teile des Gebäudes, das seit der anschließenden Sanierung vom Kölner Erzbistum als Tagungszentrum genutzt wird.
Die Häuser werden kleiner, die Grundstücke größer – der Königsforst beginnt. Damit ist das zusammenhängende Waldgebiet gemeint, das rund 3.500 Hektar umfasst und sich auf vier Stadtgebiete erstreckt: Die westliche Hälfte gehört zu Köln, den Osten teilen sich – von Nord nach Süd – Overath, Bergisch Gladbach und Rösrath. Der KÖLNPFAD führt fast durch die Mitte des „Kuningesvorst", wie der Wald erstmalig auf einer Urkunde aus dem Jahr 1003 genannt wird. Die Datierung ist zwar mittlerweile umstritten, aber den „Wald des Königs" gibt es – unbestritten – schon seit 455 nach Christus. Damals eroberten die Franken das römische Köln samt seinem Umland. Die Stadt wurde Sitz der ripuarischen Könige und der Wald – zum Königsforst. Bei diesem Namen blieb es, auch als der Baumbestand 958 in Kirchenhand überging. Damals schenkte Kaiser Otto I. den Forst seinem Bruder Brun (Bruno I.), Kölner Erzbischof von 953 bis 965. Viel später gehörten die Bäume zum Herzogtum Berg, danach den Preußen und seit 1946 dem Land Nordrhein-Westfalen.
Doch die Jahreszahl 2000 ist für uns naturverbundene Wanderer wichtiger. Seitdem stehen insgesamt 2.519 Hektar Königsforst unter Naturschutz und sind als Flora-Fauna-Habitat und Vogelschutzgebiet in ein europaweites Schutzgebietsnetz eingebunden. Das liegt daran, dass der Wald im Übergangsbereich zwischen der Kölner Bucht, einem Ausläufer der niederrheini-

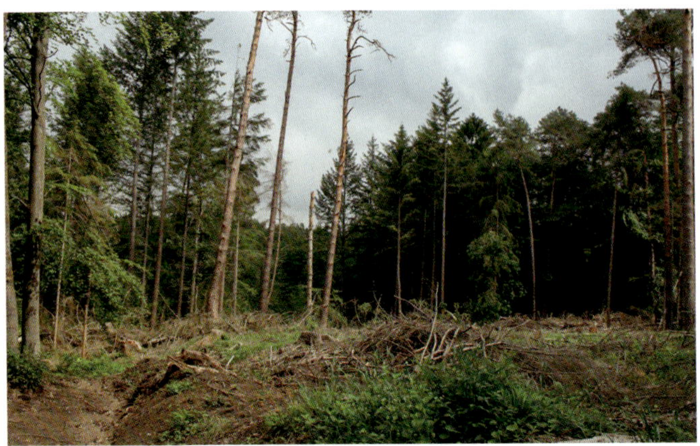

Stürme und der Borkenkäfer haben dem Wald zugesetzt

schen Bucht, und dem Rheinischen Schiefergebirge liegt, zwischen Flachland und Bergland, zwischen trocken-sandigen und feucht-moorigen Böden und somit eine außerordentliche Vielfalt von Pflanzen und Tieren hier zu Hause ist. Die jahrhundertelange intensive forstwirtschaftliche Nutzung hat zwar naturnahe Lebensräume fast vollständig zerstört. Aber die seltenen Pflanzen und Tierarten, die im Königsforst geblieben sind, bilden den Grundstock für die Wiederherstellung der Kulturlandschaftsbiotope.

War es in früheren Jahrzehnten Mutter Natur, die mit starken Stürmen wie „Wiebke", „Lothar" oder 2007 „Kyrill" dafür sorgte, dass die seit dem 19. Jahrhundert intensiv angepflanzten Nadelbäume, die Prüüßeboome (Preußenbäume), umgeblasen wurden, so hat in den vergangenen heißen Sommern der Borkenkäfer den Fichten vollkommen den Garaus gemacht. Damit wurde nicht nur Platz geschaffen für eine Aufforstung mit standortgerechten Laubbäumen, sondern die Borkenkäferplage war auch ein Signal, den Wald für die Zukunft umzubauen und robuster zu machen, um dem menschengemachten Klimawandel zu begegnen. Auch Naturwaldzellen sollen dafür sorgen, dass sich der ursprüngliche Wald wieder ausbreiten kann.

Dass der Königsforst an vielen Stellen schon „ewig" mit Laubholz bestockt war, insbesondere mit Eichen und Buchen, merken wir, sobald wir den Wald betreten. Es fühlt sich so an, als seien die Buchen schon immer da gewesen – es passt. Was die Freude allerdings ein wenig trübt, ist der Lärm der A 4, die 1965/66 durch den Wald gebaut wurde. Der Königsforst grenzt an den Ballungsraum Köln, und das Straßen- und Wegenetz, das ihm bedrohlich nahe gerückt ist, ist Abbild der wirtschaftlichen Entwicklung der umgebenden Städte.

Aber seien wir froh, dass wir den Wald haben. Auch wenn mancher über seine „Wanderautobahnen" schimpft, über die breiten, glatten Wege, die schon so etliche Tritte aushalten mussten. Der Königsforst hat über die Jahrhunderte viel erleiden müssen als Nutz-, Schutz- und nicht zuletzt als Erholungswald. Dafür hat er sich noch gut gehalten.

Damit das auch in Zukunft so bleibt, hat sich auf Anregung des damaligen Kölner Regierungspräsidenten Hans Peter Lindlar im Jahr 2009 der Verein „Forum Wahner Heide/Königsforst" gegründet, um den „grünen Schatz im Ballungsraum" bekannter zu machen und seinen Wert als Kulturlandschaft und Naturerbe hervorzuheben. Dazu dienen auch die vier Besucherportale Steinhaus im Norden, Gut Leidenhausen im Westen, Turmhof im Osten und Burg Wissem im Süden. Diese Besucherzentren wurden im Rahmen der „Regionale 2010", dem Strukturförderprogramm des Landes NRW, geschaffen. Sie bieten das ganze Jahr über informative und abwechslungsreiche Ausstellungen und Veranstaltungen. Der „Kölner Eifelverein" ist regelmäßig mit geführten Wanderungen im Veranstaltungsprogramm vom Heideportal Gut Leidenhausen

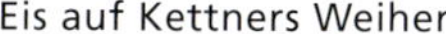
Eis auf Kettners Weiher

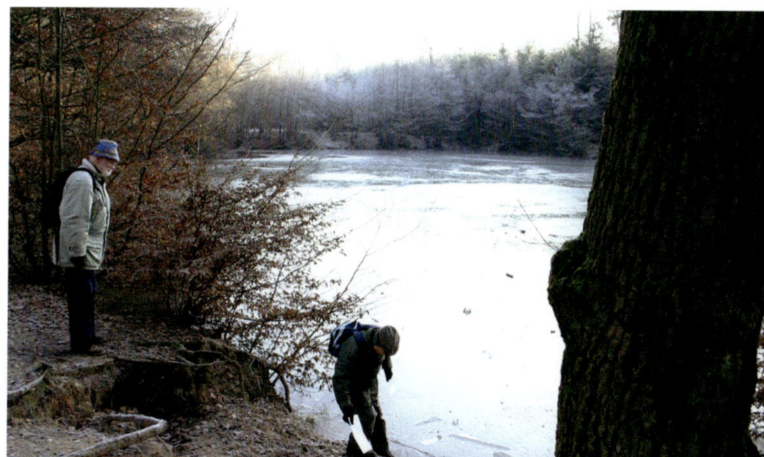

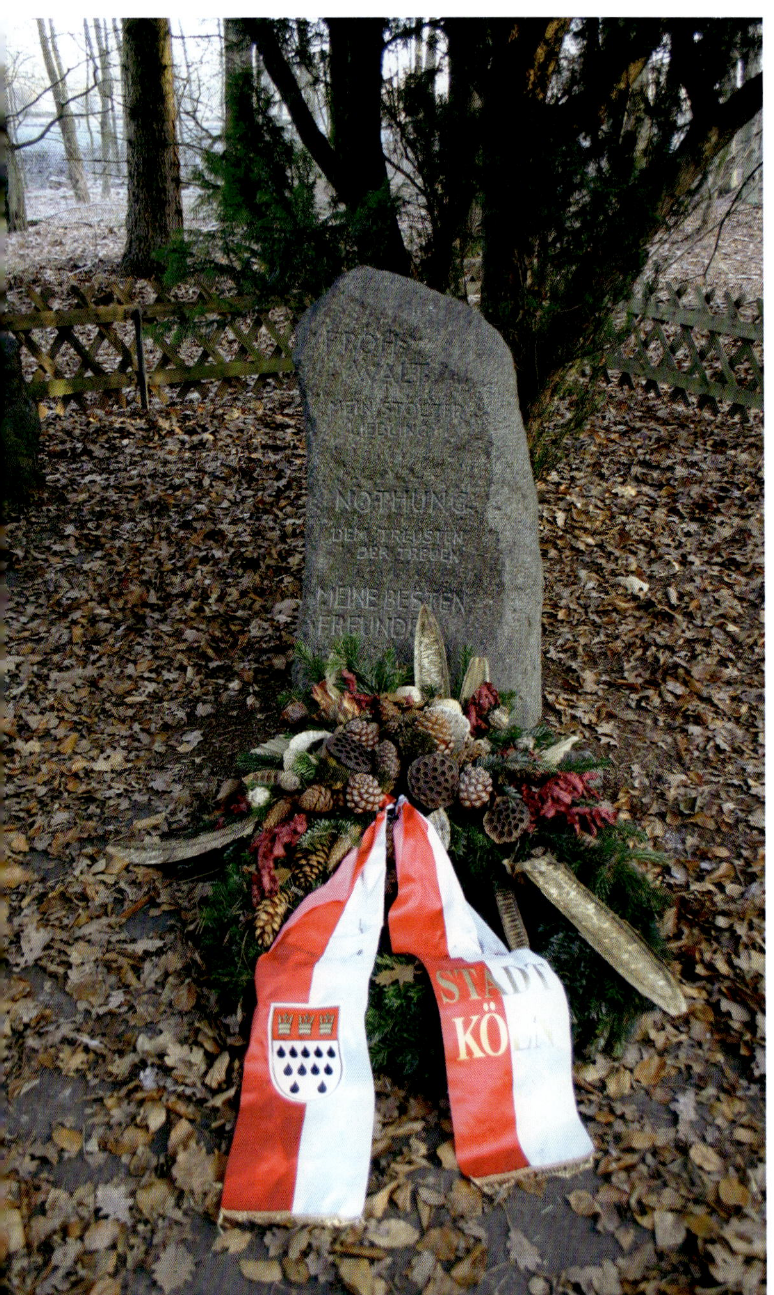

Des Stifters Hunde ruhen neben Josef Hubert Hausmann.

vertreten.
Zum Wald gehört auch Wasser und das begegnet uns in seiner schönsten Form als mäandernder Bach, dem Böttcherbach, schon zu Beginn der Wanderung, im weiteren Verlauf als größere Ansammlung in Kettners Weiher (benannt nach dem königlichen Oberförster Otto Kettner) und später – nützlich für die Gesundheit – als Wassertretbecken am Giesbach mit großer Rasthütte, das im Städte-Dreieck von Köln, Bergisch Gladbach und Rösrath liegt. Hier steht übrigens auch vor einer Gruppe immergrüner Eiben die „Carstens"-Eiche, die Bundespräsident Karl Carstens (Amtszeit von 1979 bis 1984) während einer seiner Wandertouren in den 1980er-Jahren pflanzte.
An noch zwei anderen Kuriositäten führt der KÖLNPFAD im Königsforst entlang: einem Stiftergrab und dem „Monte Troodelöh". Stifter Josef Hubert Hausmann hat es geschafft, dass sein Grab nicht auf einem Kölner Friedhof zu finden ist, sondern im Königsforst, nicht weit von der A 4 entfernt. Hier liegt der Wagner-Fan seit 1932 mit „meinen besten Freunden", seinen Hunden Nothung (Grabesinschrift: „Dem Treuesten der Treuen") und Frohwalt („Mein stolzer Liebling") begraben. Sonderling Hausmann vermachte dafür den Stadtvätern sein Geld, seine Häuser und sein Waldstück im Königsforst. Der

Wassertretbecken am Giesbach

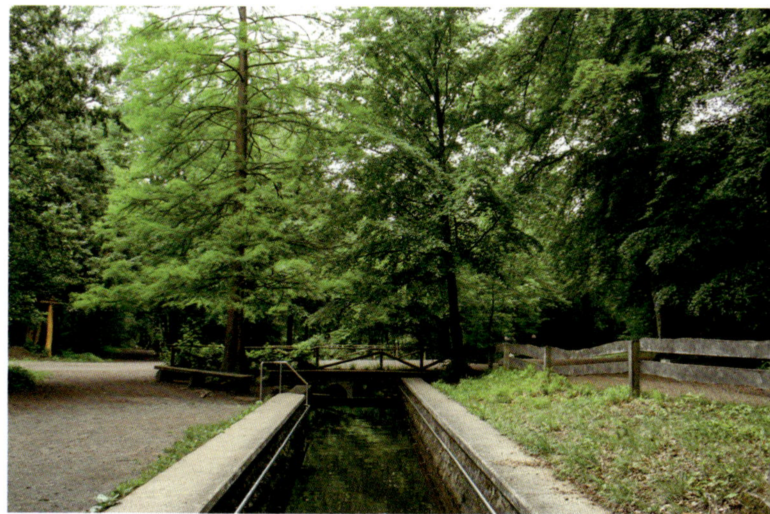

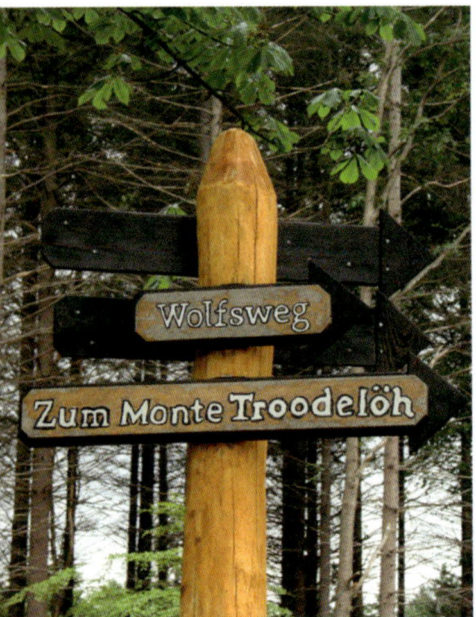

Hölzerne Wegweiser im Königsforst

Erlös der von ihm gegründeten Stiftung kommt Musikstudenten „mit sittlich einwandfreiem Lebenswandel" zugute. Im Gegenzug wünschte sich Hausmann die Grabstätte der etwas anderen Art in seinem Wald, zusammen mit seinen beiden Deutschen Doggen. Jedes Jahr an Allerheiligen ehrt die Stadt Köln seitdem ihren eigenwilligsten Stifter mit zwei Kränzen.

Nach Kettners Weiher wandern wir ein Stück den Wolfsweg entlang, der an den Urahn unserer Haushunde erinnert. Wölfe gab es insbesondere während des 30-jährigen Kriegs reichlich im Königsforst und es scheint so, als ob sie wieder zurückkehren. Der Weg markiert gleichzeitig die Stadtgrenze zwischen Köln und Bergisch Gladbach und führt zum höchsten Punkt auf Kölner Stadtgebiet, dem „Monte Troodelöh", genau 118,04 Meter über Normalnull.

„Vier Männer, offensichtlich erschöpft, kämpfen sich den Wolfsweg hinauf, drei von ihnen unbeschwert, einer beladen wie ein fetter Yak: Michael Trost, Friedrich Dedden, Kai Löhmer und ihr treuer Sherpa Longway. Stunden vorher sind sie am Rheinufer aufgebrochen, haben sich durch Deutz, Kalk, Höhenberg, Merheim und Brück bis hierhin durchgekämpft ..." So klingt es, wenn sich drei Beschäftigte der Kölner Stadtverwaltung aufmachen, um den höchsten, noch namenlosen Punkt im Stadtgebiet zu besteigen. Denn bis zu diesem denkwürdigen 12. November 1999 interessierte sich niemand ernsthaft für die schlichte Landschaftserhebung im Königsforst. Nach Erstbesteigung und großem Bergfest mit Taufe des Gipfelkreuzes steht dort mittlerweile ein Findling mit Bronzeplatte und einem kleinen Kästchen für das Gipfelbuch. Im Laufe der Jahre ist aus der einfachen Holzbank eine kleine überdachte „Gipfelhütte" geworden. Die Höhe am Wolfsweg hat einen Namen (zusammengesetzt aus den Nachnamen der

Erstbesteiger), und die Geschichte des „Monte Troodelöh" wird endlos und weltumspannend weitergehen, denn die originellsten Einträge im Gipfelbuch erscheinen auf der bergeigenen Homepage – mit QR-Code an der Gipfelhütte.
Jetzt wandern wir die nächsten Kilometer geradeaus, bevor wir den Königsforst verlassen. Natürlich gibt es in einem so alten Naherholungsgebiet auch eine Vielzahl von Ausflugsgaststätten. Knapp einen Kilometer vom KÖLNPFAD entfernt, bietet sich der gemütliche Landgasthof „Heideblick" an (mit Spielplatz) und am Übergang zur Wahner Heide das ehemalige „Waldhaus Königsforst", heute Restaurant und Bar „Asado". Auf dem Weg dorthin wandern wir über den asphaltierten „Rennweg", dessen Name in Verbindung steht mit einer Ausgrabung aus dem Jahr 1936. Damals wurden beim Bau der A 3 nahe beim Waldhaus „Königsforst" drei Eisenschmelzöfen gefunden, die belegen, dass um Christi Geburt ein Germanenstamm dort Raseneisenstein verhüttete. Der Name des Wegs geht auf das Rinnen des geschmolzenen Metalls zurück.
Am „Raseneisenstein-Gedächtnisweg" stoßen wir auf den „Erna-Schreiber-(Gedächtnis)-Weg". Der 53 Kilometer lange KEV-Wanderweg Nummer 4 führt vom Königsforst bis nach Lindlar im Bergischen Land. Der „Kölner Eifelverein" erinnert damit an sein Ehrenmitglied, Trägerin der Bundesverdienstmedaille und fleißige Wanderführerin, die Anfang 2006 im Alter von 92 Jahren starb. Auf dem „Erna-Schreiber-Weg" lässt sich

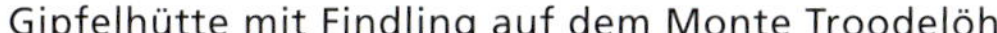

Gipfelhütte mit Findling auf dem Monte Troodelöh

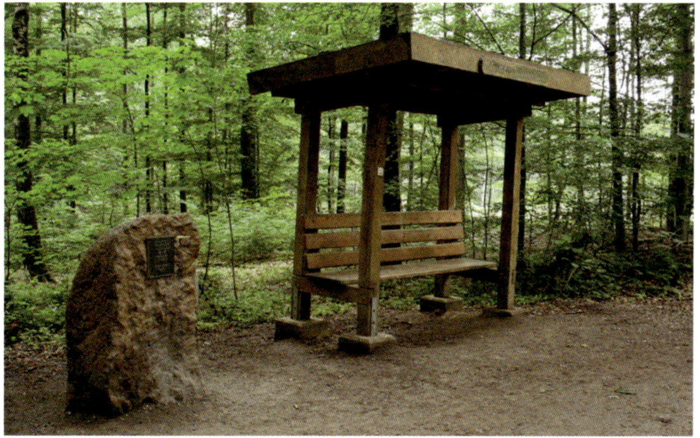

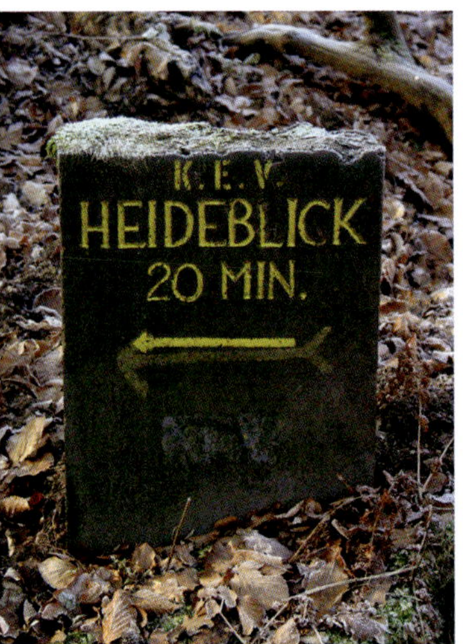

Wegweiser zur Einkehr in den „Heideblick“

diese Etappe auch in Rath/Heumar beenden. Der KÖLNPFAD quert die „Rösrather Straße“, die einspurige Eisenbahnstrecke nach Gummersbach und die A 3, um im nächsten Naturschutzgebiet anzukommen, der Wahner Heide.

„Lebensgefahr! Absolutes Betretungsverbot außerhalb der markierten Wege!“ droht uns unmissverständlich eine Tafel. Das ist diesmal – wie manchmal in deutschen Wanderlanden – nicht böse gemeint. Denn seit 1817 wurde die Wahner Heide knapp 200 Jahre lang und fast ununterbrochen als Truppenübungsplatz genutzt. Erst von den Preußen, besonders intensiv von der Wehrmacht in den Jahren 1936 bis 1945 und ab 1951 mehr als fünf Jahrzehnte lang von den Belgiern, die erst 2004 abzogen. Seitdem sind die Tore geöffnet, und die Heide kann zu jeder Tages- und Nachtzeit besucht werden. Dabei empfiehlt es sich aber, auf den Wegen zu bleiben, weil Munitionsreste im Boden für manch böse Überraschung sorgen könnten.

Die jahrhundertelange Nutzung als Schießplatz war Segen und Fluch zugleich für die Landschaft. Einerseits blieb so ein großes zusammenhängendes Stück (immerhin rund 5.200 Hektar) der ehemaligen Mittelterrasse des Rheins von der Zersiedelung verschont. Andererseits beeinträchtigten der Bau von Kasernen und Pisten, aber auch Manöver die Natur nachhaltig. Und trotzdem erfanden Fauna und Flora sich stets aufs Neue, bildeten in Tümpeln, Übungsbecken und selbst in Panzerspuren neue Artengemeinschaften.

Während eines kurzen Intermezzos, von 1926 bis 1932, hatte die Heide sogar ihre Ruhe, gab es keine militärische Nutzung. Schon 1931 wurde das Gebiet teilweise unter Naturschutz gestellt. Seine Lage am Südostrand der Niederrheinischen Bucht machte es zu einer der artenreichsten Heide-, Moor- und Waldgebiete in Mitteleuropa. Immerhin 700 Tier- und Pflanzenarten, die auf der Roten Liste der gefährdeten Arten stehen, gibt es hier Dieser Status verhinderte aber keineswegs Ende der 1950er-Jahre den Ausbau eines kleinen Militärflughafens zum knapp 1.000 Hektar großen „Flughafen Köln/Bonn – Konrad Adenauer“. Der breitete sich – aufgrund dubioser Genehmigungen – mitten in der Heide aus, und das „neue“ Naturschutzgebiet (mit einer Größe von 2.630 Hektar) wurde 1968 um den Flughafenzaum herumgelegt. Heute sind 3.700 Hektar der Wahner Heide prominent geschützt und zwar einerseits als Vogelschutzgebiet und Flora-Fauna-Habitat in ein europaweites Schutznetz integriert und andererseits seit 2008 als „Naturerbefläche“ Teil der DBU Naturerbe GmbH, einer Gesellschaft der Deutschen Bundesstiftung Umwelt (DBU) zur Sicherung des nationalen Naturerbes.

Jetzt aber zurück zum Flughafen: Noch im Jahr 1956 beschränkte die britische Royal Air Force die Flugbewegungen in der Wahner Heide zunächst auf acht danach auf 14 pro Woche. Ein Jahr später startete der Flughafen durch und stieß mit seinem Abfertigungsvolumen von 300.000 Passagieren pro Jahr schnell an seine Grenzen. 1960 flog erstmals eine DC 8 nach New York, ein Jahr später nahm die Deutsche Lufthansa den interkontinentalen Verkehr auf einer neuen Startbahn auf. Im jährlichen Rhythmus wurden neue Abfertigungshallen, Startbahnen und Frachtgebäude eröffnet. Seit 2002 entwickelte sich der Flughafen zum „Drehkreuz für Billigflieger“ und

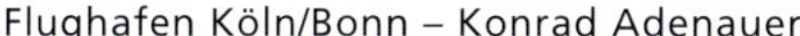
Flughafen Köln/Bonn – Konrad Adenauer

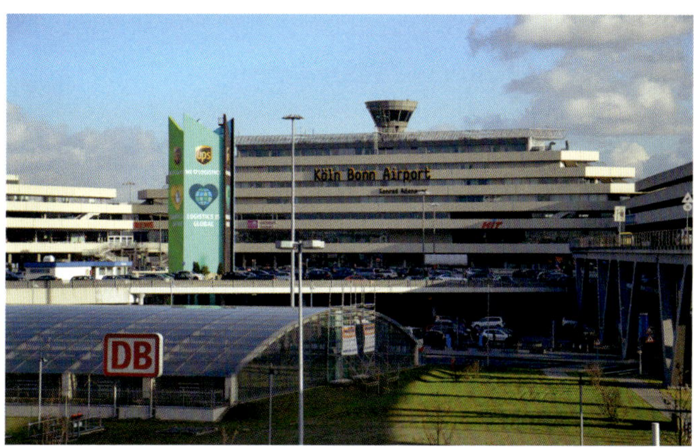

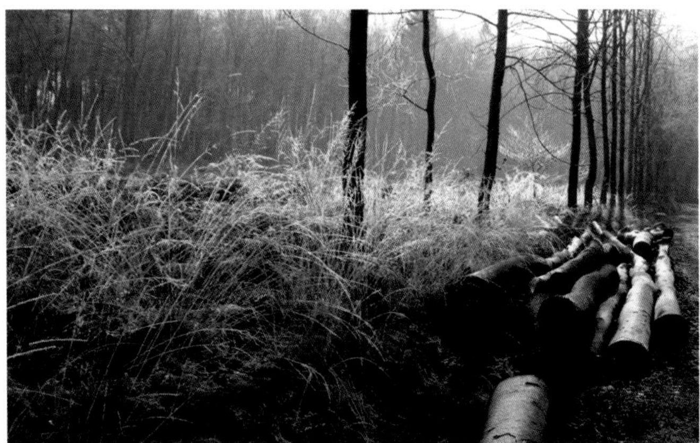

Raureif verwandelt Gräser in feine Kunstwerke.

knackte 2007 zum ersten Mal die Marke von 10 Millionen Passagieren; fünf Jahre vorher waren es nur die Hälfte. Der Steigflug scheint ungebrochen.

Doch was des einen Freud', ist des anderen Leid. Der Airport gehört zu den wenigen deutschen Flughäfen, an denen auch nachts gestartet und gelandet werden darf – sehr zum Ärger der Städte Lohmar oder Rösrath, deren Bewohner unter dem Fluglärm zu leiden haben. Doch wir bleiben am Boden und wandern weiter durch die Heide.

Heide, das klingt eigentlich nach Sandboden, Birken und Wacholder, aber das Stück, das wir kennenlernen, sieht eher aus wie die Fortsetzung des Walds im Königsforst, nur nicht so aufgeräumt. Das liegt daran, dass die Wahner Heide – ebenso wie der angrenzende Forst – im Übergangsbereich zwischen Niederrheinischer Bucht und Rheinischem Schiefergebirge liegt und kleinflächig ganz unterschiedliche Bodentypen aufweist. Deshalb gibt es Moore, Feuchtwiesen, auch Wälder und sogar richtige Sanddünen, allerdings im Süden der Heide. Aber da befinden wir uns schon nicht mehr auf Kölner Stadtgebiet. Denn nur ein Drittel der Landschaft gehört zur Domstadt.

Der KÖLNPFAD verläuft – in Fortsetzung des „Rennwegs" aus dem Königsforst – vorbei an Birken, Erlen, Eschen und Pappeln, die es gerne feucht an den Füßen mögen. Kein Wunder, schließlich fließt in der Nähe der Kurtenwaldbach vorbei, der

in seinen besten Abschnitten mit einem naturnahen Erlenauenwald punkten kann. Ziemlich schnell erreichen wir das „Pi-Becken 2“ , das zweitälteste Pionierübungsbecken. Die Bezeichnung ist glatter Etikettenschwindel, denn hier unten fanden nie Militärübungen statt. Von Mitte der 1970er-Jahre bis Mitte der 1980er-Jahre wurde kommerziell Kies abgebaut – mitten im Naturschutzgebiet. Das veränderte die Landschaft wiederum erheblich, lockte aber nachträglich die Tiere und Pflanzen an, die eine schlichte Umgebung bevorzugen. Damit sich das neue Landschaftsbild nicht wieder verändert, halten Ziegen, Schafe, Esel und Rinder den Bewuchs klein. Es lohnt sich, am Rand der Grube innezuhalten, unter sich die offene Landschaft und über sich nur den weiten Himmel. Wenn dann noch Wolken und Sonne miteinander balgen, ist auch eine an sich öde Fläche plötzlich ziemlich reizvoll.
Der KÖLNPFAD führt weiter durch einen alten Eichenwald mit eingestreut stehenden hohen Kiefern, und manchmal scheint es so, als ob tief fliegende Jets die Baumkronen berühren. Kein Wunder, denn wir befinden uns hier in der Einflugschneise der „Großen Parallelbahn“ und die Lage des Flughafens zwingt uns dazu, die Heide an der „Alten Kölner Straße“ zu verlassen. Dorthin führt uns der Weg „Am Bähnchen“, der an die alte Bahnstrecke erinnert, die das preußische Militär in den 1920er-Jahren durch die Nordheide baute, um die neue „Ballonhalle Ost“ in Kalmusweiher zu erreichen. Die hölzernen

Wilder Wald in der Wahner Heide

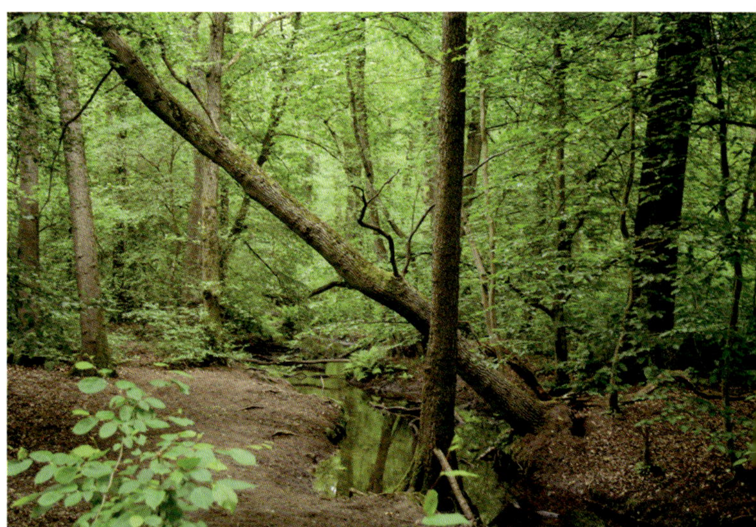

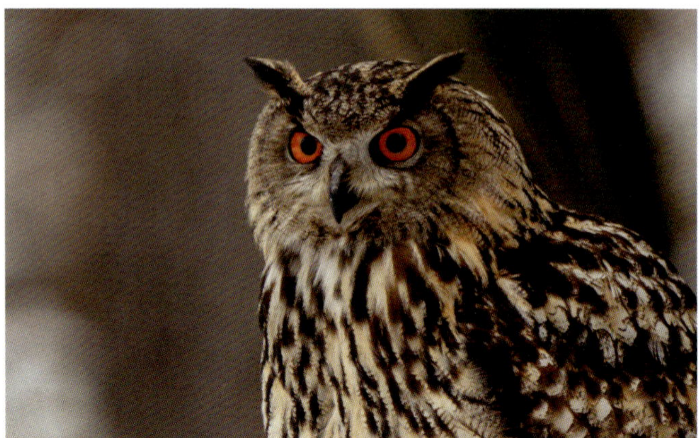

Auch Uhus leben in der Greifvogelschutzstation.

Hinweisschilder erscheinen merkwürdig übertrieben hier im Wald, weil – im Gegensatz zum Königsforst – deutlich weniger Wanderer, Walker oder gar Jogger unterwegs sind. Die Wahner Heide besitzt nicht die schillernde Vergangenheit als Naherholungsgebiet wie der benachbarte Königsforst. Ehemaligen Sperrgebieten begegnet man halt immer noch mit Vorsicht.

Bevor wir aber endgültig das Naturschutzgebiet verlassen, lohnt noch ein Abstecher nach Gut Leidenhausen, seit 2018 Umweltbildungszentrum der Stadt Köln, etwa einen Kilometer vom „Grengeler Mauspfad" entfernt. Dort gibt es Basisinformationen zur Wahner Heide, zum Königsforst sowie zur Deutschen Bundesstiftung Umwelt (DBU) und den Naturerbeflächen. Das alte Rittergut, das seit 1963 der Stadt gehört, beherbergt darüber hinaus eine Greifvogelschutzstation, auf dem Gutsgelände gibt es das Naturmuseum „Haus des Waldes" und ein Obstmuseum. Hier wachsen Obstbäume alter, fast vergessener Sorten und gleich in der Nähe tummeln sich Rehe und Wildschweine in großen Gehegen. Natürlich gehören ein Spiel- und ein Grillplatz zur Freizeitanlage und das Café Leidenhausen.

Stark befahren ist der vierspurig ausgebaute „Grengeler Mauspfad", der heute als Zubringer zum Flughafen und zur Autobahn dient, aber als jahrhundertealte Verbindung zwischen Niederrhein und Taunus immer schon ein wichtiger Verkehrsweg war. Der Flughafen ist sehr nah und je nachdem, wie der

Wind weht, scheinen die ankommenden Flugzeuge schon in Grengel zu landen. So knapp schweben die Maschinen über die Häuser des kleinen Stadtteils hinweg, den es offiziell erst seit 1951 gibt. Gegründet wurde der Ortsteil 1948, als jüngste Siedlung der damaligen Gemeinde Porz, und wuchs erst in den 1950er-Jahren durch den Zuzug vieler Flüchtlinge. Grengel wurde erstmals 1757 als „Grindel" bezeichnet, was Grenzposten oder Schlagbaum bedeutet, und hat mittlerweile rund 5.500 Einwohner. Und obwohl alle Welt vom Köln/Bonner Flughafen in Wahn spricht, liegt der Betrieb seit 1975, seit der letzten kommunalen Gebietsreform, auf Grengeler Gebiet. Hier in der Einflugschneise spüren wir, dass der Airport eine Belastung für alle ist: für Menschen, Tiere und Pflanzen in und um die Wahner Heide. Insbesondere Tiere stören sich nicht an Zäunen, die ihr Schutzgebiet begrenzen und gerade der Flughafen belegt das wertvollste Kernstück der Landschaft, Heiden und Magerrasen, die nie bebaut wurden. Die Zeichen stehen jedoch weiter auf Wachstum in diesem Grundpfeiler unserer mobilen Gesellschaft. Die weitere Entwicklung der Wahner Heide wach und kritisch zu begleiten, hat sich seit 1990 das „Bündnis für die Wahner Heide" zur Aufgabe gemacht, das sich 2009 in „Bündnis Heideterrasse" umbenannt hat. Schon seit 1996 unterhält der Verein, der eigentlich der Dachverband verschiedener Vereine, Initiativen und Privatpersonen ist, das „Informationszentrum Wahner Heide" in Trois-

Ehemaliges Rittergut Leidenhausen

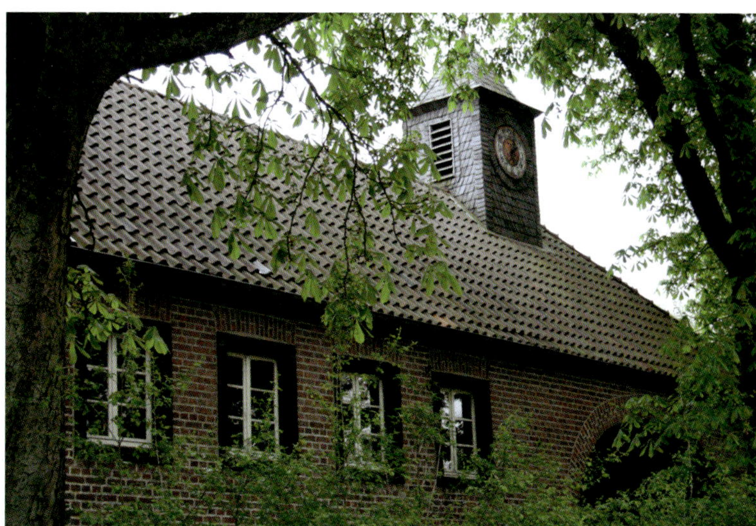

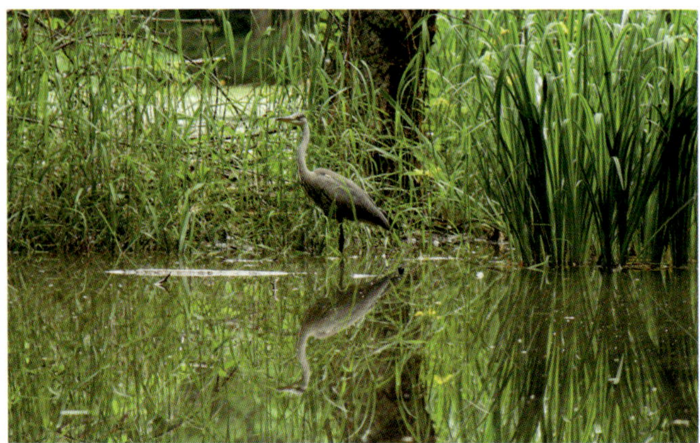

Graureiher fühlen sich im Grengeler Stadtpark wohl

dorf-Alkenrath, das nicht nur Führungen bietet und eine Ausstellung, sondern in der Heidebibliothek wissenschaftliche Arbeiten sammelt und einen schönen, naturnahen Schaugarten hat.

Peu à peu lassen wir die Wahner Heide hinter uns, wandern von Nord nach Süd durch Grengel, streifen Porz-Wahn nur am Rand und überqueren die Verkehrsachse „Frankfurter Straße". Als wir schließlich in die Kastanienallee zum Schloss Wahn einbiegen, genießen wir das in sich ruhende architektonische Kontrastprogramm zum Tempo der umgebenden Straßen, Pisten und Bahngleise.

Das Schloss entstand in seiner heutigen Form um die Mitte des 18. Jahrhunderts: Von 1750 bis 1759 ließ Ferdinand Friedrich Graf von Schall zu Bell Wahn zu einer barocken Vierflügelanlage nach französischem Vorbild umbauen. Zuvor war aus dem „Hoff zu Wande" (so lautete die erste Erwähnung der Anlage 1358) eine Niederungsburg mit einem Wassergraben entstanden. 1522 gelangte das Anwesen in den Besitz der Familie von Zweiffel (genau jenen, denen wir schon während der achten Etappe an der Saaler Mühle begegnet sind), die es im 17. Jahrhundert an die Familie Schall von Bell vererbte. 1785 verkaufte diese Schloss Wahn an den kurkölnischen Kammerherrn Theodor Freiherr von Heeremann zu Zuydtwyck. Dessen Frau Maria Charlotte war eine geborene Eltz-Rübenach. Seit 1820 ist Wahn im Besitz der Familie Eltz-Rübenach, seit 1825 auch der benachbarte Eltzhof, der bis 2004 landwirtschaftlich genutzt wurde. Danach wurde nicht mehr gesät und geerntet, der denkmalgeschützte Hof umgebaut und Kunst, Kultur und Kulinarisches hielten Einzug in die alten Gemäuer. Im „Kulturgut Eltzhof" gibt es mittlerweile eine bunte Mischung aus Kabarett, Karneval und kölscher Kultur. Platz ist aber auch für seriöse Tagungen und Seminare.

Zu den „berühmten" Gästen auf Schloss Wahn soll sogar einmal Adolf Hitler gehört haben, der Anfang 1933 auf Einladung von Kuno Freiherr von Eltz-Rübenach (1904 bis 1945) in Porz logiert haben soll. Der Gutsbesitzer galt aufgrund seiner natio-

Die mächtige Kastanie beschützt das Schloss.

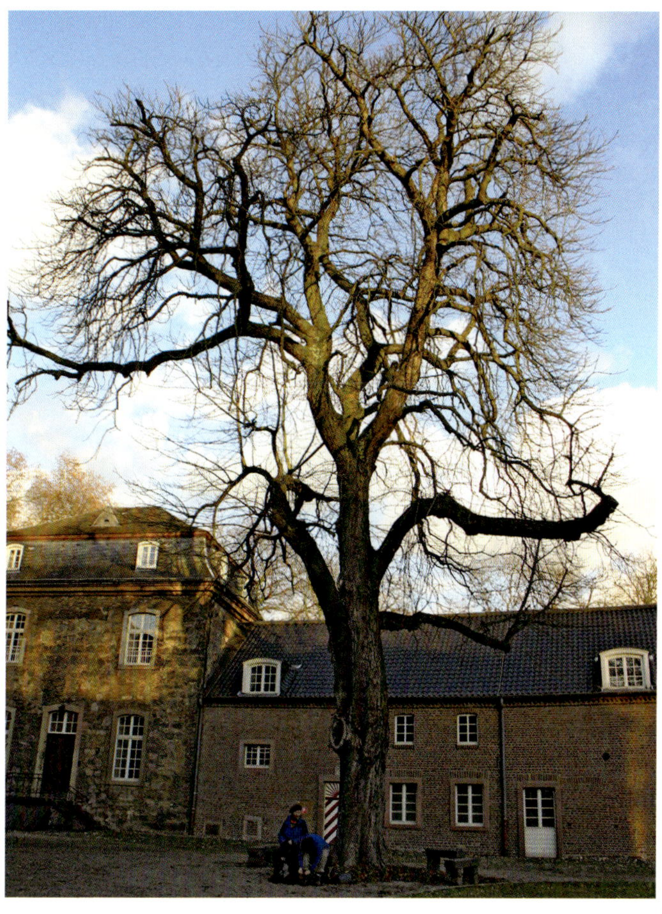

nalsozialistischen Überzeugung als „Trommler der Bewegung" im Bergischen Land, der versuchte, die Bauern für die NSDAP zu gewinnen. Ab 1933 war er Landesbauernführer der Rheinprovinz. Der Besuch Hitlers auf dem Schloss ist zwar nur eine historische Fußnote, für den Gang der deutschen Geschichte aber von großer Bedeutung. Denn am Morgen des 4. Januar 1933 fuhr Hitler nach Köln zu einem geheim gehaltenen Treffen mit dem ehemaligen Reichskanzler Franz von Papen in die Villa des Bankiers Kurt Freiherr von Schröder am Stadtwaldgürtel. Dieses Treffen gilt als wichtige Weichenstellung („Geburtsstunde des Dritten Reichs") für die Machtübertragung auf die Nationalsozialisten und Hitlers Ernennung zum Reichskanzler am 30. Januar 1933.

Noch immer ist das Schloss im Besitz der Familie von Eltz-Rübenach und für die Öffentlichkeit nur zum Teil zugänglich. Wer mag, kann sich im Gartensaal sogar trauen lassen. Schon seit 1947 sind die meisten Räume im Schloss an die theaterwissenschaftliche Sammlung der Universität zu Köln vermietet – eine der weltweit größten Sammlungen von Theatralia. Auch der Nachlass von Willy Millowitsch lagert hier und eine Sondersammlung des Hänneschen Theaters. Im Burghof, unter einer dicken, alten Kastanie, können wir das Erlebte auf uns wirken lassen, bevor wir zum nahe gelegenen S-Bahnhof „Wahn" gehen, wo uns der Zug in Windeseile Richtung Innenstadt und in die Gegenwart zurückbringt.

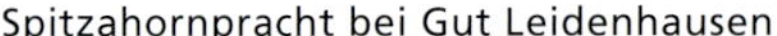
Spitzahornpracht bei Gut Leidenhausen

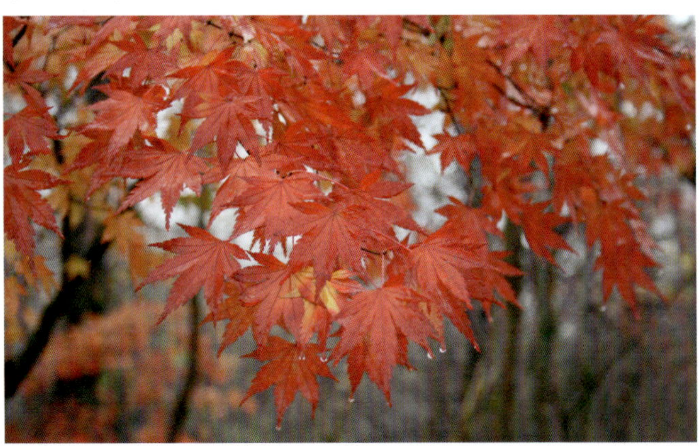

Länge: 18 Kilometer

Dauer: 5 Stunden, 30 Minuten

Profil: überwiegend flach mit leichten Steigungen, geeignet für Kinderwagen

Anfahrt: mit der KVB-Linie 1 bis Endhaltestelle „Bensberg"

Abkürzungen:
Kilometer 6: An der Schutzhütte nach der Kreuzung mit dem „Rennweg" folgen Sie dem KEV-Wanderweg 4 („Erna-Schreiber-Weg") circa 30 Minuten bis zur Endhaltestelle „Königsforst" der KVB-Linie 9 in Rath/Heumar.

Kilometer 12: Wenn Sie die „Waldstraße" erreichen, gehen Sie 50 Meter nach rechts bis zur Bushaltestelle „Waldstraße/Akazienweg". Hier fahren die Buslinien 161 und 166 zum S-Bahnhof „Porz".

Kilometer 14: Wenn Sie in Wahn zur „Nachtigallenstraße" kommen, gehen Sie 50 Meter nach links bis zur Bushaltestelle „Bieselstraße". Die Buslinien 160 und 162 fahren bis zur S-Bahnhaltestelle „Wahn".

Einkehrmöglichkeiten:
Landgasthaus Heideblick www.gasthof-heideblick.de
An der Krumbach 3a, 51503 Rösrath, Tel. 0 22 05-16 75

Restaurant und Bar Asado www.restaurant-asado.de
Baumschulenweg, 51107 Köln, Tel. 0 22 05-89 47 97

Parkcafé in Gut Leidenhausen
www.gut-leidenhausen.de/angebote/gastronomie/
Gut Leidenhausen 1, 51147 Köln, Tel. 0 22 03-9 80 05 40

Eltzhof www.eltzhof-kulturgut.de
St. Sebastianusstraße 10, 51147 Köln, Tel. 0 22 03-98 00 80

Allgemeine Informationen:
Verein Forum Wahner Heide und Königsforst
www.wahnerheide-koenigsforst.de
Am Rübezahlwald 7, 51469 Bergisch Gladbach, Tel. 0 22 02-13-25 56

Informationen zu **Kölns höchstem Berg** finden Sie auf der Homepage www.monte-troodeloeh.de.

Gut Leidenhausen www.gut-leidenhausen.de
Gut Leidenhausen 1, 51147 Köln, Tel. 0 22 03-35 76 51

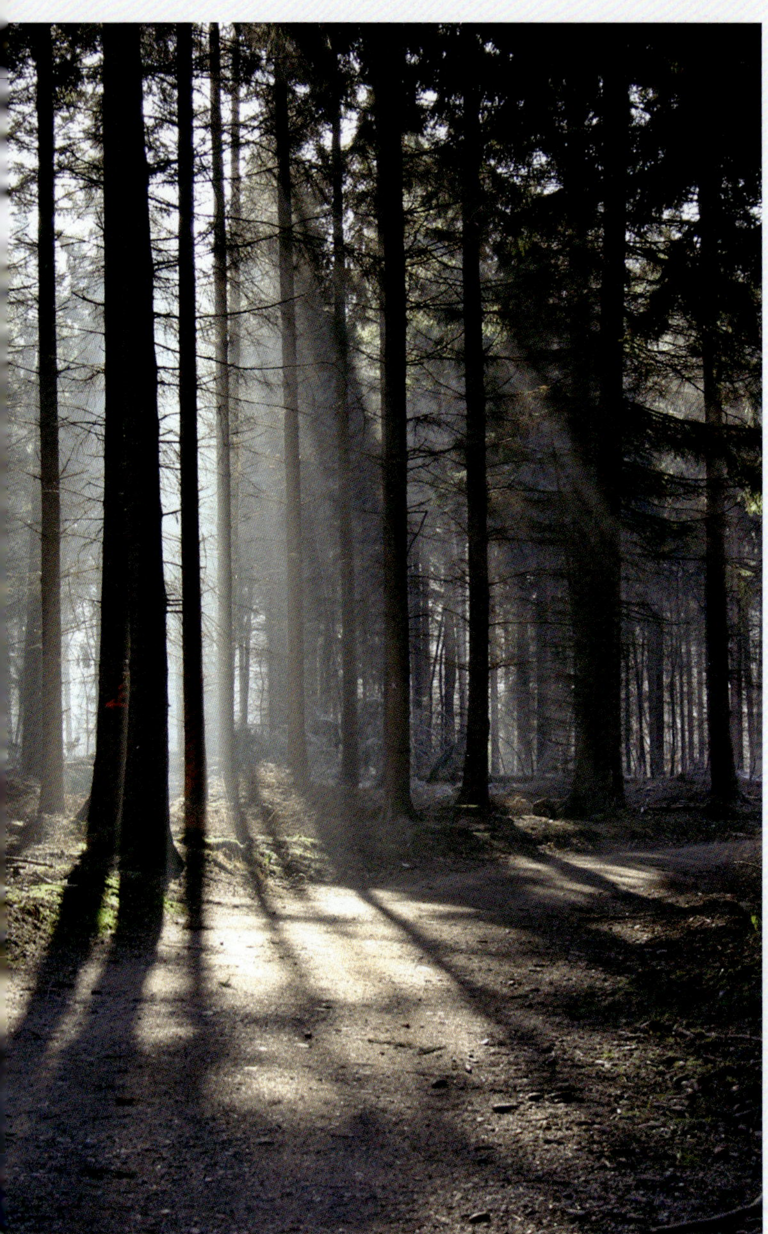

Lichtdurchfluteter Wald

Greifvogelstation
Öffnungszeiten: April–September So/Feiertage 10–18 Uhr, Oktober–März So/Feiertage 10–16 Uhr. Eintritt: frei
Führungen gibt es jeden dritten Samstag im Monat um 15 Uhr. Gruppen können Sondertermine vereinbaren.

Haus des Waldes
Öffnungszeiten: April–September So/Feiertage 10–18 Uhr, Oktober/November/Februar/März So/Feiertage 10–17 Uhr, Dezember/Januar geschlossen
Führungen gibt es nur nach Vereinbarung.

Obstmuseum
Öffnungszeiten: April–September So/Feiertage 10–18 Uhr, Oktober/November/Februar/März So/Feiertage 10–17 Uhr, Dezember/Januar geschlossen. Eintritt: frei
Führungen gibt es in der Woche nach Terminabsprache.

Informationszentrum Wahner Heide
www.wahner-heide.net und www.heide-kids.de
Schaugelände: Flughafenstraße 33 in Troisdorf-Alkenrath
Postanschrift: Bündnis Heideterrasse, Kammerbroich 67, 51503 Rösrath, Tel. 0 22 05-9 47 78 03
Öffnungszeiten: April–Oktober So/Feiertage 10–17 Uhr
Eintritt: frei
Für Gruppen können gesonderte Termine vereinbart werden. Ein Heidespaziergang findet am ersten Sonntag jedes Monats um 14 Uhr dort statt.

Köln Bonner Airport www.koeln-bonn.airport.de
Waldstraße 247, 51147 Köln, Tel. 0 22 03-4 00
Führungen können beim Besucherdienst unter den Telefonnummern 0 22 03-40 43 88 und -40 43 89 gebucht werden. Die Wartezeit beträgt allerdings zwei Monate. Ab zehn Teilnehmern findet eine 90-minütige Führung statt. Flugzeuge von innen und der Tower gehören aus Sicherheitsgründen nicht zum Besichtigungsprogramm. Auf Anfrage gibt es auch Nachtführungen.

Schloss Wahn www.schloss-wahn.com
Theaterwissenschaftliche Sammlung Universität zu Köln
Burgallee 2, 51127 Köln, Tel. 0 22 03-6 00 92-0
Aktuelle Öffnungszeiten entnehmen Sie bitte der Website der www.tws.phil-fak.uni-köln.de/.

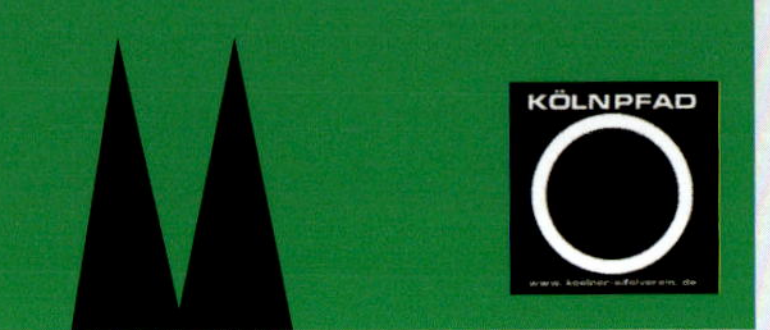

Etappe 10

Ausblicke vom Feld

und wieder an den Rhein

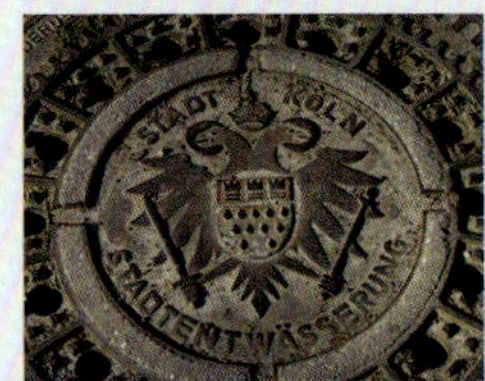

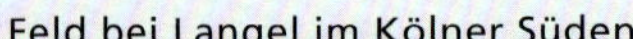
Feld bei Langel im Kölner Süden

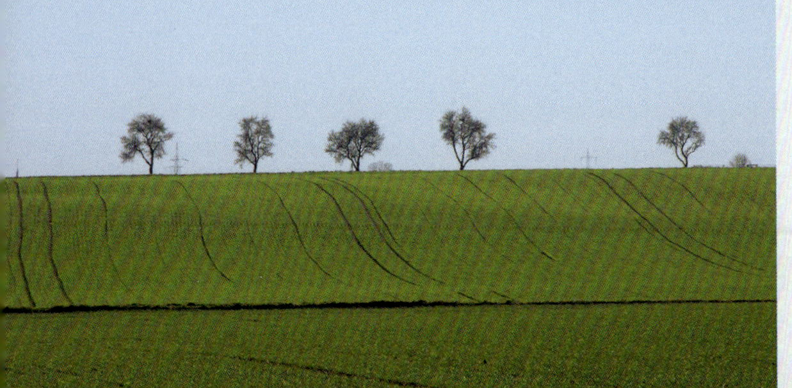

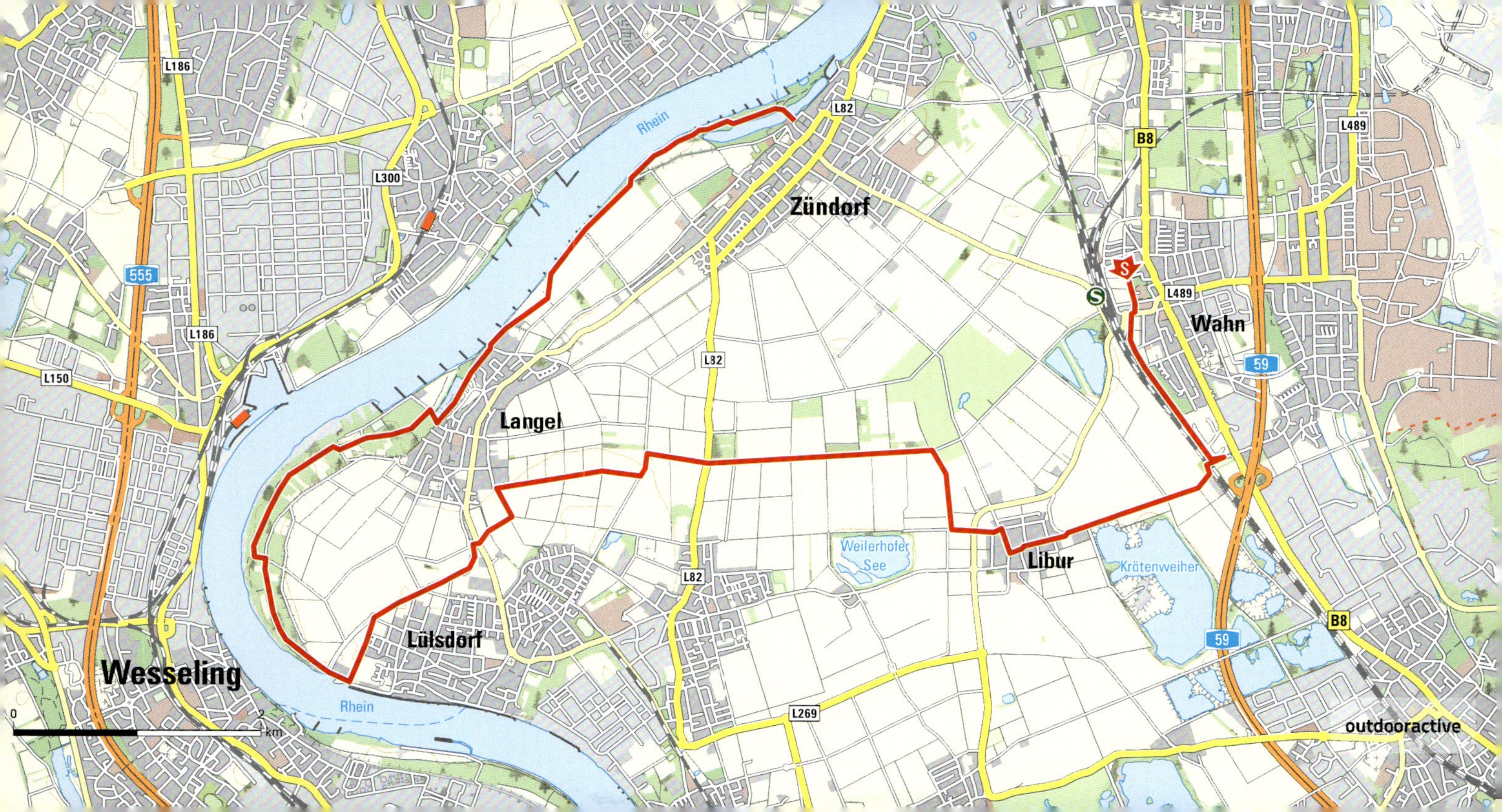
L186
L300
555
L186
L150
Rhein
L82
Zündorf
B8
L489
S
L489
Wahn
59
Langel
L82
Weilerhofer See
Libur
Krötenweiher
L82
B8
59
Lülsdorf
Wesseling
0
2 km
Rhein
L269
outdooractive

WEGBESCHREIBUNG 10

Sie überqueren den Vorplatz der S-Bahnhaltestelle „Porz-Wahn“ und gehen geradeaus in den Fußweg entlang der Wohnhäuser Richtung Schloss Wahn. An der Schlossmauer („Burggraben“) gehen Sie nach rechts, am Eltzhof und einer Kita vorbei bis zur „St.-Sebastianus-Straße“. Sie gehen nach rechts und überqueren nach wenigen Metern am Kreisverkehr die Straße. Am Wegekreuz gehen Sie links vorbei leicht aufwärts in den „Dammweg“.

Sie wandern circa einen Kilometer parallel zu den Eisenbahnschienen bis zum Ende des Wegs an einer rot-weißen Bake. Sie folgen weiter dem Weg, der nach links abknickt. Dann gehen Sie nach knapp 100 Metern nach rechts, bergab in die „Margaretenstraße“, durch die Eisenbahnunterführung hindurch. Jetzt bleiben Sie auf dieser Straße bis Libur. Am Ortseingang gehen Sie nach links und folgen weiter der „Margaretenstraße“ durch den Ort, bis diese auf die „Urbanusstraße“ trifft.

Sie gehen rechts in die „Urbanusstraße“ und biegen nach circa 200 Metern links in den „Heckenweg“ ein. Sie gehen zwischen Häusern hindurch und nach 50 Metern rechts am Spielplatz vorbei. Jetzt wandern Sie weiter geradeaus, überqueren die „Liburer Straße“ und gehen wiederum geradeaus. Nach circa 100 Metern wenden Sie sich an der ersten Kreuzung nach rechts und folgen dem Feldweg bis zum Feldgehölz. Hier gehen Sie nach links (rechts liegt der Golfplatz), am Modellflugplatz vorbei und weiter geradeaus.

Preußischer Myriameterstein (Zehnkilometerstein) bei Lülsdorf

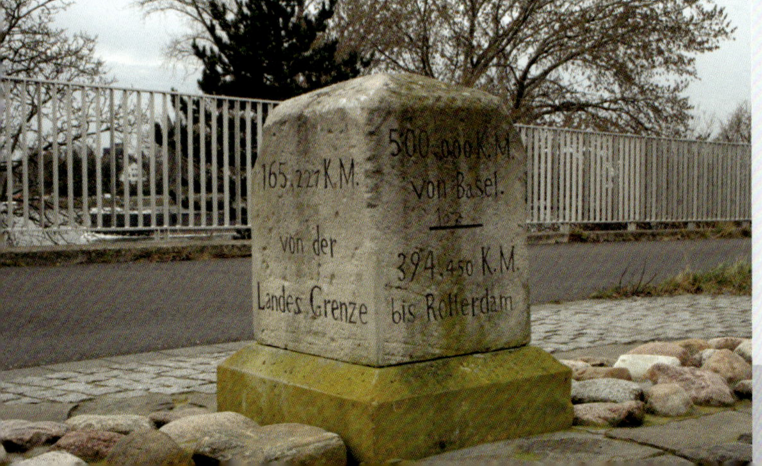

Sie überqueren die „Porzer Straße“. Jetzt wandern Sie den Feldweg circa 500 Meter geradeaus, bis Sie einen asphaltierten Weg erreichen. Hier gehen Sie (am Gasmasten) nach links und nach 200 Metern (wiederum an einem Gasmasten) nach rechts auf einen Feldweg. Diesem Weg folgen Sie circa einen Kilometer bis an den Ortsrand von Langel. Hier, am Ende der Wohnstraße, gehen Sie nach links und nach circa 200 Metern an der ersten Kreuzung nach rechts.

Sie wandern weiter geradeaus, überqueren die „Sandbergstraße“, gehen geradeaus und dann der leichten Rechtskurve folgend auf den Deich. Auf der Deichkrone wandern Sie nach links und dann in einer weiten Rechtskurve circa einen Kilometer. An der zweiten Kreuzung verlassen Sie den Deich und gehen halb links hinab in den „Schneppenweg“.

Dem „Schneppenweg“ folgen Sie geradeaus bis zum Rhein. Hier gehen Sie rechts in den „Uferweg“ und wandern weiter über den Damm. An der Walter-Esser-Brücke nehmen Sie den Weg links leicht abwärts durch die Rheinaue. An der ersten Kreuzung gehen Sie nach links, nach 100 Metern nach rechts und wandern weiter parallel zum Rhein bis Langel (links befindet sich dann ein Spielplatz).

In Langel, am Weiher, gehen Sie nach rechts in die „Frongasse“ und nach wenigen Metern links oberhalb des Weihers über den Damm weiter. Kurz hinter Langel folgen Sie dem Damm nach links. An der nächsten Möglichkeit verlassen Sie den Dammweg nach links und wandern den gepflasterten Weg durch den Auenwald bis zum Marktplatz von Zündorf.

Der „Marktstraße“ rechts neben dem Landhaus „Zündorf“ folgen Sie bis zur „Hauptstraße“. Diese überqueren Sie und gehen gegenüber in das „Neuhöfersgässchen“ hinein und am Supermarkt vorbei bis zur „Schmittgasse“. Sie überqueren diese Straße und gehen geradeaus in die „Wahner Straße“. Nach 200 Metern erreichen Sie die Endhaltestelle der KVB-Linie 7.

Von Wahn nach Zündorf

Der eine nennt sie uncharmant die „Pädstour", der andere freut sich über die vielfältigen, manchmal etwas eigenwilligen Einkehrmöglichkeiten am Weg. Aber für den Vater des KÖLNPFADs, den KEV-Wanderführer Fritz Hoepfner, ist die zehnte Etappe wegen des außergewöhnlichen Panoramas vom Dom zum Bergischen Land und ins Siebengebirge fast schon eine Kaiseretappe. Der vorletzte Abschnitt des KÖLNPFADs führt zwar zu Beginn über große monotone Produktionsflächen, genannt Felder, versöhnt dafür aber mit Kölns südlichstem Dorf Libur und geht weiter entlang des rechtsrheinischen Langel (das linksrheinische Langel taucht in der vierten Etappe auf) wieder zurück zum Rhein in die Sommerfrische nach Zündorf.

Zugegeben, die erste Hälfte des Wegs durch die Agrarsteppen ist anstrengend. Aber die glatt rasierten Felder ohne Baum und Strauch haben den Vorteil einer makellosen Fernsicht auf (im Uhrzeigersinn): den Dom, den Lüderich im Bergischen Land, mit 260,2 Metern die höchste Erhebung vor den Toren Kölns, auf den Telegrafenberg, mit immerhin noch 134 Metern der höchste „Berg" der Wahner Heide, das Siebengebirge mit dem Bonner Posttower davor und das Vorgebirge mit seinem geraden Kamm. Der Rundumblick streift noch das Gebäude des Deutschlandfunks mit dem markanten Dachaufbau – seit 2021

Schienenstränge in Wahn

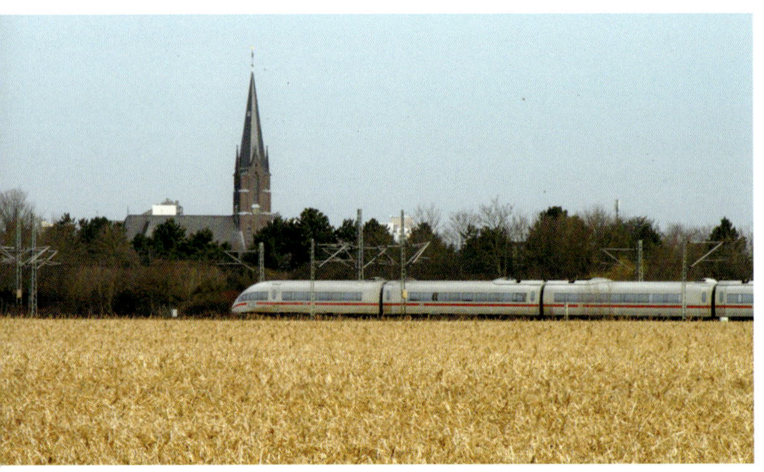

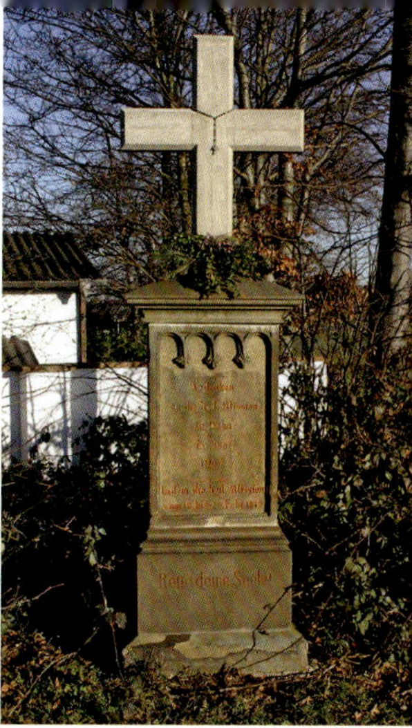
Steinernes Wegekreuz

ohne die ehemaligen Funkhäuser der Deutschen Welle, die abgerissen wurden – den Fernsehturm Colonius (266 Meter hoch) und endet am Kölnturm. Ein kaiserliches Panorama eben. Deshalb: Fernglas nicht vergessen!
Der Weg von Schloss Wahn in Kölns südlichsten Zipfel folgt allerdings zuerst, recht profan, den Bahngleisen, die hier teilweise in acht Strängen nebeneinander liegen. Wahn ist unbestritten das Ausfallstor auf der viel befahrenen rechtsrheinischen Strecke Richtung Frankfurt. Seit 2002 rauscht hier auch der Hochgeschwindigkeits-ICE entlang, rumpeln wesentlich entspannter Güterzüge vorbei, fahren Stadtschnellbahnen und Regionalzüge – zu gucken gibt es eigentlich immer etwas. Aber nicht nur Züge begegnen uns, sondern auch Wegekreuze – steinerner oder hölzerner Ausdruck des Glaubens und Mahnmale zum geistlichen Schutz von Haus und Hof. Sie sind auf dieser ländlichen Etappe unsere ständigen Begleiter.
Nach gut einem Kilometer „eiserner" Wegstrecke lassen wir den Verkehrslärm endgültig hinter uns und wandern ins Feld, wo uns die Gärbehälter von Kölns erster Biogasanlage (erstaunlicherweise erst 2008 in Betrieb genommen) begrüßen, die aus Weizen, Gerste und Mais Strom und Wärme erzeugen und CO_2 einsparen. So eine Biogasanlage sei die moderne Kuh aus Beton; sie gebe zwar keine Milch, aber Gas und sei die Konstante im Preis-Auf und -Ab der Agrarwirtschaft, meint Bauer Bulich aus Libur, der die Anlage betreibt. Ganz offensichtlich geht der Mann erfolgreich mit der Zeit und hat nach zehn Jahren sein Kraftwerk auf der anderen Seite des Wegs erweitert.
Wir lassen die großen grünen Bottiche mit Deckel und den Geruch nach Gülle und Gärung hinter uns und haben kurz danach zwischen Miete, Baggerloch und Ackerkrume den freien Blick vom KÖLNPFAD nach Köln und um Köln herum. Wanderherz, was willst du mehr?! Da fehlt nur noch Willi Ostermann.

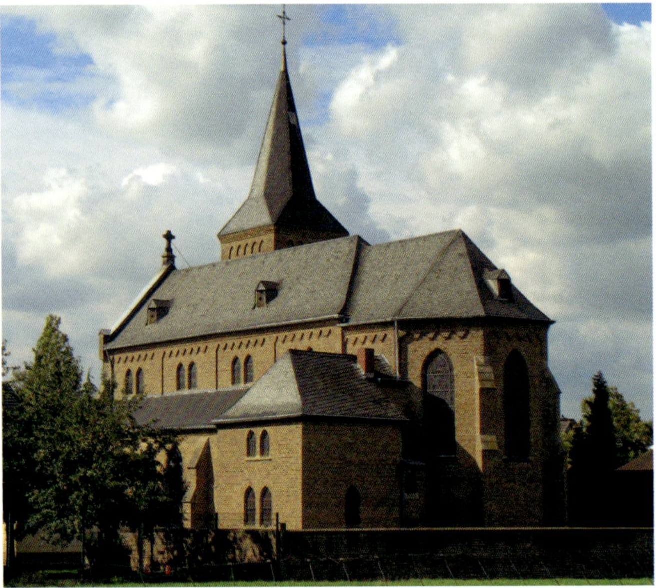

Pfarrkirche St. Margareta in Libur

Der kölsche Liedermacher schrieb 1936 mit seinem „Heimweh no Kölle" die inoffizielle Stadthymne, die sonst nirgendwo so gut passt wie an dieser Stelle des KÖLNPFADs:

Wenn ich su an ming Heimat denke
un sin d'r Dom su vör mir ston,
mööch ich direk ob Heim an schwenke,
ich mööch zo Foß no Kölle gon.

Bis 1975 hätten wir von hier aus tatsächlich noch nach Köln gehen können, denn bis dahin gehörten beispielsweise Wahn und auch das Dörfchen Libur zur – seit 1951 – selbstständigen Stadt „Porz am Rhein". Doch die letzte Kölner Stadterweiterung im Rahmen der kommunalen Neuordnung machte daraus den flächenmäßig größten der neun Kölner Stadtbezirke mit 16 Stadtteilen von Eil bis Zündorf. Auch wenn die Porzer vor der Eingemeindung kritisierten, dass die Stadt Köln dem „Tor ins Bergische Land" drohe und „sich schon die Zunge lecke" nach dem potenten Nachbarn, ist von den Befürchtungen nichts mehr übrig geblieben – auch Porzer Karnevalsgesellschaften streben mittlerweile ins „Festkomitee Kölner

Karneval". Porz ist eigenwillig und eine Marke geblieben und hat mit dem dynamischen Flughafen und dem „Deutschen Zentrum für Luft- und Raumfahrt" (DLR) in Lind ein nicht zu unterschätzendes Gewicht im städtischen Gefüge. Jetzt also wandern wir auf Kölner Stadtgebiet und erreichen Libur, den südlichsten der 86 Kölner Stadtteile mit den wenigsten Einwohnern: 1.100. Gefühlt sind es noch ein paar weniger, denn selbst am Vormittag sind die Straßen im Dorf menschenleer, scheinen die Bürgersteige vom Vorabend noch nicht wieder heruntergeklappt worden zu sein. Aber diese offensichtliche Abgeschiedenheit, die Insellage inmitten der Felder, hat ihre Vorteile. Denn im Ort gibt es noch schöne alte backsteinerne Häuser, große Gehöfte wie den Margarethenhof sowie die Kirche St. Margareta, erbaut zwischen 1901 und 1911 von Pfarrer Hubert Huthmacher. Auf dem angrenzenden alten Friedhof liegt der vielfältig begabte Gottesmann begraben. Eine Stippvisite dorthin lohnt allemal, denn neben der modernen Stele für ein Kindergrab stehen barocke Grabkreuze aus dem 17. Jahrhundert. Für eine erste Pause bietet sich dann das gemütliche Wirtshaus „Helfer" in der „Urbanusstraße" an.
Im Dorf sind uns immer wieder rote Emailleschilder begegnet mit kurzen Erklärungen zu alten Häusern, Wegekreuzen oder der Dorfkirche. Es sind die Überbleibsel vom „Kulturpfad Porz". Diese einst von der Stadt erarbeiteten Tourenvorschläge – inklusive einer Broschüre – zum selbständigen Kennenlernen der Stadtteile existierten zwar nicht flächendeckend, waren aber auch in anderen Stadtbezirken zu finden. Im digitalen Zeitalter mit Navis und Apps ist diese Art der Wissensvermittlung überholt. Die roten Täfelchen hängen jedoch immer noch. Die Backsteinhäuser in Libur erinnern daran, dass Köln am Niederrhein liegt (siehe dritte Etappe) und auf dem weiteren Weg durch die offenen

Madonnenfigur am Bauernhaus in Libur

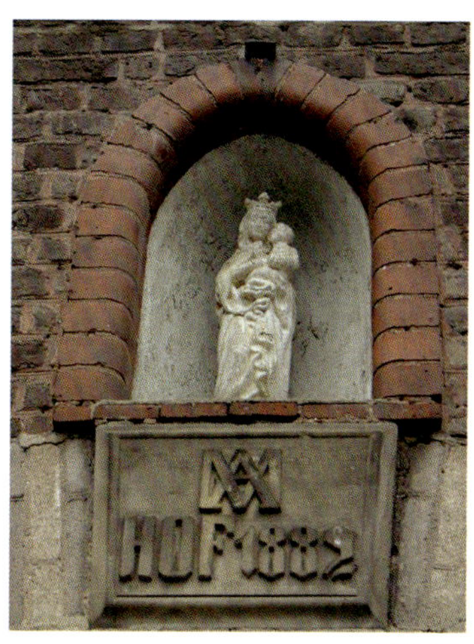

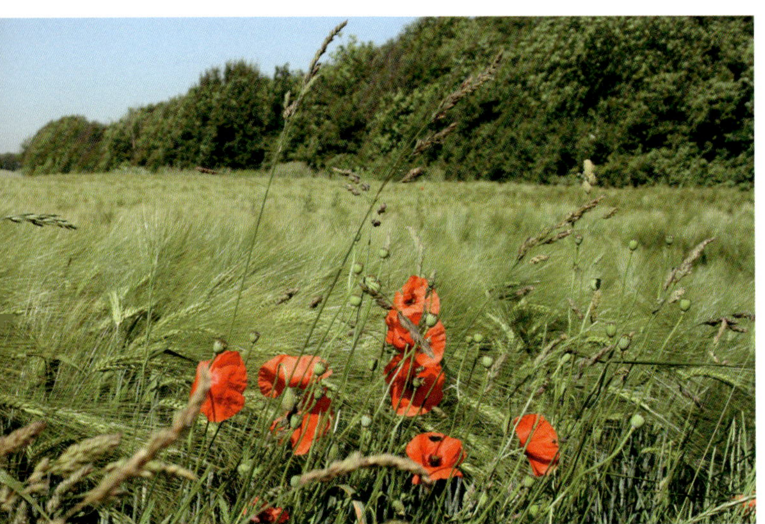

Frühsommer am Feld

Felder weht uns der Wind um die Ohren, tanzen die Rabenkrähen in den Böen und ab und zu auch ein Modellflugzeug. Denn der KÖLNPFAD streift – nach dem Golfplatz – den Flugplatz der „Modellfluggruppe Porz". In den Anfangsjahren des KÖLNPFADs gab es im Clubhaus häufig eine Tasse Kaffee und einen kurzen Verzäll. Doch dieses Angebot konnten und durften die Mitglieder nicht mehr aufrechterhalten.
Jetzt wandern wir weiter kreuz und quer durch die Felder bis an den Rand von Langel – dem nächsten Dorf im Feld.
Der Weg ist manchmal ermüdend und im Winter regelrecht anstrengend, wenn die Feldwege aufgeweicht sind und der Matsch an den Schuhen kleben bleibt. Aber noch stärker ist die Anstrengung im Kopf zu spüren, weil den eintönigen Fluren leider das fehlt, was eine echte Kulturlandschaft ausmacht: Hecken, Baumgruppen, Alleen oder markante Einzelbäume.
Doch stopp: Die amtlichen Naturschützer haben das Defizit erkannt und zwischen Golfplatz und Fluggelände ein Feldgehölz angelegt, bepflanzt mit einheimischen Bäumen und Büschen, das Vögel und Kleintiere anlocken soll – und uns Wanderern ein wenig mentale Entspannung schenkt.
Die intensive Landwirtschaft auf den wenig fruchtbaren Böden der ehemaligen Niederterrasse des Rheins hat aber nicht

nur oberhalb der Ackerkrume ihre Spuren hinterlassen, sondern auch im Boden und damit im Grundwasser. Es wurde gedüngt, was die chemische Industrie hergab, und Mitte der 1980er-Jahre stiegen die Nitratwerte so bedenklich an, dass die Wasserwerker Alarm schlugen. Die Qualität des Trinkwassers war gefährdet, zumal gleichzeitig eine strengere Grundwasserverordnung in Kraft trat. Schließlich liegen die Felder in der Schutzzone des Wasserwerks Zündorf, dem mit Abstand größten Standort zur Wassergewinnung im Rechtsrheinischen. Doch Wasser- und Landwirtschaft schlossen sich zum Wohle der Bevölkerung und nicht zuletzt aus Eigeninteresse zusammen und gründeten 1985 unter dem griffigen Namen „Drüber und Drunter" die „Schutzgemeinschaft Boden und Wasser im Langeler Bogen". Das zugehörige Schild mit Wald und Feld drüber und dem blauen Rhein drunter begegnet uns zum ersten Mal am Tor des alteingesessenen Schneppenhofs, der neben 50 anderen Landwirten sowie der RheinEnergie und der Stadtwerke Niederkassel und Troisdorf ebenfalls Mitglied des Arbeitskreises (AK) ist. Der AK hatte nach wenigen Jahren sein Ziel erreicht, die Wasserqualität wurde deutlich besser, und dennoch gibt es die Vereinigung noch heute, sie ist in den zurückliegenden Jahren sogar Vorbild für viele andere Gewässerschutzkooperationen geworden. Die Mitarbeiter des AK beraten die Landwirte und der Verein nimmt an Forschungsvorhaben und Feldversuchen teil, gibt darüber hinaus aber auch Tipps an uns Endverbraucher weiter.

Der Schneppenhof am Rhein

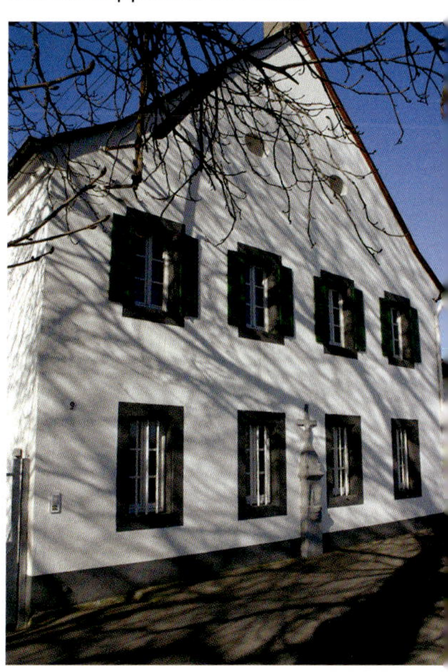

Aber so eine Niederterrasse lässt sich nicht nur landwirtschaftlich nutzen, sondern in Notzeiten auch prima als „Badewanne" einsetzen, wenn der Rhein sein Bett verlassen hat und sich eine Jahrhundertflut

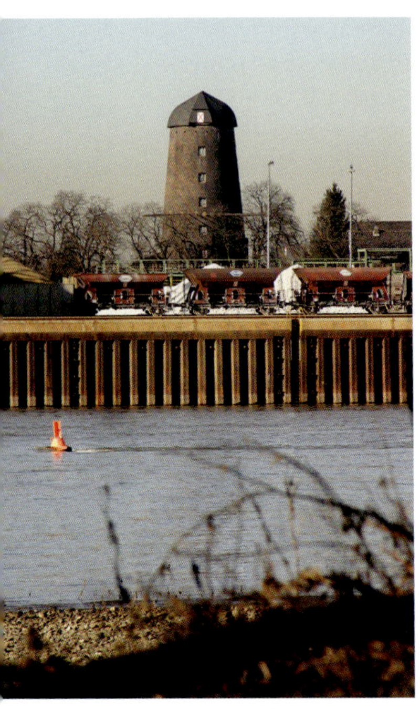

Alte Mühle in Godorf

ankündigt. Aufgrund des Hochwasserschutzkonzepts von 1996 ertüchtigten die Stadtentwässerungsbetriebe 2007 und 2008 den Altdeich von der Uferstraße im benachbarten Lülsdorf (gehört schon zur Stadt Niederkassel) bis fast zur „Leimkaul" in Langel und legten dahinter einen Retentionsraum an, der eine Fläche von 159 Hektar umfasst. Dieser kann bei Bedarf – das heißt ab einer Hochwassermarke von 10,60 Metern Kölner Pegel – mit 4,5 Millionen Kubikmetern Rheinwasser geflutet werden. Das kann im Notfall Rodenkirchen und die Altstadt um die entscheidenden Zentimeter am Hochwasserpegel entlasten. Doch dieses Gebiet ist bedroht, weil die Autobahn 553 hier den Fluss queren soll.
Am Schneppenhof haben wir den Rhein wieder erreicht, der ziemlich unvermittelt hinter einer Geländekante auftaucht. Den Fluss verlassen wir bis zum Ende des KÖLNPFADs – obwohl es ein Ende bei einem Rundwanderweg ja eigentlich gar nicht gibt – nicht mehr und wandern stets rheinabwärts. Genau am „Schneppenweg" verkehrt der „Rheinschwan", eine Personenfähre von Lülsdorf nach Wesseling. Hier lässt sich nach zehn Kilometern die Etappe abkürzen. Auf der anderen Rheinseite in Wesseling fährt die Straßenbahn in die Innenstadt.
Wir genießen den Fluss und das diesseitige Ufer – denn gegenüber hat sich chemische Industrie breit gemacht –, erfreuen uns an dem blank gescheuerten Schwemmholz, den vielen Muscheln im Sand und den hübschen Kopfweiden etwas abseits des Wassers am Wegesrand. Im Frühjahr überbieten sich Rotkehlchen und Zaunkönige mit ihrem Gesang und wer Glück hat, sieht auch Fasane im Gebüsch. Der KÖLNPFAD verläuft

jetzt durch das 22 Hektar kleine Naturschutzgebiet „Langeler Auwald". Das verschafft uns eine Ahnung davon, wie der Rhein bis ins 19. Jahrhundert ausgesehen hat, bevor der Fluss begradigt wurde, um ihn schiffbar zu machen. Diesen gewaltigen Veränderungen – allein von Basel bis Bingen wurde der Rhein um 81 Kilometer verkürzt – fielen zahlreiche Altwasserarme und damit Überflutungsräume zum Opfer. Flora und Fauna verloren ihre Lebensgrundlage und der Mensch ebnete zukünftigen Hochwasserkatastrophen den Weg.
Aber der Rhein ist keineswegs nur der braune, nasse, alles zerstörende Moloch, sondern Wasser bereitet auch Vergnügen. Daran erinnert das Schild „Langeler Lido" am Zaun des Campingplatzes der „Familien-Zeltgemeinschaft von 1961", der letzte Überrest eines einstmals großen Freibades. Bei der Eröffnung des „vornehmsten Familienbades am Rhein" am 13. August 1911 sollen mehr als 6.000 Wasserfreunde dabei gewesen sein, die mit der Rheinuferbahn von Köln nach Godorf fahren konnten und von dort mit einer neu eingerichteten Fähre nach Langel übersetzten. Auf einer historischen Postkarte sind die Sommerfrischler abgebildet: Damen in knielangen schwarzen Badeanzügen oder Badekleidern und Männer in geringelten Einteilern erfrischen sich im kühlen Rhein. Im Hintergrund ist ein üppiges „Badehaus" zu sehen: 105 Meter lang, überschwemmungssicher gebaut und mit einem Res-

Alte Maschinen für die Landwirtschaft

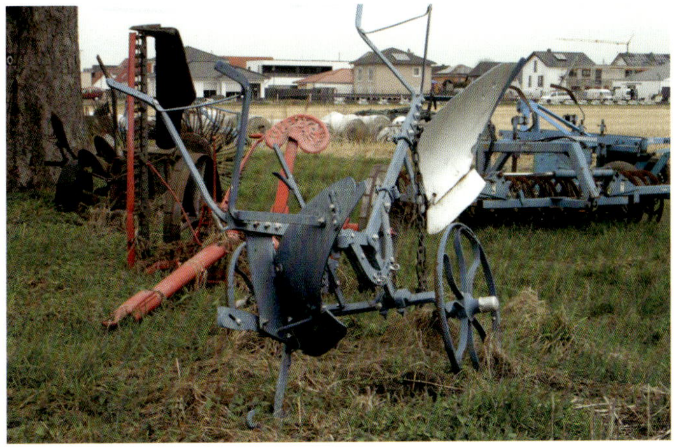

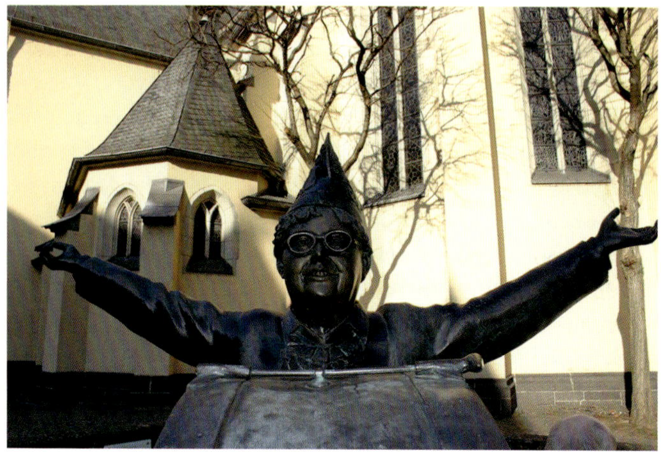

Statue der Marie Hollstein in Porz

taurant ausgestattet, in dem sogar Kölner Militärkapellen musizierten. Doch das Vergnügen dauerte nicht lange. Am 31. März 1914 zerstörte ein Großbrand die Anlage und das „Strandbad Langel" konnte trotz Neubau und Wiedereröffnung nicht mehr an seine Anfangserfolge anknüpfen. Bis 1996 gab es immerhin noch mit „Strandbad's Marie" ein Lokal, das im Namen an die goldenen Zeiten erinnerte. Die Besitzerin, die 2002 verstorbene Maria Hollstein, galt als Original, weil „et Marie" mit ihrer „decke Trumm" stets den Straßenkarneval eröffnete. Dafür setzten ihr die Porzer Bürger auf dem Fastelovendsplätzchen an der Bahnhofstraße im Jahr 2004 sogar ein Denkmal. Das Ausflugslokal „Strandbad" am Rhein gibt es mittlerweile nicht mehr und ein Freibad wird es auch nicht mehr geben, obwohl man im Rhein aufgrund der guten Wasserqualität durchaus wieder baden kann. Man sollte es lieber nicht wagen, denn zu gefährlich sind die Strudel und die Sogwirkung durch die vorbeifahrenden Schiffe.

Am Ortsrand von Langel wandern wir ein kurzes Stück die „Frongasse" hoch und streifen den Fronhof, den ältesten Hof im Dorf, der erstmals 965 urkundlich erwähnt wird. In seinem Testament vermachte der Kölner Erzbischof Brun (genau: der, der von seinem Bruder Kaiser Otto I. den Königsforst als Geschenk erhielt) den Fronhof an das von ihm gegründete Kloster St. Pantaleon. Das sind gleichzeitig die ersten schriftlichen

Spuren der Ortschaft „Langolon“, deren Ursprünge allerdings bis in die Altsteinzeit zurückreichen. Im ältesten Dörfchen auf Porzer Boden lässt sich die Etappe natürlich auch beenden.
Wir erreichen den Deich oberhalb des Dorfteichs, den ein ehemaliger kleiner Rheinarm bildet. Dieses liebliche Altwasser mit Schwänen, Enten, ab und zu auch einem Kormoran und kleinem Springbrunnen erinnert daran, wie ungestört sich der Rhein einstmals in seinem Bett räkeln durfte. Ein noch schöneres Beispiel der ungebändigten Flusslandschaft ist die Zündorfer Groov, das beliebte Naherholungsgebiet am Ziel der Etappe, das wir nach vier Kilometern erreichen. Wer vorher noch eine besondere Wegzehrung braucht, kann am Ortsausgang von Langel im Gourmet-Restaurant „Zur Tant“ einkehren,das regelmäßig mit einem Michelin-Stern ausgezeichnet wird.
Früher begegneten uns auf den letzten Kilometern durch den Auenwald zur Groov Schilder mit der Aufschrift: „Betreten auf eigene Gefahr! Gefahr von herabfallenden Ästen!“, die daran erinnerten, dass auch auf dieser Rheinseite viele, mittlerweile morsche Pappeln stehen. Sie wurden im Laufe der Jahre nach und nach gefällt und beispielsweise durch eine schöne Allee von Eschen ersetzt. Ein waches Auge auf den Natur- und Landschaftsschutz in der Groov hat der Bürgerverein „Die Groov-Paten“, die sich auch regelmäßig um die Sauberkeit im beliebten Naherholungsgebiet kümmern und Grillstellen und Spielplätze pflegen und ausstatten.

Dorfteich von Langel

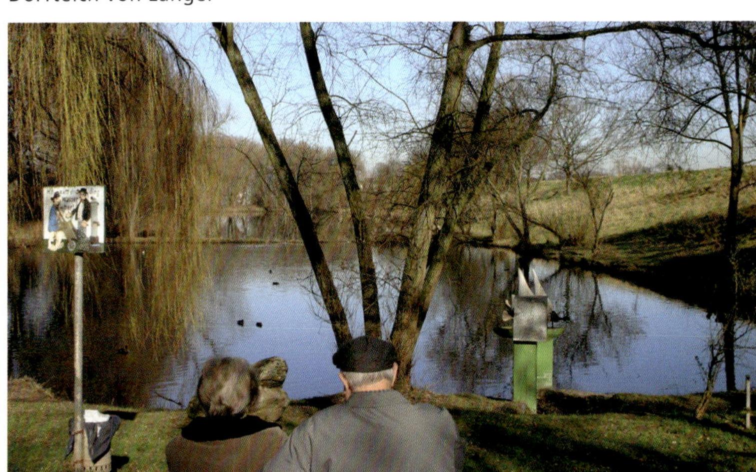

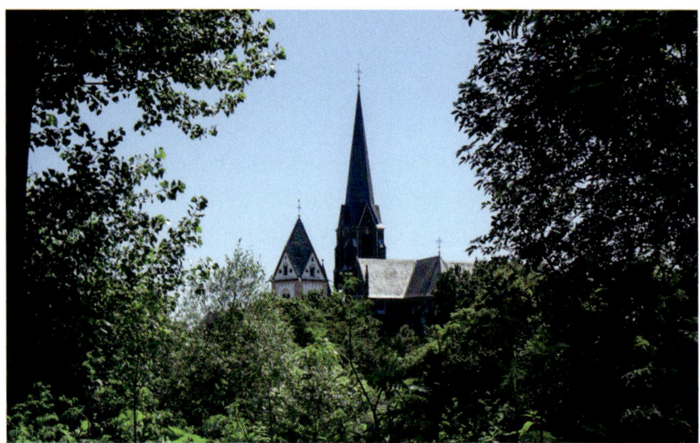

Die Zündorfer Kirchen sind von üppigem Grün umrangt.

Die alten Warnschilder vor herabfallenden Ästen sind neuen Warnschildern mit der Aufschrift „Achtung Lebensgefahr" gewichen. Daneben hängt ein Rettungsring für Menschen, die im Rhein in Not geraten. Denn so verführerisch gerade an heißen Sommertagen ein Bad im Rhein ist, so wird leider immer wieder die Gefahr im Wasser unterschätzt und jedes Jahr ertrinken Menschen. Diese Rettungsschilder werden so schnell nicht mehr verschwinden.

„Groov" bedeutet im Niederdeutschen Kies oder Kiesel, und mit diesem Begriff war die Insel gemeint, die der Rhein einst vor Zündorf mithilfe seiner Strömung und seiner Rheinkiesel anlegte. Dahinter entstand ein natürlicher Hafen, der dafür sorgte, dass das Dörfchen von 1259 bis 1831 wirtschaftlich aufblühte. Denn 1259 hatte Erzbischof Konrad von Hochstaden in Köln das Stapelrecht eingeführt, das durchreisende Kaufleute verpflichtete, ihre Waren für eine bestimmte Zeit auszuladen und den Einwohnern ein Vorkaufsrecht einzuräumen. Der Erzbischof machte sich den Umstand zunutze, dass sämtliche Güter beim Übergang vom Mittelrhein in den Niederrhein sowieso auf andere Schiffstypen umgeladen werden mussten. Aber die Grafen von Berg auf der anderen Rheinseite – zu deren Territorium auch Porz und Zündorf gehörten – wollten ebenfalls mitverdienen und umgingen das Stapelrecht, indem sie die Waren in Zündorf oder anderen Orten am Porzer Rheinbogen ausladen und über Land ins ebenfalls bergische Mülheim bringen ließen, wo sie ihren Weg rheinabwärts fortsetzen konnten. Das klappte gut bis 1831 – dann hoben die Preußen das Stapelrecht auf, und Zündorf versank in bäuerlicher Bedeutungslosigkeit. Aber der wirtschaftliche Niedergang hatte den Vorteil, dass im Dorf Geld für aufwendige Renovierungen fehlte und deshalb die schmucken Fachwerkhäuser aus dem 17. Jahrhundert erhalten blieben. Der alte Ortskern des ehemaligen Niederzündorf direkt am Wasser mit den gemütlichen Lokalen, der Nepomukstatur auf dem Marktplatz und der Wasserfontäne am Weiher ist einfach schnuckelig und wirkt so wenig großstädtisch.

Das mehr als 1.000-jährige Dörfchen ist auch deshalb ein lohnendes Ziel der vorletzten Etappe des KÖLNPFADs, weil das Fleckchen nicht etwa in der Vergangenheit stecken geblieben ist, sondern mit allen Errungenschaften gesegnet ist, die der moderne Freizeitmensch offensichtlich benötigt: Es gibt den Rhein und einen schönen Auenwald dazu, aber auch ein Kombibad mit einem großen Spielplatz und einer Minigolfanlage daneben, für kleine Kapitäne Tretboote an der unteren Groov und für die anderen den Jachthafen an der oberen Groov.

Und im Frühling das große Inselfest, das die Gemeinde schier zum Bersten bringt. Wem das alles nicht genügt, der kann im Sommer mit dem „Krokodil" nach Weiß übersetzen und fängt den KÖLNPFAD einfach noch mal (fast) von vorne an.

Wasserfontäne an der Zündorfer Groov

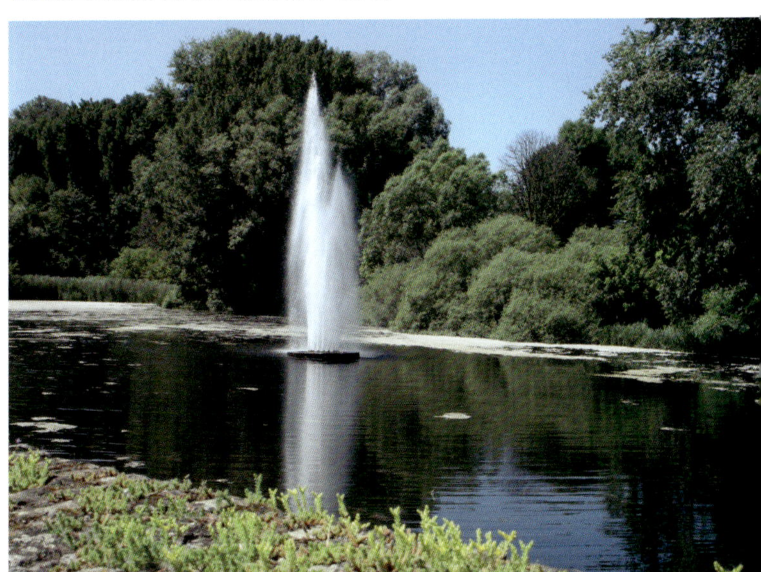

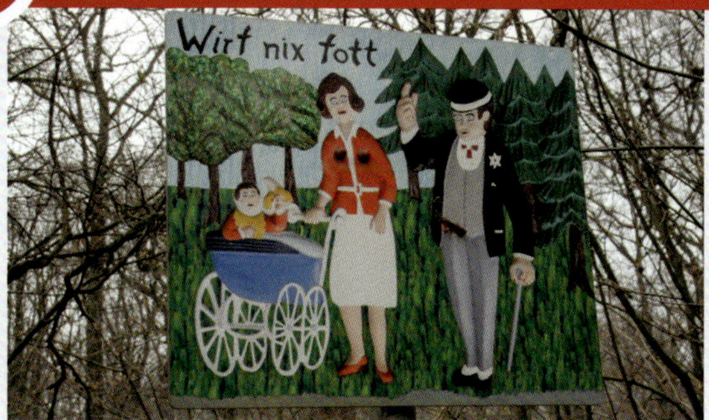

Hinweisschilder im Wald op Kölsch

Länge: 20 Kilometer

Dauer: 6 Stunden

Profil: Flach, die Strecke verläuft über Feldwege und zum großen Teil auch über asphaltierte Wege. Geeignet für Kinderwagen.

Anfahrt: mit der S-Bahn 12 und 19 bis zur Haltestelle „Porz-Wahn"

Abkürzungen:
Kilometer 10: In Lülsdorf mit der Fähre nach Wesseling übersetzen und von der KVB-Haltestelle „Wesseling" mit der Linie 16 in 31 Minuten zum Neumarkt fahren.
Kilometer 15: In Langel an der Haltestelle „Zur Eiche" fährt die Buslinie 164 in zwölf Minuten zum S-Bahnhof „Wahn".

Einkehrmöglichkeiten:
Wirtshaus Helfer
Urbanusstraße 1, 51147 Köln, Tel. 0 22 03-95 98 00

Zur Eule
Lülsdorfer Straße 119, 51143 Köln, Tel. 0 22 03-1 83 14 65

Restaurant Zur Tant www.zurtant.de
Rheinbergstraße 49, 51143 Köln, Tel. 0 22 03-8 18 83

Verschiedene Lokale in Zündorf:
Landhaus Zündorf www.landhaus-zuendorf.de
Marktstraße 27, 51143 Köln, Tel. 0 22 03-8 12 03

Groov Terrasse www.groov-terrasse.de
Am Markt 4, 51143 Köln, Tel. 0 22 03-8 55 44

Am Yachthafen www.cfwp.de
In der Rosenau 10a, 51143 Köln, Tel. 0 22 03-5 50 23

Allgemeine Informationen:

Dr. Velte Golf www.drveltegolf.de
Jungbluthgasse 2, 50858 Köln, Tel. 02 21-99 88 66-0

Modellfluggruppe Porz www.mfg-porz.de
Untervolbach 72, 51429 Bergisch Gladbach, Tel. 0 22 04-98 11 17

Fähre Rheinschwan
Betrieb: Winter (Oktober–März) Mo–Fr 6–18.40 Uhr, Sommer (April–September) Mo–Fr 6–19.10 Uhr, Sa 8.40–15.10 Uhr, So/Feiertage 9.40–19.10 Uhr

Familien Zeltgemeinschaft 1961 e. V.
Am Langeler Lido 11, 51143 Köln

Die Groov-Paten e.V. www.die-groov-paten.de
Hauptstraße 181, 51143 Köln, Tel. 0 22 03-9 77 07 22

Zündorfbad www.koelnbaeder.de
Groov, 51143 Köln

Zündorfer Bootsverleih
Marktstraße 22A, 51143 Köln, Tel. 0 22 03-8 55 44

Inselfest www.porzer-inselfest.de
Das Inselfest findet immer am Himmelfahrtswochenende statt.

Personenfähre Krokodil, s. S. 43

Rheinmuscheln

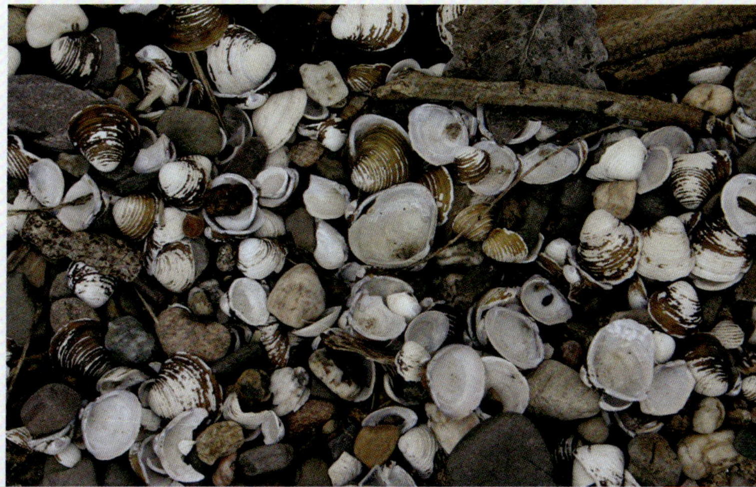

KÖLNPFAD

Etappe 11

Das Porzer Rheinknie

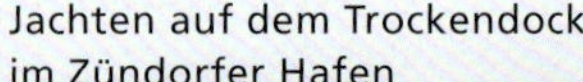

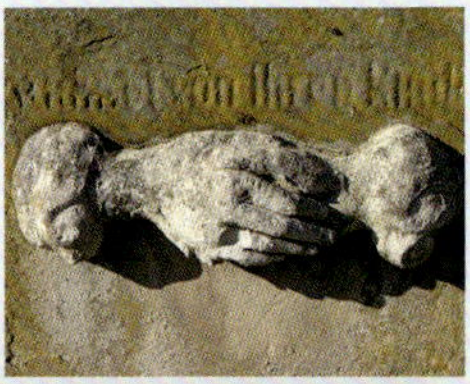

Jachten auf dem Trockendock
im Zündorfer Hafen

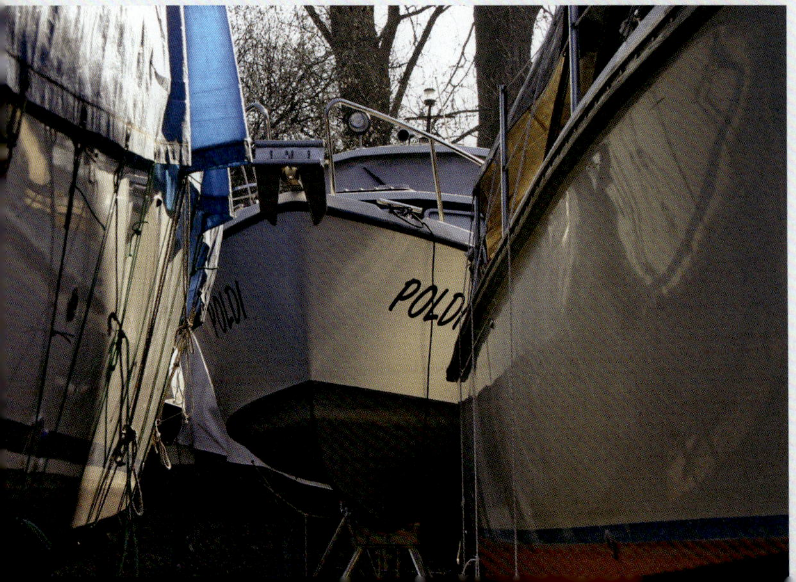

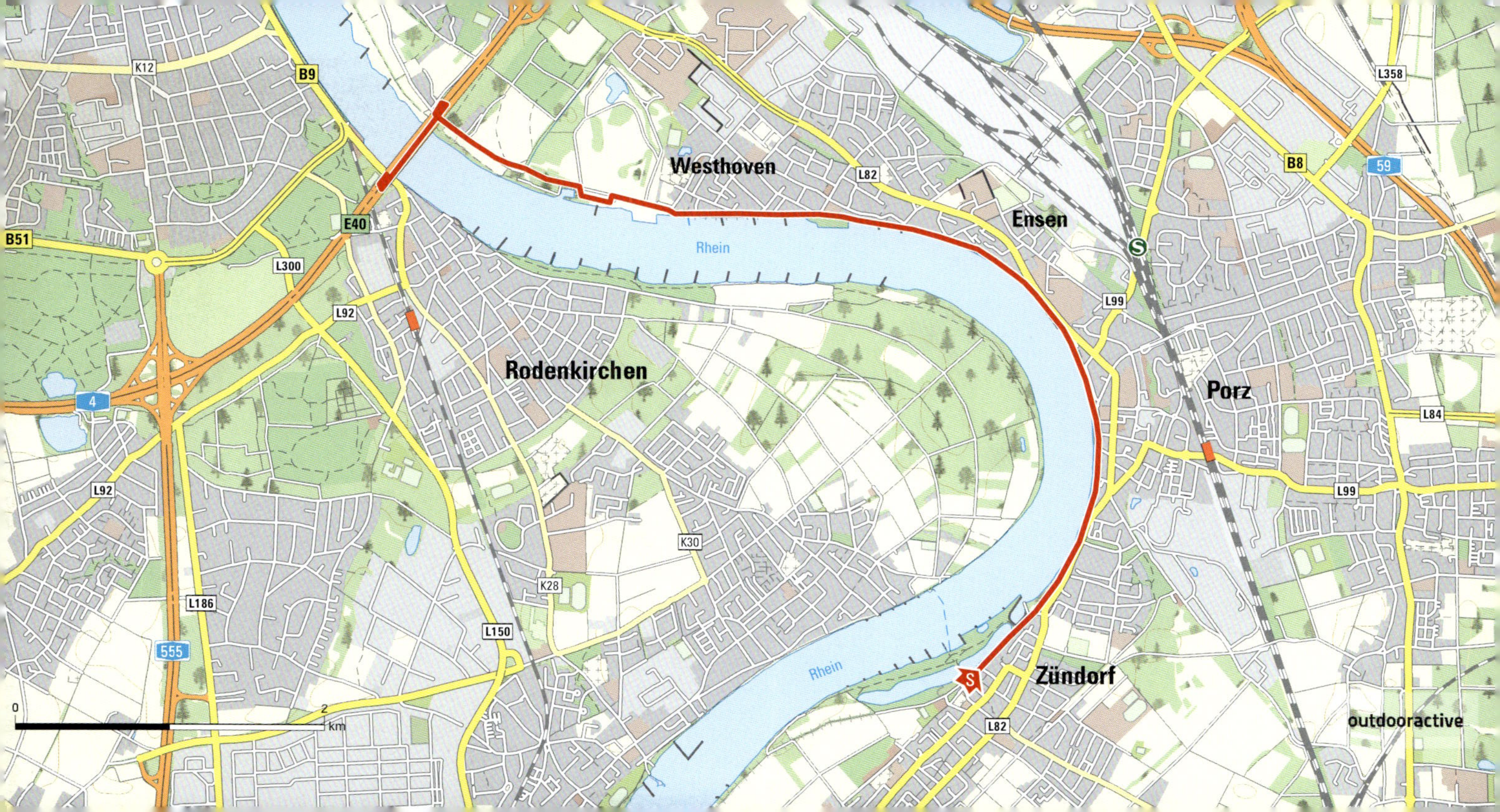

K12
B9
Westhoven
L82
Ensen
B8
59
L358
B51
E40
Rhein
L300
L92
L99
Rodenkirchen
Porz
4
L84
L92
L99
K30
K28
L186
L150
555
Rhein
S
Zündorf
0
2
km
L82
outdooractive

WEGBESCHREIBUNG 11

Die KVB-Haltestelle „Zündorf" im Rücken gehen Sie nach rechts in die „Wahner Straße" hinein. Nach 200 Metern überqueren Sie die „Schmittgasse", wandern geradeaus durch das „Neuhöfersgässchen" und rechts am Supermarkt entlang.

Sie überqueren die „Hauptstraße" und gehen weiter geradeaus in die „Marktstraße". Diese wandern Sie leicht abwärts bis zum Marktplatz. Dort gehen Sie rechts und nehmen den Uferweg oberhalb der Groov direkt entlang der Häuser.

Sie kommen am Hafen vorbei und wandern weiter den Uferweg, an Porz vorbei, bis Sie in Westhoven die Westhovener Aue erreichen. Circa 200 Meter hinter dem „Ruhrweg" biegen Sie nach links ab und nehmen den Weg, der näher am Rheinufer entlang verläuft. Dieser stößt später wieder auf den Hauptweg, der Sie am Campingplatz Wiesenhaus vorbeiführt.

Unter der Rodenkirchener Brücke gehen Sie hindurch und nehmen den domseitigen Aufgang. Sie überqueren die Brücke und gehen hinab auf die Rheinuferstraße. Hier gehen Sie nach links bis zur KVB-Haltestelle „Heinrich-Lübke-Ufer".

Yachthafen von Zündorf

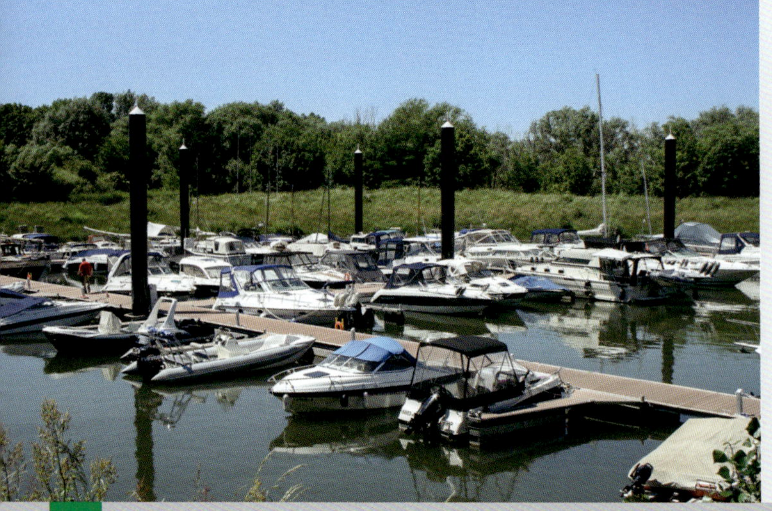

Von Zündorf nach Rodenkirchen

Auf zum Finale, zum Finish, zur letzten Etappe – der Kreis schließt sich. Natürlich führt die neun Kilometer kurze Strecke am Rhein entlang, da, wo vor knapp 170 Kilometern alles begann. Ist doch der breite Fluss das natürliche Herzstück Kölns, neben dem Dom, dem von Menschenhand geschaffenen Kristallisationspunkt. „In seiner permanenten, wer weiß wie alten Vergänglichkeit sagt er nichts, indem er für sich selbst spricht", schrieb Heinrich Böll über den Strom, der durch seine Heimatstadt fließt. Diese letzte Etappe ist geprägt von Vater Rhein und von Gewinnen und Verlusten, die der Fluss für die Menschen mit sich brachte.

Von Zündorf aus folgen wir dem lang gezogenen Porzer Rheinbogen und können den Blick weit über den Fluss und seine Ufer schweifen lassen. Unterwegs erleben wir all das, was das Leben am und im Wasser ausmacht: Die Menschen, die bei den ersten wärmenden Strahlen der Frühlingssonne ans Ufer streben, Kormorane, die unter Wasser nach Fischen flitzen und anschließend ihre Flügel auf den Signalmasten trocknen, Flussschiffer, deren hoch beladene Käne schwer durch die Wellen pflügen, Freizeitkapitäne, die stolz ihre Jachten ausfahren, und dazwischen die kleinen Ruderboote, die sich, nur von Muskelkraft angetrieben, ihren Weg durchs Wasser bahnen. „Natürlich ist er [der Fluss] alt", schrieb Böll weiter, „und doch vollzieht er ständig und täglich eine totale Erneuerung." Der Rhein ist noch dazu abwechslungsreich und leicht, wenn wir im Dörfchen Zündorf den Leinpfad flussabwärts zum Jachthafen gehen: Wir sind mitten in der Sommerfrische gelandet, schauen auf ein kleines natürliches Hafenbecken, das immerhin 120 Schiffchen Platz bietet und wundern uns, doch noch in der Großstadt zu sein.

Kormoran auf Signalmast

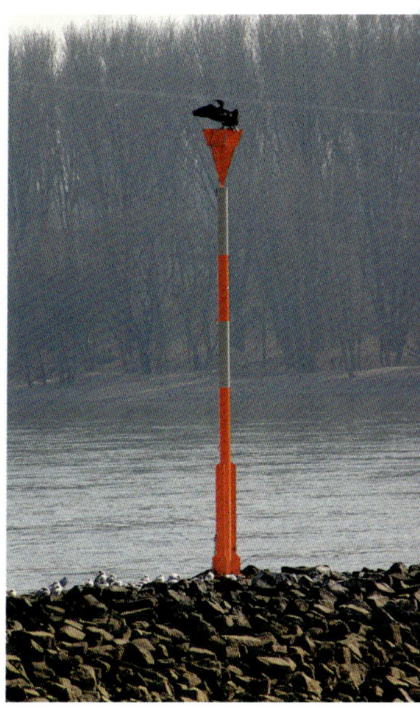

Aber Zündorf ist nicht nur lieblich, sondern gab sich zeitweise wehrhaft, wie der Zündorfer Wehrturm belegt, der kurz hinter dem Marktplatz etwas oberhalb der Promenade steht. Er wird auch „Zollturm“ genannt, weil er im Mittelalter beides war: ein Turm, den die Grafen von Berg als Landesherrn eine Zeitlang als Zollstätte nutzen konnten und eine Art Trutzburg, von der man einen guten Blick auf den Rhein hatte. Schließlich ist der im 12. oder 13. Jahrhundert gebaute stämmige Turm – der erstmals 1380 schriftlich erwähnt wird – 20 Meter hoch, die Seiten sind jeweils 8,80 Meter lang und die Mauern im Sockel 1,25 Meter dick. Die Zeugnisse vergangener Jahrhunderte über seine Nutzung sind leider rar, ab Mitte des 19. Jahrhunderts bis 1972 diente der Wohn- und Wehrturm sogar nur noch als landwirtschaftliches Lager. Seit 1980 ist er Außenstelle des Stadtmuseums. 1999 wurde die Dauerausstellung allerdings aus konservatorischen Gründen aufgegeben. Jetzt finden dort noch wechselnde Kunstausstellungen statt, die der Förderverein organisiert und im Dachstuhl des alten Gemäuers nisten ab und zu Turmfalken.
Der KÖLNPFAD führt weiter am Rhein entlang und kurz hinter Zündorf zeichnet sich rheinabwärts, neben dem Schiffs-

Stämmiger Zündorfer Wehrturm

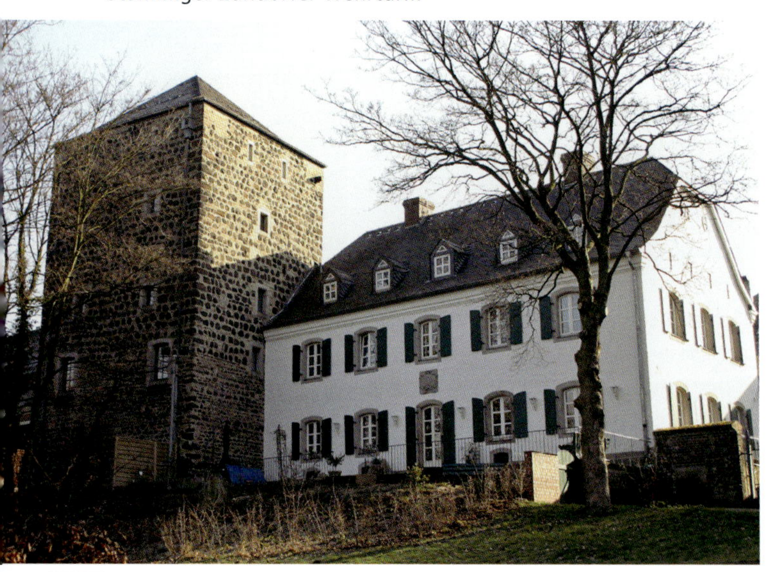

anleger, immer deutlicher eine hübsche Lindenallee ab. Die Porzer Rheinpromenade ist ein Überbleibsel der Uferpromenaden, die vom Ende des 19. Jahrhunderts bis in die 1930er-Jahre von Porz bis Langel angelegt wurden. Das „Friedrich-Ebert-Ufer" mit Treppenaufgang zum Kriegerdenkmal und dem pittoresken Fahrkartenpavillon wurde zwischen 1907 und 1912 gebaut und in den Jahren 2014 und 2015 stilecht wiederhergestellt. Das markante Rathaus dahinter ist 1909/10 nach den Plänen des Kölner Regierungsbaumeisters Carl Moritz entstanden und seitdem mehrfach verändert worden. Seit 2005 erinnert zudem ein schlichtes Holzkreuz an den katholischen Weltjugendtag, der in Köln stattfand.

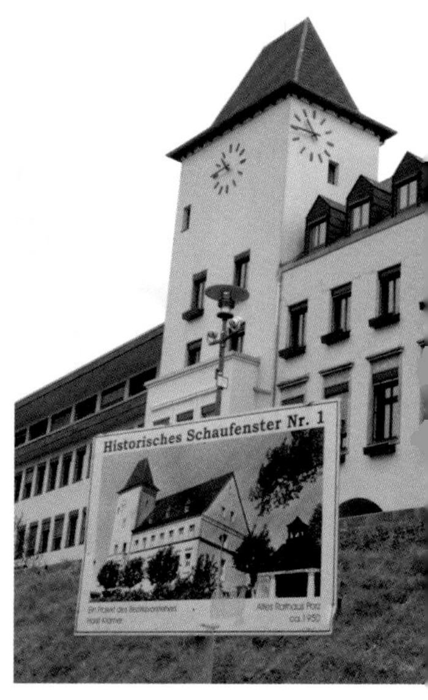

Das alte Porzer Rathaus von 1910

In Porz am Rhein gab es nie einen Hafen, und eigentlich hätte sich der Ort sein ländliches Erscheinungsbild erhalten können, wenn nicht die Stadtväter 1951, nach Verleihung der Stadtrechte, zum Höhenflug angesetzt hätten. Unter dem Motto „Es werde Stadt" sollte Porz ein neues Image bekommen: Aus einer Ansammlung einzelner Dörfer sollte eine echte Großstadt werden mit „Porzity" als Zentrum. Die Pläne zum Umbau waren hochtrabend, dafür mussten viele alte Häuser in die Knie gehen. Das bekannteste Gebäude, das der Abrissbirne zum Opfer fiel, ist das „Rheinhotel", eine Musikkneipe, in der die Bläck Fööss ihre ersten Auftritte hatten.

Heute ist von der modernen Stadtplanung mit Hochhäusern und Kongresszentrum nicht mehr viel übrig geblieben, allerdings hat der Ortskern von Porz seinen Charme verloren. Eckige Gebäude mit viel Beton, seelenlose Fußgängerzonen und autogerechte Wege bestimmen das austauschbare Stadtbild. Auch das Rathaus wurde nicht verschont und erhielt in den 1970er-Jahren einen modernen Anbau. Mittlerweile wird in der City versucht, die Bausünden der Vergangenheit zu beseitigen.

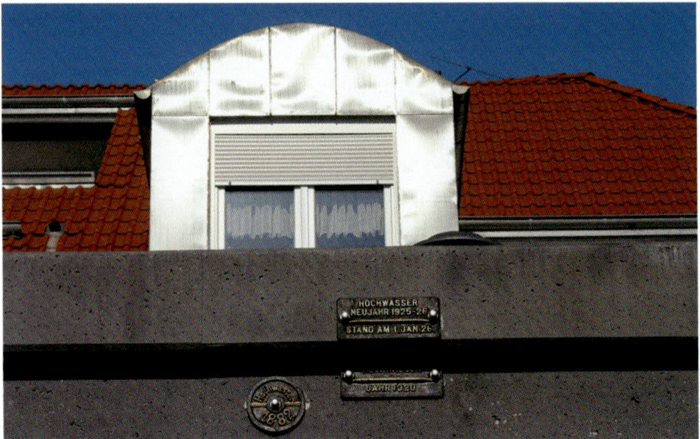

Neue Hochwasserschutzmauer mit alten Hochwassermarken

Doch der KÖLNPFAD, am Rhein entlang, blendet die Bausünden der 1960er- und -70er-Jahre gnädig aus – wir genießen die Schokoladenseiten von Porz, Ensen und Westhoven. Zwischenzeitlich lugt sogar der Dom hinter der katholischen Kirche St. Laurentius in Ensen hervor, und wir beneiden ein wenig die Hausbesitzer, die – gut geschützt gegen kommende Hochwasser – beruhigt auf den Rhein gucken können. Wie bedrohlich hoch die Flut steigen kann, zeigen alte Hochwassermarken an den neuen Bollwerken, die die Stadtentwässerungsbetriebe 2004 und 2005 hier errichteten.

Besonders beeindruckend ist die kleine Scheibe nur wenig unterhalb des Dachs der Nikolauskapelle, die schon ein Stückchen vom Ufer weg am Ortsrand von Westhoven steht. Am 28. Februar 1784 erreichte der Rhein den historischen Höchststand von 13,55 Metern. Die Flutkatastrophe forderte in Köln und Mülheim 63 Menschenleben – das Wasser floss zeitweilig durch Westhoven, um in Mülheim wieder in sein ursprüngliches Bett zurückzukehren. Kaum vorstellbar ist an diesem idyllischen Fleckchen die zerstörerische Wucht, die der Rhein entwickeln kann. In den zurückliegenden Jahrhunderten blieb den Menschen häufig nichts anderes übrig, als in solchen Fällen den Schutz der Heiligen anzurufen. Das 1128 aus Tuff und Kiesel erbaute Kapellchen ist einem dieser Patrone geweiht, dem heiligen Nikolaus, der seine schützende Hand über die Seefahrer halten soll. Das romanische Kirchlein

ist von einem kleinen Park umgeben, der bis 1929 noch als regulärer Friedhof genutzt wurde. Die alten Grabmale und verwitterten Steine regen zum genaueren Hinsehen an und verführen dazu, die Fantasie auf eine Reise in die Vergangenheit zu schicken, sich das harte Leben der Fischer und Bauern in den kleinen Rheindörfern vor Augen zu führen.
Noch in Gedanken bei unseren Vorfahren, wandern wir weiter und stehen kurz darauf in einer Wiese, der Westhovener Aue. Das 70 Hektar große Gelände, das sich vor uns ausbreitet, ist Teil des städtischen Hochwasserschutzkonzepts und wird als Überschwemmungsgebiet genutzt. Häuser wird es auch in Zukunft hier nicht geben. Der Rhein soll bei Hochwasser Platz haben, um sich auszubreiten. Die Anwohner an anderer Stelle sind damit vor seinen braunen Fluten geschützt.
Für den Wanderer ist das Gebiet auf den ersten Metern nicht besonders reizvoll – Wiese, ein paar Büsche, ein Tannenwäldchen und Pappeln am Wegesrand –, aber unverbaute Flächen mitten in der Stadt sind dankbare Rückzugsgebiete für Flora und Fauna. Falken und Rabenkrähen sitzen einträchtig im Baum nebeneinander, so, als ob sie sich das Stückchen Natur auf keinen Fall streitig machen wollen.
Erst seit 2002 gehört das rund 300 Hektar große Gelände der Stadt, ist Teil des Äußeren Grüngürtels und hat eine lange Tradition als Militärstandort. (Deshalb: Wege nicht verlassen,

Nikolauskapelle in Westhoven

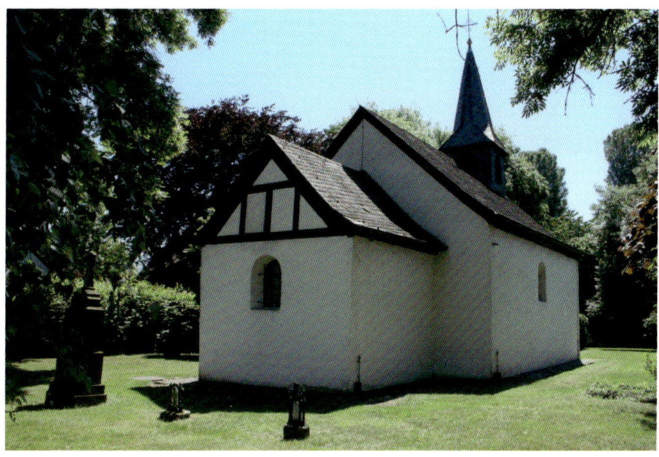

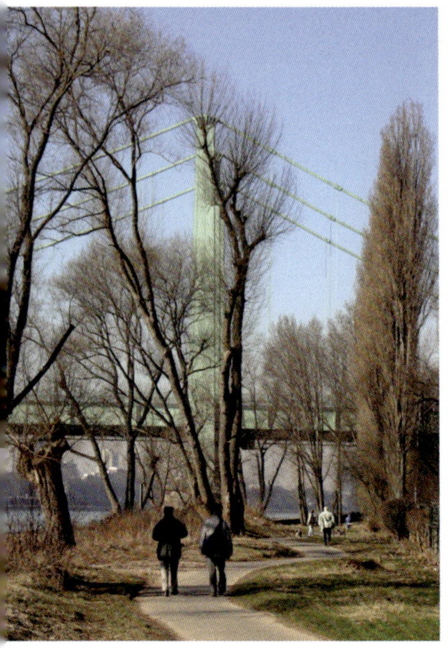

Auenlandschaft am Rheinufer in Westhoven

denn im Boden könnte noch das ein oder andere Kampfmittel liegen!) Im 19. Jahrhundert erbauten die Preußen ihr Zwischenwerk IX hier, die südlichste Anlage im rechtsrheinischen Festungsgürtel. In den 1930er-Jahren errichtete die Wehrmacht an der „Kölner Straße" die Kasernen „Mudra" und „Unverzagt". Von 1951 bis 1995 schließlich diente das Gelände den belgischen Truppen als Standort „Brasseur" und wurde 2005 erst wieder vollständig für die Öffentlichkeit zugänglich. Zuvor wurden zahlreiche alte Gebäude abgerissen und Flächen entsiegelt. Mithilfe des städtischen Landschaftsplans wurde der Äußere Grüngürtel im Rechtsrheinischen bis zum Rhein verlängert und eine wertvolle Auenlandschaft geschaffen. Dass die wechselnden Wasserstände das Pflan-zenwachstum fördern, merken wir, wenn wir weiterwandern. Jenseits des Wegs hat sich ein nahezu undurchdringlicher Dschungel aus Weiden und Schlingpflanzen gebildet.

Aber noch ein anderes Grün begleitet uns schon seit Porz. Es ist das „Kölner Brückengrün" der Rodenkirchener Brücke, deren torartige Pylone schon kurz hinter Porz über die Baumwipfel ragen. Na ja, zugegeben, das wahre, echte „Kölner Grün", das auf Wunsch Konrad Adenauers erstmals 1929 auf die Mülheimer Brücke gepinselt wurde, ist es nicht. Heute sind nur die vier Bauwerke über dem Rhein, die die Stadt unterhalten muss (Mülheimer, Deutzer, Severins- und Zoobrücke), mit dem besonders lichtbeständigen und wetterfesten Chromoxidgrün angestrichen. Für die Rodenkirchener Brücke als Teil der A 4 ist die Autobahn GmbH des Bundes zuständig.

Bevor wir unter der Brücke hindurchwandern, um den domseitigen Rad- und Fußweg zu erklimmen, und die letzten 567 Meter (so lang ist die Brücke) KÖLNPFAD zurückzulegen, kommen wir noch am „Wiesenhaus“ vorbei. Die Einkehr ist zugleich idyllischer Campingplatz unter hohen Bäumen, neuerdings sogar mit Tiny Houses, der allerdings Tag und Nacht von der Autobahn beschallt wird. Im Café haben wir zum vorletzten Mal die Gelegenheit, auf rechtsrheinischer Seite einzukehren. Die letzte Einkehr befindet sich kurz hinter der Rodenkirchener Brücke. Es ist seit 1904 das traditionsreiche „Poller Fischerhaus“, das allerdings auch im Winter Pause macht, nicht weit vom einzigen städtischen Campingplatz entfernt.

Und dann ragt er vor uns auf, der mächtige Träger der Rodenkirchener Brücke – immerhin 59,4 Meter hoch, mit einem Betonfuß fest im Boden verankert. Entworfen hat die Hängekonstruktion der südlichsten der sieben Rheinbrücken Paul Bonatz, geplant Fritz Leonhardt, gebaut wurde sie von 1938 bis 1941 als Teil der Autobahn Köln – Aachen. Sie galt seinerzeit als die weit gespannteste Hängebrücke Europas. Das schützte das Bauwerk jedoch nicht vor der Zerstörung durch einen Luftangriff während des Zweiten Weltkriegs am 14. Januar 1945. Von 1952 bis 1954 konnte sie wiederaufgebaut werden – die alten Pylonen waren sogar noch zu gebrauchen. 40 Jahre später, von 1990 bis 1995, wurde nochmals gebaut. Aufgrund der Zunahme des Autoverkehrs wurde an die nördliche Seite ein Zwilling angeschweißt.

Über diesen Zwilling wandern wir und jetzt liegt uns nicht nur der Rhein zu Füßen, sondern das gesamte Stadtpanorama brei-

Kölnpanorama mit Containerschiff

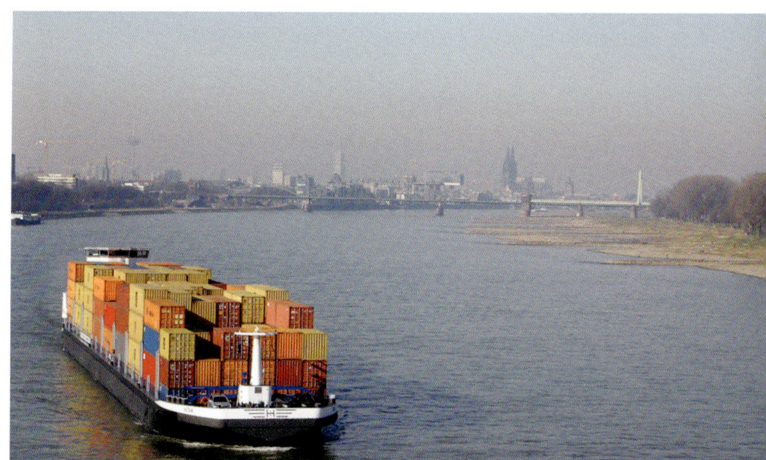

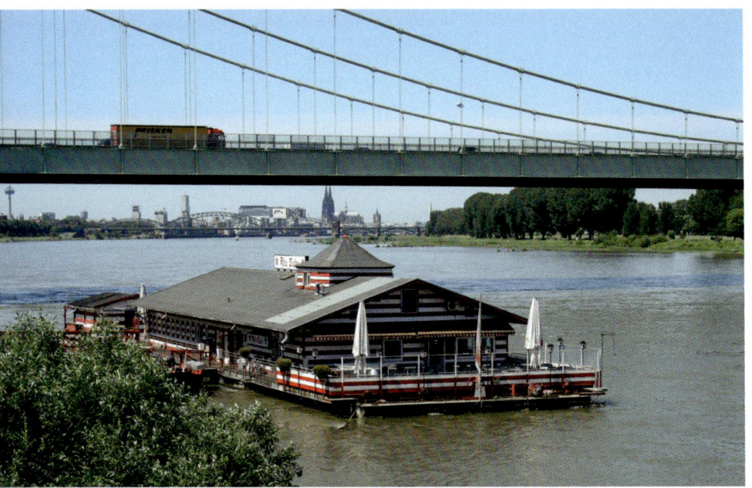

Bootshaus mit Lokal „Alte Liebe"

tet sich vor uns aus. Natürlich bestimmt die Mitte des Bilds der Dom in seiner Mächtigkeit – alles andere ordnet sich unter. Der Blick schweift zur grünen Severinsbrücke mit ihrer markanten Hängekonstruktion, während sich gegenüber die drei Kranhäuser im Rheinauhafen als neue Landmarke etabliert haben. Der silbrig glänzende Kölnturm und der Fernsehturm Colonius verlieren sich schon ein wenig im Dunst, der so häufig die Luft in der Kölner Bucht trübt. Dafür kündet der umgestaltete Rheinauhaufen – direkt hinter der Südbrücke – davon, dass Köln zumindest architektonisch im 21. Jahrhundert angekommen ist. Unter uns tuckern stetig die Containerschiffe, der unaufhörliche Strom der Fahrzeuge hinter uns bringt die Brücke spürbar in Schwingungen. Unser Herz schwingt schon lange bei dieser Aussicht und eigentlich wollen wir unseren Logenplatz gar nicht mehr verlassen. Doch wie jede schöne Wanderung erst durch die richtige Schlusseinkehr perfekt wird, kehren wir am Ende des KÖLNPFADs auf den Fluss zurück, auf das Hausboot „Alte Liebe". Wir lassen den Rhein an uns vorbeiströmen, und still-vergnügt kommen uns die Worte von Johann Georg Jacobi in den Sinn: „Wir sahen nicht weit von uns den Rhein, welchen der Mond versilberte, und dessen Geräusche in der Stille der Nacht etwas Feierliches hatten. Das Ende dieses Tages sollte so schön als der Morgen sein."

Länge: 9 Kilometer

Dauer: 2 Stunden, 30 Minuten

Profil: flach, allerdings nur asphaltierter Uferweg, geeignet für Kinderwagen

Anfahrt: mit der KVB-Linie 7 bis Endhaltestelle „Zündorf"

Einkehrmöglichkeiten:

Wiesenhaus www.wiesenhaus.koeln
Weidenweg 100, 51105 Köln, Tel. 02 21-8 99 96 77

Poller Fischerhaus www.poller-fischerhaus.com
Weidenweg 46, 51105 Köln, Tel. 02 21-8 29 13 22

Bootshaus „Alte Liebe", s. S. 42

Allgemeine Informationen:

Museum Zündorfer Wehrturm www.zuendorfer-wehrturm.de
Hauptstraße 181, 51143 Köln, Tel. 0 22 03-5 75 76 09

Wiesenhaus www.wiesenhaus.koeln
Café, Camping, Tiny Houses
Weidenweg 100, 51105 Köln, Tel. 02 21-8 99 96 77

Campingplatz Stadt Köln www.camping-koeln.de
Weidenweg 35, 51105 Köln, Tel. 02 21-83 19 66

Letztes Café auf der schäl Sick

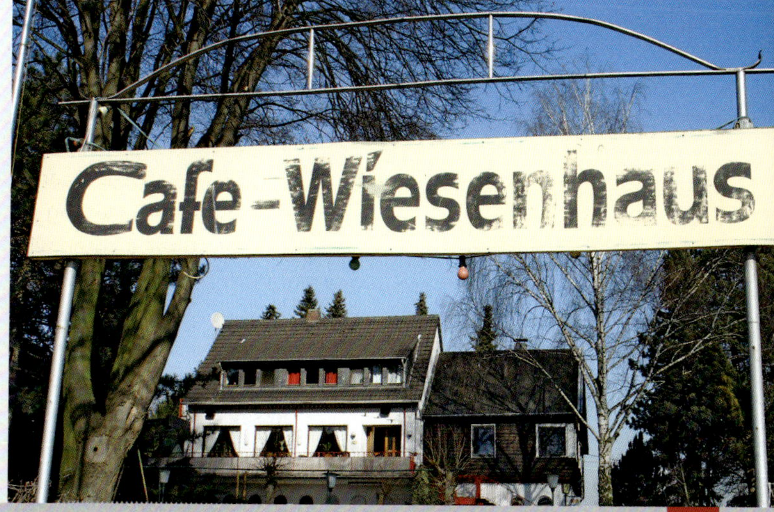

Register

WERDEN SIE GRÜNSTIFTER!

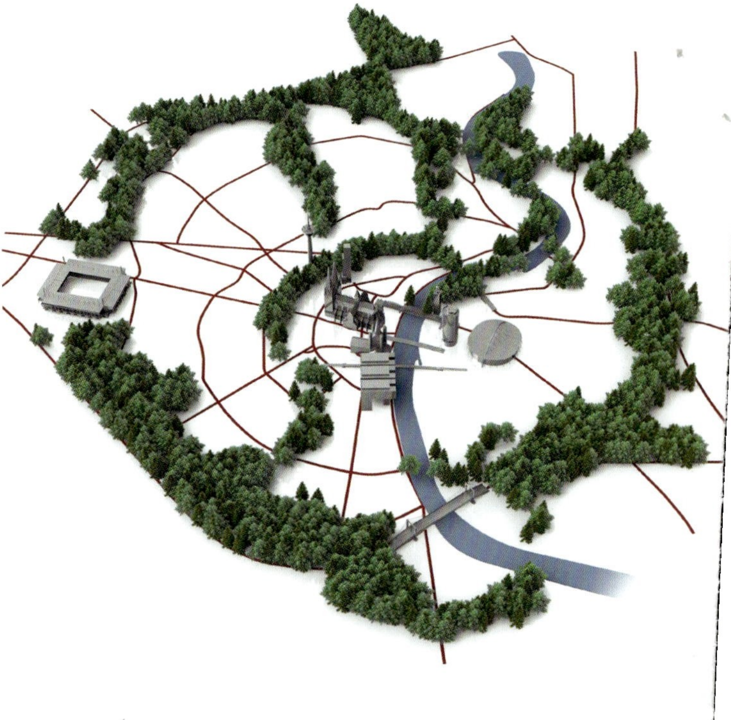

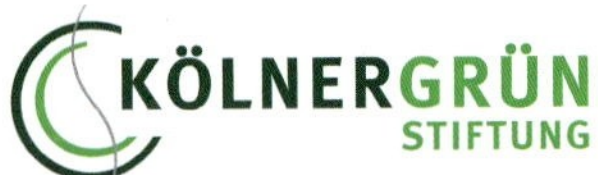

WWW.KOELNER-GRUEN.DE